James N. Powell

Das Tao
der Symbole

Aus dem Amerikanischen
von Hans-Ulrich Möhring

Eugen Diederichs Verlag

Titel der amerikanischen Originalausgabe
The Tao of Symbols
erschienen bei William Morrow, New York

CIP-Titelaufnahme der Deutschen Bibliothek
Powell, James N.:
Tao der Symbole : vom wahren Wesen unserer Sprache / James
N. Powell. Aus d. Engl. übers. von Hans-Ulrich Möhring –
München : Diederichs, 1989
  (Diederichs' gelbe Reihe ; 83)
  ISBN 3–424–00963–6
NE: GT

1. Auflage 1989
© 1982 James Newton Powell
Alle Rechte der deutschen Ausgabe beim Eugen Diederichs Verlag,
München 1989

Umschlaggestaltung: Dieter Zembsch, München
Produktion: Tillmann Roeder, München
Gesamtherstellung: Friedrich Pustet, Regensburg

ISBN 3–424–00963–6
Printed in Germany

Inhalt

Vorbemerkung   7
Einleitung   9

Präludium: Ein Stein soll sprechen lernen
  von Annie Dillard   15
Das Labyrinth   25
DA: Die Kuh wird Blitz, Frösche
  und Flöten   45
Druiden   65
Gen: Das Stillehalten, der Berg   103
Yak   115
Mu   129
Tyger   161
Kiva   187
Cante Hondo   219
Der Stein, der Stern und die Eiche   245

Anmerkungen   255
Zu den Abbildungen   261

Er hält sich mit den Händen die Ohren zu – so stiehlt er die Glocke.

Zen-Ausspruch

Merk auf, dich ruft eine heilige Stimme;
Durch den ganzen Himmel ruft eine heilige Stimme.

Schwarzer Hirsch

Des Lebens Unsinn durchbohrt uns mit seltsamer Kunde.

Wallace Stevens

Vorbemerkung

Ich habe auf den folgenden Seiten keinen irgendwie gearteten Kahlschlag im Sinn. Wenn ich eine Axt zur Hand nehmen wollte, dann um zu zeigen, daß der Baum, den ich damit fällen könnte, aus dem gleichen Holz ist wie der Axtstiel in meinen Händen. Ich habe es daher vorgezogen, mich auf diesem fest verwurzelten und tanzenden Baum niederzulassen, anstatt ihn umzuhauen. Ich habe keine großartige Theorie zu verteidigen oder Lösungen anzubieten – nur ein paar zwitschernde Weisen und einen Schwarm unwahrscheinlich anmutender Zusammenstellungen (Variationen) von Dichtern, lakonisch wie Sterne. Fachausdrücke habe ich so weit wie möglich vermieden. Speziellere Behandlungen mancher dieser Themen finden sich in *Vedic Literature* von Jan Gonda, *Mantramañjarī: The Vedic Experience* von Raimundo Panikkar und *Bhartṛhari* von Harold Coward.

Danken möchte ich Lisa Ulrich für ihre Froschgeschichten, Lora Ricca für ihre Mithilfe beim Quellenstudium, Betty Jason für die vielen wertvollen Hinweise, die sie beigesteuert hat, und Ellen Goolsby für ihre Sorgfalt und Umsicht bei der Fertigstellung des Manuskripts.

Danken möchte ich auch David Hanks und Merv Lane für ihr Schamanisieren, Ann Marie Spargur für ihre Freigeisterei, Barry Osborne für seine Güte, John Powell für seine konkreten Ratschläge und Jonathan Shear für seine hilfreiche Anregung zur Ordnung des hier vorgelegten Materials.

Insbesondere möchte ich meinen Lektoren danken, daß sie den vollen Umfang dieses Projekts sorgsam im Auge behalten haben.

Santa Barbara, Kalifornien   JAMES N. POWELL

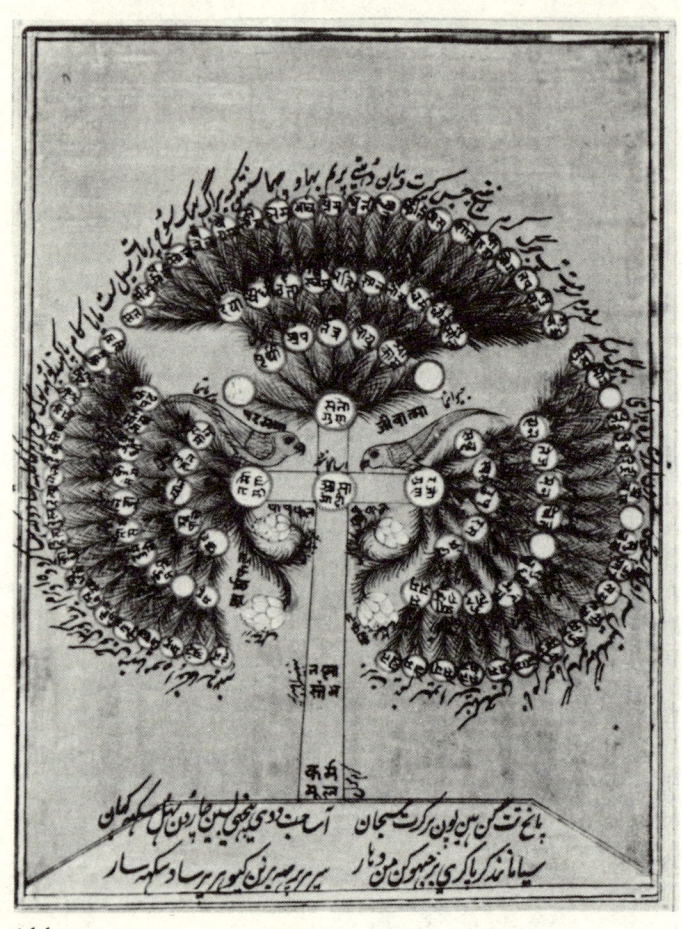

Abb. 1

Einleitung

> Gott ist das Licht des Himmels und der Erde.
> Das Gleichnis seines Lichtes ist
> Wie eine Nisch', in welcher eine Leuchte,
> Die Leuchte ist in einem Glas,
> Das Glas ist wie ein funkelnder Stern –
> Die angezündet ist vom Segensbaume,
> Dem Ölbaum nicht aus Osten noch aus Westen;
> Das Öl fast selber leuchtet, wenns
> Auch nicht berührt die Flamme;
> Licht über Licht.[1]

Gleich hinter der heiligen Stadt Mekka springt schroff ein gewaltiger kahler Felsen aus der öden saudiarabischen Wüste und ragt, von Schründen und Höhlen zerklüftet, steil in die Höhe. Man nennt ihn den Berg Hira. Kurz vor dem sechsten Jahrhundert unserer Zeitrechnung stahl sich ein junger Mann von fünfundzwanzig Jahren häufig aus der Stadt in die dunkle arabische Nacht hinaus, um in einer Höhle auf dem Berg zu fasten und zu meditieren. Eines Nachts war es, als ob ein wonniger Friede die ganze Wüste erfüllte, und während der junge Mann in tiefste Betrachtung versunken auf dem Boden der Höhle lag, erschien ihm der Engel Gabriel in einer Vision himmlischen Lichtes und befahl ihm: »Trag vor!«

»Was soll ich vortragen?« fragte der schreckensstarre junge Mann zitternd. Und die Antwort erscholl:

> Trag vor im Namen deines Herrn, der erschaffen hat,
> den Menschen aus einem Embryo erschaffen hat!
> Trag vor! Dein Herr ist edelmütig wie niemand auf der Welt,
> (er) der den Gebrauch des Schreibrohrs gelehrt hat,
> den Menschen gelehrt hat, was er (zuvor) nicht wußte.[2]

Immer wieder suchte der junge Mann die Höhle auf, und immer wieder erschollen die göttlichen Worte, brannten sich in seine Seele ein. Er ging in die Stadt, trug die Worte vor und gewann bald eine Anhängerschaft. Seine Schüler zeichneten diese Offenbarungen auf, denen es bestimmt war, auf der ganzen Welt gehört zu werden. Denn der Name des Mannes war Muhammad, die ihm offenbarten Worte sind als Koran bekannt geworden, und der Berg, auf dem er sie vernahm, ist heute Millionen von Anhängern des islamischen Glaubens heilig.

Einen anderen Felsen in der heiligen Stadt Mekka, den verehrten schwarzen Stein, soll Gott in alter Zeit vom Himmel herabgesandt haben. Er ist in einen klotzigen Steinbau eingefügt, den man die Kaaba nennt. Der schwarze Stein ist der Dreh- und Angelpunkt der islamischen Welt, und fünfmal am Tag wenden sich fromme Muslime überall auf dem Erdball diesem Stein zu, verneigen sich und rezitieren den Namen Gottes, Allah.

Ende 1979 kam es auf dem abgesperrten Platz um den schwarzen Stein zu einem seltsamen Vorfall. Die iranische Revolution hatte eine Reihe von islamischen Gruppierungen in Aufruhr versetzt. Eine davon war eine Art Stadtguerilla, die unter Maschinengewehrfeuer die allerheiligste Moschee, in der sich der schwarze Stein befindet, in ihre Gewalt brachte. Einige von Saudiarabiens Führern zogen sofort den Schluß, daß die Iraner verantwortlich seien. Als ihm das zu Ohren kam, schob Irans Ajatollah Khomeini den Amerikanern und Israelis die Schuld zu, die sich seiner Meinung nach verschworen hatten, die Muslime gegeneinander aufzuhetzen.

Auf das Gerücht von dieser Verschwörung hin stürmten Muslime in Pakistan, Libyen und anderen Ländern die amerikanischen Botschaften und andere Einrichtungen auf ihrem Territorium. Die Amerikaner konterten rasch mit der Behauptung, die angebliche Verschwörung sei nur ein von sowjetischen Agenten in der islamischen Welt ausgestreutes

Gerücht, mit dem antiamerikanische Stimmungen geschürt werden sollten.

Mit Hilfe der Franzosen gelang es den Saudis schließlich, die Eindringlinge zu überwältigen. Die Guerilleros gehörten einer islamischen Sekte an, deren Motive mit internationaler Politik offenbar nichts zu tun hatten. Als jedoch die Affäre schließlich beigelegt war, hatte sie ohne bewußte Absicht derart viel Staub aufgewirbelt, daß in rund einem Dutzend Staaten gewalttätige Stimmungen aufflammten – und dies alles ironischerweise durch einen stillen jungen Mann und seine Visionen von Gottes heiligem WORT. So kommt es, daß Visionen, und die ewigen Wesen, denen sie gewidmet sind, eine seltsame Macht über uns haben. Sie sind, mit den Worten von Robinson Jeffers,

der Menschheit Schattenherrscher,
Die nichtseiend doch wirklicher sind als das, dem sie entstammen,
und ungeformt das formen, was sie schafft:
Nerven und Fleisch vergehen schattenhaft, schattenhaft Glieder
und Leben, während diese Schatten bleiben, diese Schatten,
Denen Tempel, denen Kirchen, denen Werke und Kriege, Visionen und Träume gewidmet sind.[3]

Symbole – Visionen, Träume, Mythen, Sprachen, Philosophien, Theorien –, bescheiden sie sich damit, bloße Schatten zu bleiben, oder werden sie greifbar wie menschliches Fleisch? Und werden Hirne, Leiber und Waffen dann nicht geradezu ihre Nerven, ihr Fleisch und ihre Glieder? Wenn Armeen aufeinanderprallen, dann nicht Panzer gegen Panzer, Bombe gegen Bombe und Mann gegen Mann, sondern Fahne gegen Fahne, Gott gegen Gott und Symbol gegen Symbol.

Somit lassen sich unsere Beziehung zu Symbolen und die vielen Perspektiven, die sie eröffnen, nicht mehr als bloßes Kinderspiel betrachten oder gar als intellektuelle Selbstbefriedigung, sondern müssen als ernsthafter, notwendiger, ja dringlicher Forschungsgegenstand erkannt werden.

Sobald wir jedoch anfangen, diese Beziehung zu untersuchen, sind wir schon darin gefangen, denn wir können unsere Untersuchung nicht anders durchführen als eben *mit* Symbolen. Wir sind also gezwungen, uns zu fragen, was für ein Wissen Symbole über sich selbst vermitteln können. Sind wir auf ewig dazu verurteilt, nur müßig über Gedanken nachzudenken, über Worte zu reden und über Theorien zu theoretisieren? Oder birgt gerade das *Wesen* der Symbole – ihr Tao, wie wir auch sagen könnten – eine so unmittelbare, so nahe und so helle Vision, daß wir blind dafür sind – eine Vision, in der der Lärm streitender Theorien, Gedanken und Worte der tiefen Harmonie und Stille des WORTES weicht?

Mensch sein heißt im Dialog sein; und wenn es für uns auch bequem ist, in der Muttersprache zu denken und uns zu unterhalten, den Glauben an eine Theorie mit anderen zu teilen oder in unseren Herzen eine gemeinsame Gottheit anzubeten, so hält uns ein solcher Dialog doch gefangen, behext uns wie ein eifersüchtiger Gott. Und nur allzu oft ist unser Gott der Dämon unseres ebenfalls behexten Nächsten. Eines der großen Probleme unserer Zeit ist es also, daß unser Dialog, und damit unser Menschsein, aufgrund der scheinbaren gegenseitigen Ausschließlichkeit dieser Denksysteme abbricht, dieser Schattenbilder, die uns zwingen, so und nicht anders zu glauben, zu denken, zu sprechen und uns zu verhalten.

Dieses Buch spricht von der Behexung durch unseren Dialog, der Behexung durch unsere Sprache und damit von der Behexung des menschlichen Geistes, der sein Haus in der Sprache hat.

Und doch sehen wir, wie sich die Sprache in Dichtung, Gebet und Meditation neuen Bereichen aufschließt und so unseren Dialog von bloßer Kommunikation einander widerstreitender Daten zur Harmonie tiefer Kommunion erhebt – zu echtem Geben und Empfangen. In diesen Sphären stehen wir in Fühlung mit etwas, das alle unsere Bezugssysteme in Frage stellt, übersteigt und damit den Dialog wieder lebendig macht, und leise.

Dieses Buch spricht somit auch von der Emanzipation unseres Dialogs, unserer Sprache und unseres Denkens – davon, wie, lauter als das Feuer der Maschinengewehre und die gegenseitigen Beschuldigungen der Staaten, die Stille des Steins in der Mitte, des Punktes, um den sich alle diese Ereignisse drehen, ertönt.

Abb. 2

Präludium:
Ein Stein soll sprechen lernen
von Annie Dillard

Die Insel, auf der ich wohne, bevölkern Spinner wie ich. In einer Zederholzhütte auf einem steilen Felsen lebt ein Mann in den Dreißigern allein mit einem Stein, dem er das Sprechen beibringen will.

Gewitzelt wird darüber, wie ihr euch denken könnt, jede Menge, aber quasi en passant und vor allem von den Jungen. Denn tatsächlich respektiert fast jeder hier Larrys Tun, wie ich auch, weshalb ich hier seine (oder ihre) Identität verheimliche und für euch die Details verdrehe. Es könnte zum Beispiel eine Prise Sand sein, der er das Sprechen beibringen will, oder ein anhaltender Nordwind oder eine x-beliebige Welle. Aber es ist, ihr dürft es mir glauben, ein Stein. Es ist – denn ich habe ihn gesehen – ein handtellergroßer, ovaler Strandkiesel, dessen dunkles Grau von einem Streifen Weiß durchschnitten wird, der ihn um- und vermutlich durchläuft; solche Steine nennen wir aus obskuren, wenn auch, wie ich meine, nicht unerfindlichen Gründen »Wunschsteine«.

Er hat ihn auf einem Bord. Meistens liegt der Stein, von einem viereckigen Stück ungegerbten Leders geschützt da, wie ein unter seinem Tuch schlafender Kanarienvogel. Larry zieht den Lappen weg, wenn der Stein Unterricht bekommt, beziehungsweise, wie ich wohl genauer sagen sollte, wenn das Ritual dran ist, das sie mehrmals am Tag vollziehen, oder die Rituale.

Niemand weiß, was bei diesen Sitzungen vor sich geht, am allerwenigsten ich, denn ich kenne Larry nur flüchtig, und das auch nur, weil es mal eine Verwechslung bei unserer Post gegeben hat. Ich vermute, daß das Ritual – wie jede andere sinnvolle Bestrebung – ein Opfer, die Unterdrükkung des Ichbewußtseins und eine gewisse exakte Zurich-

15

tung des Willens erfordert, so daß dieser durchsichtig und hohl wird, ein Kanal für das Werk. Ich wünsch ihm alles Gute. Es ist ein edles Werk und von meiner Warte aus besser als Schuhe zu verkaufen.

Die Meldungen darüber, was für eine Äußerung er sich von dem Stein nun genau erwartet oder erhofft, gehen auseinander. Ich glaube nicht, daß er von dem Stein erwartet, so zu sprechen wie wir und uns sein langes Leben und seine vielen, oder wenigen, Eindrücke zu beschreiben. Ich denke eher, er versucht ihn zu lehren, ein einziges Wort zu sagen, etwa »Tasse« oder »Onkel«. Zu diesem Zweck hat er nicht etwa, wie manche allen Ernstes geäußert haben, dem Stein einen kleinen Mund ausgeschürft oder irgendwie eine Luftblase untergejubelt, die dieser dann ausstoßen könnte. Vielmehr hat er vor, und daran tut er klug, seinen Sohn – jetzt noch ein Säugling in der Obhut von Larrys Frau, die getrennt von ihm lebt – in das Werk einzuweihen, auf daß es fortgeführt werde und nach seinem Tode Frucht bringe.

Die Stille der Natur ist ihre eine Sage, und jeder Fitzel Welt ist ein Splitter von jenem alten stummen und unwandelbaren Block. Die Chinesen sagen, daß wir in der Welt der zehntausend Dinge leben. Jedes der zehntausend ruft uns haargenau nichts zu.

Gott wütete wider die Israeliten, weil sie heilige Haine aufsuchten. Ich wünschte, ich könnte einen finden. Martin Buber sagt: »Zur Krise der gesamten primitiven Menschheit kommt es mit der Entdeckung dessen, was fundamental nicht-heilig ist, des A-Sakramentalen, das den Methoden widersteht und das keine ›Stunde‹ hat – ein Bereich, der sich ständig vergrößert.« Jetzt sind wir nicht mehr primitiv; jetzt scheint die ganze Welt nicht-heilig zu sein. Wir haben im heiligen Hain das Licht in den Zweigen aufgebraucht und es auf den Höhen und an den Ufern heiliger Flüsse erstickt. Wir sind als Volk vom Pantheismus zum Panatheismus übergegangen.

Die Stille ist nicht unser Erbe, sondern unser Verhängnis; wir leben wo wir leben wollen.

Die Seele kann sich alles von Gott erbitten und wird niemals leer ausgehen. Du kannst Gott um seine Gegenwart bitten oder um Weisheit und ein jedes von seiner Hand empfangen. Oder du kannst Gott wie das Juxschildchen im Geschäft an der Ecke darum bitten, nicht wütend wegzugehen, nur einfach weg. Genau das tat einst eine erweiterte Nomadenfamilie in Israel. Sie hörten die Rede Gottes und fanden sie zu laut. Die Wüstengeneration war am Sinai; dort erlebte sie die dunkle Wolke, darinnen Gott war: »Und alles Volk wurde Zeuge von dem Donner und Blitz, dem Ton der Posaune und dem Rauchen des Berges.« Sie waren vor Angst ganz entgeistert. Dann hießen sie Mose, Gott zu bitten, niemals wieder, bitte bitte, direkt mit ihnen zu reden: »Laß Gott nicht mit uns reden, wir könnten sonst sterben.« Mose überbrachte die Botschaft. Und Gott erbarmte sich ihrer Angst und willigte ein. Und er setzte, zu Mose redend, hinzu: »Geh hin und sage ihnen: *Geht heim in eure Zelte!*«

Es ist schwer, den erlittenen Schaden ungesehenen zu machen und uns zu vergegenwärtigen, wen oder was wir da eigentlich um seinen Weggang gebeten haben. Es ist schwer, einen Hain zu entweihen und es sich dann anders zu überlegen. Die heiligen Berge tun keinen Mucks. Wir haben den brennenden Busch gelöscht und können ihn nicht neu entflammen; vergebens zünden wir unter jedem grünen Baum Streichhölzer an. Rief einst der Wind, und ließen die Hügel Lobpreis erschallen? Jetzt ist die Rede unter den leblosen Dingen auf Erden erstorben, und lebendige Dinge sagen sehr wenigen sehr wenig. Vögel mögen süßen Schnickschnack von sich geben und Affen kreischen, Pferde wiehern und Schweine, wie man sich entsinnt, oink oink sagen. Aber ebenso bollern Wackersteine, wenn eine Welle zurückflutet, und zerreißen bei Gewittern Donnerschläge die Luft. Diese Geräusche nenne ich Stille. Es könnte sein, daß überall, wo Bewegung ist, da auch Geräusch, wie wenn ein Wal steigt und aufs Wasser klatscht – und überall, wo Stille, da die leise, kleine Stimme, das Sprechen Gottes aus dem Wirbelwind, der alte Sang und Tanz der Natur, das Stück, das wir vom Spielplan abgesetzt haben. Jedenfalls bleibt uns jetzt nur der Versuch übrig – und er zählt noch zu unseren ehrbarsten Bestrebungen –, eine bestimmte menschliche Sprache, Englisch, Schimpansen beizubringen.

In den vierziger Jahren versuchten ein amerikanischer Psychologe und seine Frau, einem Schimpansenweibchen richtig das Sprechen beizubringen. Nach Ablauf von drei Jahren konnte die Affendame in rauhem Flüsterton die Worte »mama«, »papa« und »cup« von sich geben. Nach weiteren drei Jahren Drill konnte sie, höchst mühsam, immer noch nur »mama«, »papa« und »cup« flüstern. Die neueren Erfolge bei der Unterrichtung von Schimpansen in amerikanischer Zeichensprache sind sattsam bekannt. Erst neulich teilte uns ein Schimpansenweibchen mit, sofern wir wirklich an die Existenz eines gemeinsamen Wortschatzes glauben dürfen, daß sie am Morgen traurig gewesen war. Mich reut, daß wir nachgefragt haben.

Was haben wir denn die ganzen Jahrhunderte über anderes getrieben als versucht, Gott wieder zurück auf den Berg zu rufen oder, da der Erfolg ausblieb, allem, was anders ist als wir, einen Piep zu entlocken. Was ist der Unterschied zwischen einer Kathedrale und einem Physiklabor? Sagen nicht beide Hallo? Wir spionieren Walen nach und interstellaren Radioobjekten; wir lassen uns darben und beten dann, bis wir trist sind.

Ich habe mich in vergleichender Kosmologie umgelesen. Zur Zeit sprechen sich die meisten Kosmologen für das von Lemaître und Gamow beschriebene Bild des expandierenden Universums aus. Aber mir ist ein Vorschlag lieber, der vor Jahren von Paul Valéry gemacht wurde. Er äußerte die Ansicht, das Universum könnte »kopfförmig« sein. Worauf lausch der Kopf, was sieht er, woran denkt er? Oder ist das Universum samt allem, was es enthält, ein Gedankenschnipsel?

Die Berge sind große Steinglocken; sie gongen aneinander wie Spitztonnen. Wer hat die Sterne mundtot gemacht? Tausend Millionen Galaxien sind durch das Palomar-Spiegelteleskop problemlos zu sehen; Kollisionen zwischen und in ihnen kommen natürlich vor.

Doch eine solche Kollision ist ein ganz langes und stilles Gleiten. Milliarden von Sternen schieben sich ungerührt durcheinander hin, zu fern, um auch nur bewegt zu sein, achtlos wie eh und je, verstummt. In rauhem Flüsterton gibt das Meer wieder und immer wieder irgend etwas von sich; ich kriegs nicht richtig mit. Aber ich habs weiß Gott versucht.

Irgendwann einmal sagst du zum Wald, zum Meer, zum Gebirge, zur Welt: Ich bin soweit. Jetzt höre ich auf und bin ganz Ohr. Du machst dich leer und wartest, lauschst. Nach einer Weile hörst du es: da ist nichts. Da ist nichts als nur diese Dinge, diese erschaffenen Dinge, vereinzelt, wachsend oder haltend, oder schwankend, beregnet werdend oder regnend, gehalten, flutend oder ebbend, stehend, oder hingestreckt. Du spürst das Wort der Welt als eine Spannung, ein Summen, einen einzigen, überall gleichen Ton eines großen Chorgesangs. Das ist es: dieses Summen ist die Stille. Die Natur macht doch einen Piep – grad diesen einen. Die Vögel und Insekten, die Wiesen und Sümpfe und Flüsse und Steine und Berge und Wolken: sie alle machen ihn, und sie alle nicht.

Die Stille hat ein Schwingen, etwas Unterdrücktes, als ob irgendwer die Welt knebelte. Du aber wartest, hängst deines Lebens Spanne ans Lauschen, und nichts geschieht. Das Eis wälzt sich vor, das Eis wälzt sich zurück, und immer noch hält dieser eine Ton. Die Spannung, oder die fehlende, ist unerträglich. Die Stille ist in Wirklichkeit nichts Unterdrücktes; sie ist ganz einfach alles was ist.

Zeuge zu sein, sind wir hier. Etwas anderes läßt sich nicht anfangen mit diesen stummen Stoffen, die wir nicht brauchen. Bis Larry seinem Stein das Sprechen beigebracht hat, bis Gott seinen Sinn wandelt oder bis die heidnischen Götter wieder in ihre Berghaine huschen, können wir mit dem ganzen unmenschlichen Aufgebot nichts anderes anfangen, als es beobachten. Wir können unser eigenes Stück auf dem Planeten aufführen – unsere Städte in seine Ebenen bauen, seine Flüsse eindämmen, seine Humusschicht bepflanzen –, aber unser sinnvolles Tun deckt das Terrain kaum ab. Beispielsweise sind uns die Singvögel zu nichts nutz. Wir essen nicht viele; wir können sie nicht zu Freunden gewinnen; wir können sie nicht überreden, mehr Mükken zu fressen oder weniger Unkrautsamen auszustreuen. Wir können nur ihre Zeugen sein, wer sie auch sein mögen. Wenn wir nicht hier wären, wären sie einfach im Wald der Fall. Wenn wir nicht hier wären, gingen faktischen Geschehnissen wie dem Verstreichen der Jahreszeiten sogar noch der kärgliche Sinn ab, den wir ihnen zuschanzen können. Das Stück würde vor einem leeren Haus spielen, wie die ganzen Sternschnuppen, die tagsüber fallen. Deshalb mache ich Spaziergänge; um die Dinge im Auge zu behalten. Und deshalb bin ich auch auf die Galapagosinseln gefahren.

Auf den Galapagos-Inseln wird das alles besonders deutlich. Die Galapagos-Inseln wurden aus dem Ozean gepustet und ein paar Pflanzen drauf, ein paar Tiere trieben an und bildeten verrückte Formen aus – und da sind sie nun. Die Galapagos sind eine Art Metaphysiklabor, von menschlicher Kultur oder Geschichte nahezu völlig unverschandelt. Was auf diesen kahlen vulkanischen Felsen passiert, passiert immer vor aller Augen, ob irgendwer hinschaut oder nicht.

Was hier passiert, und es ist herzlich wenig, ist dies: Wolken kommen und gehen, desgleichen die Runde sich ähnelnder Jahreszeiten; ein Schwein frißt eine Schildkröte oder frißt keine Schildkröte; pazifische Wellen werfen sich auf und gleiten zurück; eine Flechte breitet sich aus; Nacht folgt auf Tag; ein Albatros verendet und vertrocknet auf einer Klippe; eine kühle Strömung wallt vom Meeresboden auf; Fische vermehren sich, Fliegen schwärmen, Sterne gehen auf und unter, und Tauchervögel tauchen. Die Neuigkeiten werden gewissermaßen auf Meereswellen gesendet. Und empfangen werden sie von den Bäumen. Die Palo-Santo-Bäume drängen sich an den Hängen wie ein Freilichtpublikum; ihr Blick geht auf die Lagunen, die Lavaflächen und die Küsten.

Mit diesen Palo-Santo-Bäumen bin ich ein bißchen bewandert. Sie interessieren mich insofern, als sie die Stummheit der menschlichen aufrechten Haltung gegenüber allem Nichtmenschlichen versinnbildlichen. Ich sehe uns alle als Palo-Santo-Bäume, heilige Stöcke, gemeinsam alles betrachtend, was wir betrachten, und still vor uns hinwachsend.

Lange Zeit bemerkte ich auf den Galapagos die Palo-Santo-Bäume gar nicht. Wie alle andern auch hatte ich mich auf Seelöwen verlegt. Meine Mitreisenden an Bord und ich mochten die Seelöwen und neideten ihnen ihr Leben. Ihre Freude wirkte bewußt. Sie spielten rund um die Uhr. Alle waren sie entweder drall oder tot. Tagsüber spielten sie an den seichten Stellen, allein oder zu mehreren, begrüßten sich und uns mit großem Freudentrara, oder sie schwammen ein Stück hinaus und bodysurften feuchtfröhlich in den Brechern. Nachts am Strand lagen sie einander in den Flossen und schliefen. Meine Mitreisenden sagten oft zum Spaß, wenn sie »wiederkämen«, dann würden sie liebend gern das Ganze noch mal als Seelöwen erleben. Ich stimmte bei. Das Seelöwenspiel sah aus, als wäre es das Höchste.

Aber anderthalb Jahre später kehrte ich auf diese menschenleeren Inseln zurück. In der Zwischenzeit hatte sich meine Neigung zu ihnen verlagert, und meine Erinnerungen an sie hatten sich, wie es Erinnerungen so an sich haben, verändert wie bunte Steine, die man auf einem Gitter hin- und herkullern läßt, so daß nach einer Zeit die grellbunten, von denen man dachte, die gehen dir nie verloren, verschwunden sind, durchs Gitter gerutscht, und nur ein paar große, unerwartete noch übrig sind, nun nicht mehr unbemerkt, sondern auserwählt irgendeines großen und unbekannten Sinnes wegen.

So war es mit den Palo-Santo-Bäumen. Vorher hatte ich nie einen Gedanken an sie verschwendet. Sie waren bloß Meilen halbtoter Bäume auf den roten Lavafelsen irgendwelcher verlassenen Inseln. Sie waren nur ein Name in einem Notizbuch: »Palo Santo – diese seltsamen weißen Bäume.« Schau nur, die Seelöwen! Schau nur, die flugunfähigen Kormorane, die Pinguine, die Leguane, der Sonnenuntergang! Doch nach achtzehn Monaten waren mir die wunderbaren Kormorane, Pinguine, Leguane, Sonnenuntergänge und sogar die Seelöwen durchs löcherige Herz geplumpst. Ich kehrte auf die Galapagos zurück, um die Palo-Santo-Bäume zu sehen.

Es sind dünne, fahle, schüttere Bäume. Du spazierst zwischen ihnen auf den Ödflächen dahin, wo sie neben den Feigenkakteen wachsen. Du siehst sie vom Wasser aus auf den meerwärts gekehrten Steilhängen, Hunderte niedrig und dünn und großflächig zusammenstehen, und so viel blasser als ihr roter Nährboden, daß jeder Schwarzweißabzug von ihnen wie ein Negativ aussieht. Ihre Bestände sehen aus wie kartätschte Obstgärten. Zu jeder Jahreszeit wirken sie neuerlich tot, bleich und kahl wie in einem Biberteich abgesoffene Birken – denn zu jeder Jahreszeit sehen sie unbelaubt, entkräftet und stumm aus. Doch in Wirklichkeit kann man während der Regenmonate ein paar schüchterne, bald wieder abfallende Blättlein hier und da auf ihrem spröden Gezweig erblicken. Und auf ihrer Rinde wuchern jederzeit Hunderte von Flechten in einander überlappenden Explosionen, die im Laufe eines Jahrzehnts kaum größer werden, rosa und orange Flechten, blaßlila, gelbe und grüne. Die Palo-Santo-Bäume tragen die Flechten mühelos, unbewußt, wie sie alles tragen. Ihre Massen, durchsichtig wie Federzeichnungen, überziehen die Felshänge wie wirbelnde Tänzer, wie leere Haine, und schauen über klippbrüchige Sturzwellen hinaus auf weitere menschenleere Inseln mit ihren grotesken Eidechsen und Vögeln, auf die trauernden Lagunen und die Buchten, von Seelöwen durchstreift, und noch weiter hinaus, auf die tobenden Meere dahinter.

Jetzt stimmte ich dem Scherz meiner Mitreisenden nicht mehr zu: ich wollte nicht mehr als Seelöwe »wiederkommen«. Denn ich dachte, und denke noch, wenn ich denn in ein Leben im Sonnenlicht, in dem alles sich wandelt, zurückkäme, dann am liebsten als Palo-Santo-Baum, einer von Tausenden an einer Felswand auf diesen gottverlassenen Inseln, wo sich Millionen Dinge unter den Entgeisteten abspielen, wo ein Regenguß auf einen gelben Leguan von der Größe eines Dackels niedergehen kann und der Leguan zehn Minuten später vielleicht einmal blinkt. Ich würde gern als Palo-Santo-Baum auf der Wetterseite einer Insel wiederkommen, damit ich, schlicht ich, als vollkommener Zeuge stumm schauen und mit den Armen wedeln könnte.

Die Stille ist alles was ist. Sie ist das A und O. Sie ist das Schweben Gottes auf dem Wasser; sie ist der verschmolzene Ton der zehntausend Dinge, ein Flügelsausen. Indem du zu dieser Stille betest und gar das Gebet an »Welt« richtest, machst du einen Schritt in die richtige Richtung. Unterschiede verwaschen. Verlaßt eure Zelte. Betet ohne Unterlaß.[4]

Abb. 3

Das Labyrinth

Die goldnen Buddhas sehn über den Dreck,
Den Tauben auf sie fallen lassen, weg.

Ho-o[5]

In den Jahrtausenden, mit denen die letzte Eiszeit zu Ende
ging, schwärmten riesige Herden mächtiger, grasfressender
Säugetiere in Wellen über die ungeheuren Weiten aus, wobei einzelne Tiere gelegentlich zur Beute von Jägerstämmen
wurden, die sie für ihre Nahrung, Kleidung und Werkzeuge
benötigten. Dies war das Zeitalter der Großen Jagd, vor der
Zeit, als die Menschen lernten, wie man den Boden bestellt;
nicht nur die leiblichen Bedürfnisse, sondern auch die
Mythen, Kunstwerke und heiligen Gesänge hatten damals
das Treiben der Herden zum Mittelpunkt.

Etwa zehntausend Jahre später, am 20. Juli 1914, spazierte
Graf Henri Bégouën mit seinen drei Söhnen über sein Gut
in Montesquier-Avantes, das im Ariège in den französi-
schen Pyrenäen liegt. Es war ein heißer Tag, und als sie auf
ihrer Landpartie einen kühlen Fleck zum Rasten suchten,
wies ihnen ein Bauer aus der Gegend den Weg zum *trou
souffleur,* einer Erdspalte, aus der ein kühler Luftzug aufsteigt. Nachdem sie die Stelle gefunden hatten, wurden sie
neugierig, zu erfahren, wie tief das Loch wohl wäre, und
einer der Brüder ließ sich mit Hilfe eines Seils hinab. Knapp
zwanzig Meter unter der Erde knickte die Höhle in hori-
zontaler Richtung ab. Mit einem Garnknäul, das er abwik-
kelte, markierte er seine Spur, während er den Gang hinun-
terkroch und eine bemerkenswerte Entdeckung machte. Er
fand ein unterirdisches Heiligtum, das zehntausend Jahre
lang niemand mehr zu Gesicht bekommen hatte. Die
Wände wimmelten von herrlichen Gestalten – Wisenten,

Mammuten, Nashörnern, Wildpferden, Rentieren, Bären, Moschusochsen –, und hoch über allen, etwa viereinhalb Meter über dem Boden der Höhle, starrte in Tänzerpose, mit Geweih auf dem Kopf, den wachen, aufgestellten Ohren eines Hirsches, dem wehenden Schwanz eines Pferdes und dabei doch dem Bart und der allgemeinen Haltung eines Mannes der geheimnisvolle Zauberer von Les Trois Frères herab. Hier regierte eine Gestalt, halb Tier, halb Mensch – eines der hinreißendsten Symbole der paläolithischen Kultur –, ein schweigender und zugleich beredter Ausdruck der Einheit des Menschen mit seinen Mitgeschöpfen.

Und doch ist dies eine flüchtige Einheit; in demselben heiligen Akt, in dem die Bilder des Zauberers und der Tiere den menschlichen und den tierischen Bereich zusammenbringen, trennen sie diese unwiderruflich. Denn kein Tier läßt sich umständlich zwanzig Meter in eine Höhle hinab, kriecht mühsam auf seinem Bauch durch einen engen Gang zu einer unterirdischen Kammer und betet dort prachtvolle Bilder an, die es ehrfürchtig auf eine Wand gemalt hat. Allein schon im Akt der symbolischen Vereinigung mit der Tierwelt überwindet der Künstler sie und erweist seine Herrschaft darüber.

Wir Menschen, so scheint es, vergleichen gern unsere Intelligenz mit der der anderen Mitglieder des Tierreiches. Wir tratschen, gehen zur Kirche, fliegen zum Mond, hauen uns mit dem Hammer auf den Finger, geben Geld aus und führen Kriege – und alles verleiht uns jene besondere Würde, die uns vom bloßen Tier, dem Wild und Vieh, trennt. Wir gedenken dieser Überlegenheit, indem wir uns Gesellschaftstiere nennen, Kulturtiere, sprechende Tiere, religiöse, ökonomische, werkzeugmachende und technologische Tiere. Vom Wild und vom Vieh wollen wir getrennt bleiben.

Wenn andererseits ein Affe einen Stein aufhebt und ihn wie ein Werkzeug gebraucht, empfinden wir eine plötzliche Verwandtschaft; und Jahr für Jahr geben wir Unsummen

Abb. 4

für den Versuch aus, um, wie Annie Dillard sagt, »allem, was anders ist als wir, einen Piep zu entlocken«. Wir möchten anders sein als die anderen Tiere und doch auch mit ihnen eins – mit ihnen leben und sprechen. In früheren Zeiten tanzten wir mit Hörnern an unseren Hüten herum und ritzten Zeichnungen von Wisenten in die Wände unserer Höhlen. Denn im Unterschied zu unserer modernen westlichen Betonung des Leiblichen und Materiellen ging es dem archaischen Menschen letzten Endes um die geistige Dimension. In diese Sphäre einzugehen hieß, *in* die Wirklichkeit zu treten und nicht aus ihr hinaus. Und oftmals war es die Vision eines Tieres, die einen Einzelnen in diese

Sphäre geleitete. Als Jagen eine heilige Verrichtung war, glaubte man, daß vor dem eigentlichen Töten eine geistige Verständigung und Vereinigung zwischen Jäger und Gejagtem zustande kam. In der gleichen Weise, in der vielleicht ein aufmerksamer Mann um eine Frau wirbt, wußte der Jäger durch bestimmte Vorahnungen und Vorzeichen, daß das Geschöpf sich ihm im Geiste ergeben hatte. Durch die Kraft der Rituale – Lieder, Träume und Höhlenmalereien – wußte der Jäger, daß er die Erlaubnis erhalten hatte, das Fleisch des Tieres als Geschenk zu nehmen. Mit solchen Malereien, auf denen kein Wisent ein Abbild seiner selbst erkennen würde, verraten wir unsere Einzigartigkeit; genau hier finden wir einen Hinweis auf jene Tätigkeit, die uns von den anderen Tieren trennt – die Symbolbildung. Das Menschentier ist, wenn sonst nichts, das symbolbildende Tier, und der Akt der Symbolbildung ist für die menschliche Intelligenz nicht nur am charakteristischsten, sondern auch am grundlegendsten.

Das Spektrum unserer Symbolbildungen ist fast grenzenlos. Wir gebrauchen Laute zur Kommunikation und nennen das unsere Sprache. Wir gebrauchen mathematische Symbole, um komplexe Probleme der Beziehungen zwischen Dingen zu lösen. Wir hören Musik, betreten heilige Gebäude und verneigen uns vor Bildnissen. Wenn ein Vogel sich vor einer Statue des Buddha zu verneigen scheint, pickt er nur ein paar Körner von dem Opferreis, der von Mitgliedern der symbolbildenden Gattung dargebracht wurde. Wenn der Buddha dem Vogel die Verneigung nicht erwidert, ist dieser nicht eingeschnappt. Der Vogel ist sich seinerseits der Statue fast ebensowenig als einer besonderen Sache bewußt. Wenn wir Symbole gebrauchen, werden wir auch von ihnen gebraucht, etwa wenn wir blindlings in den Fußstapfen eines Bannerträgers in unser Verderben marschieren. Und wir sind auch fähig, Symbole völlig zu überwinden (oder ihr Wesen zu erkennen), fähig der juwelenstrahlenden Ruhe des Buddha.

Wir sind an dieser Stelle vielleicht versucht einzuwenden, daß Tiere durchaus auf Symbole ansprechen. Und das stimmt, bis zu einem bestimmten Grad. Die menschliche Auszeichnung, der Symbolbildner zu sein, ist lediglich eine Frage des Grades. Manche Forscher sprechen Walen und Delphinen die Fähigkeit zu kommunizieren zu – bis zu einem gewissen Grad. Außerdem haben wir Schimpansen und Gorillas den Gebrauch der Zeichensprache und anderer Kommunikationsweisen beigebracht, aber das ist wiederum eine Frage des Grades. Schließlich erreicht auch der sprachbegabteste Primat nicht annähernd die Zungenfertigkeit eines normalen Kindes, und wir würden uns schwertun, einen Gorilla zu finden, der zur Kirche geht oder Geld hinblättert, um einen Film zu sehen, einen Picasso zu kaufen oder ein Buch. Es würde uns schwerfallen, einen Tiger zu finden, der lieber verhungert, als daß er eine Kuh frißt, die er für besonders heilig erachtet. Menschen essen Bananen, aber wir betiteln uns nicht das bananenessende Tier. Gorillas dagegen bringen Tage damit zu, ganze Bananenbäume zu vertilgen, einen nach dem andern, von den Blättern und Früchten bis hinunter zu den Wurzeln. Es ist eine Frage des Grades, und sie hätten den Titel wohl verdient.

Wenn wir daher nichtmenschliche Primaten und andere Säuger aus der Kategorie der Symbolbildner ausnehmen, dann nur, weil sie anscheinend nicht so sehr in Symbolen aufgehen wie die Menschen. Sie gebrauchen Symbole bis zu einem gewissen Grad, aber sind, ebenso wie die anderen Angehörigen des Tierreiches, einen Großteil ihrer Zeit damit beschäftigt, auf *Zeichen* anstatt auf *Symbole* zu reagieren. So kann ein Hund z.B. verbale Signale vernehmen, etwa einen Ruf, fressen zu kommen. Aber es ist klar, daß das Tier in solchen Äußerungen nur *unmittelbar* pragmatische und verhaltensmaßregelnde Bedeutungen hört. Der Hund richtet seine Sinne und Handlungen auf etwas in der Umgebung *unmittelbar Vorhandenes*. Eine Äußerung ist ein bloßes *Signal* wie eine grüne Verkehrsampel. Es bezeichnet etwas, das auf der Stelle getan oder bemerkt werden soll, einen Handlungsstimulus und keinen Gegenstand der Überlegung und geistigen Erforschung.

Tiere besitzen nur ein sehr elementares Codebuch, einen kleinen Bestand von Signalen mit der Bestimmung, eine stereotype Reaktion auszulösen. Der Revierschrei eines Vogels wird von anderen Vögeln als direkte, unmittelbare, emotional aufgeladene Warnung verstanden. Ihre Antwort darauf ist ebenso unmittelbar und in ihrem genetischen Gepräge starr festgelegt. Menschen dagegen können aus einem viel größeren Wortbestand eine unendliche Zahl von Sätzen bilden. Ich sage: »Koalabären tun sich schwer, Kaviar und Austern zu verdauen«, und jeder, der deutsch versteht, weiß, was der Satz bedeutet, obwohl er vielleicht in der gesamten Weltgeschichte nie zuvor ausgesprochen wurde. Außerdem kann jeder gesprochene Satz eine völlig unvorhersehbare, durchaus unstereotype Reaktion auslösen: Du fragst einen Zen-Meister nach dem Sinn von Zen, und er schlägt dich mit einem Stock. Auch muß eine menschliche Sprachäußerung nicht unbedingt emotional aufgeladen sein. Wir sind durchaus imstande, den Sinn eines Satzes unabhängig von seinem emotionalen Gehalt zu bedenken und ebenso können wir bändeweise nüchternen Wissenschaftsjargon schreiben. Die meisten Tiere scheinen unfähig zu sein, Botschaft und Emotion zu trennen.

Wenn ein Hund bellt, ist er wütend. Ein Mensch jedoch kann auch dann noch freundlich daherreden, wenn er wütend ist, oder Computer mit emotional toter Information programmieren.

Ein anderer einzigartiger Zug der menschlichen Sprache ist der, daß sie es uns erlaubt, geistig in weite Fernen zu schweifen – uns in die Vergangenheit zu versetzen, in die Zukunft, in das Reich der Galaxien oder der Atome. Wir können uns Dinge vorstellen und uns an sie erinnern, können denken und meditieren, und wir haben ein Zeitbewußtsein. Hunde und Ratten dagegen können sich nur für einen kurzen Augenblick an ein Signal erinnern. Es geht in das eine Ohr hinein und aus dem anderen heraus.

Als Menschen besitzen wir demnach zwei Sprachen – eine äußere, gesellschaftliche, den festgelegten Signalen der Tiere vergleichbar, und eine innere. So sind zwar manche Tiere sicherlich zu einem rudimentären Dialog fähig, aber gänzlich unfähig zum Selbstgespräch, zur Besinnlichkeit und den ganzen anderen Aktivitäten der inneren Sprache, zumindest in dem Maße, in dem wir ihnen frönen.

In dieser inneren Sprache lösen wir uns von der festgelegten äußeren Sprache. Der Grund dafür, daß Philosophien, poetische Stilrichtungen und Theorien nur kurz in Mode bleiben, liegt darin, daß wir in uns selbst gehen und dort neue Möglichkeiten erblicken können, wie sich der Zusammenhang von Worten und Dingen umgestalten läßt. So kommt es, daß Epochen der Dichtung mit einer Revolution beginnen, sich als Konvention durchsetzen und schließlich in Klischee und Langweile untergehen, um daraufhin von einer neuen dichterischen Vision abgelöst zu werden. Und genau auf diese Weise vermochte Einstein plötzlich zwei Dinge im physischen Universum – Materie und Energie – in einer völlig neuen Art mit einem Gleichheitszeichen zu verknüpfen: $E = mc^2$, Materie *ist* Energie. Und unser Universum ist seitdem ein anderes geworden.

Obwohl also Menschen auf Zeichen in der gleichen Art ansprechen können wie Tiere, ist unsere Beziehung zu Zeichen nicht auf eine automatische, genetisch festgelegte Reaktion begrenzt. Wir sehen, wie sich der Himmel bewölkt, hören den Donner und wissen, daß dies die *Zeichen* eines heraufziehenden Gewitterschauers sind. Eilig suchen wir einen Unterstand. Andererseits können wir uns auch dann über Gewitter unterhalten, wenn gerade die Sonne scheint.

Es gibt natürlich Symbole vieler Art – sprachliche, musikalische, graphische, mathematische, solche des Traums usw. Ja, das, was wir normalerweise Denken nennen, wäre uns ohne Symbole überhaupt nicht möglich – denn es ist keineswegs so, daß wir einen Gedanken haben und dann nach Worten suchen, um ihn auszudrücken. Vielmehr denken wir nur nach Maßgabe unserer Sprache, und unsere Sprache besteht aus Symbolen. Selbst wenn wir in Bildern oder Tönen anstatt in Worten denken, bilden diese eine eigene Sprache. Und da wir ständig denken, wohnen wir im Grunde *in der Sprache*. Nun mache man sich einmal klar, daß ein Mensch, auch wenn er über einen größeren Wortschatz verfügt, im Durchschnitt Tag für Tag ungefähr dieselben hundert Worte gebraucht. Wir existieren folglich in einem Käfig von einigen hundert Worten, einer Ansammlung von Klischees; die Grenzen dessen, was wir sagen können, bestimmen auch die Grenzen dessen, was wir denken können. Die Art, wie z. B. der typische Landler aus Iowa die Wellen im Ozean zu beschreiben vermag, ist sehr eingeschränkt. Ein leidenschaftlicher kalifornischer Surfer dagegen lebt in einer Welt der Wasser- und Windbedingungen, nach denen diese entweder glasig, fliegend, kabbelig, ablandig, auflandig oder flach sind. Wo der Surfer Küstenbrecher, Strandbrecher, Landspitzenbrecher, Riffbrecher, Gipfel, Abschnitte, links- und rechtsbrechende Wellen, Linien, Gruppen, Tunnel, Schüsseln, Tuben, Rücken, Lippen, Rückseiten, Täler, Kräuselungen, Dünungen, Grundsee, Turbulenzen, Glas, Gischt usw. sieht und benennt, sieht der Landler nur Wellen und einen Strand.

Nicht nur, daß unser alltäglicher Wortschatz einengend ist, wir sind auch noch gezwungen, uns in der gleichbleibenden grammatischen Struktur unserer Sprache auszudrükken. »Der Junge sieht einen Baum«, sagen wir. Subjekt, Prädikat, Objekt – und mit geringfügigen Abwandlungen und wenigen Ausnahmen malen wir mit Worten ein bestimmtes Bild der Welt, in der wir wohnen. Wir malen diese Welt so, als ob sie aus Dingen wie Äpfeln und Tischen, Eigenschaften wie rot und grün und Tätigkeiten wie gehen, sitzen und schlürfen bestünde. Dies ist, anders gesagt, eine

Welt der Substantive, Adjektive und Verben mit ein paar kleineren Bindegliedern dazwischen, um diese hauptsächlichen Bausteine zusammenzumörteln.

Die Natur ist ein Kontinuum, das wir durch eine Gerade darstellen könnten:

––––––––––––––––––––––––––––––

Doch unsere Sprache sagt uns, daß die Welt aus »Dingen« besteht, die wir benannt haben. Jene Aspekte der Welt, die wir nicht benennen, existieren für uns nicht oder kaum. Im Gegensatz zum Kontinuum der Natur sieht unsere benannte Welt wie eine unterbrochene Gerade aus:

–––––   –––––   –––––   –––––

Die Strecken stellen die benannten »Dinge« dar, und die Zwischenräume sind jene Aspekte der Wirklichkeit, die namenlos bleiben und die für uns nicht existieren. Für den Landler aus Iowa können die Strecken solche Worte bedeuten wie »Ozean«, »Strand«, »Brecher« oder »Sturzwelle«. Die feinen Unterschiede, die der Surfer wahrnimmt, sieht er einfach nicht. Alle Bezeichnungen, die der Surfer gebraucht, um seine Welt zu beschreiben und sich darin zu bewegen, sind für den Landler bloße Leerräume, eine Welt, die es nicht gibt.

Auf diese Weise malt jemand, der chinesisch oder suaheli spricht, ein völlig anderes Bild der Welt als einer, der englisch spricht. Die Strecken und die Zwischenräume sind anders verteilt. Die Hopi-Indianer malen ein Bild ganz ähnlich dem, das von der mathematischen Sprache der modernen Physik entworfen wird – ein Thema, auf das wir in einem späteren Kapitel zurückkommen werden.

Wir wohnen somit weniger in einer aus Atomen bestehenden physischen Welt als in einem von den Elementen unserer Sprache gemalten Bild dieser Welt. In der Tat waren es die Griechen, die als erste die Vorstellung von Atomen aufbrachten, und als Demokrit aus Abdera in Thrakien erklärte, die Materie bestünde aus Atomen, war das Modell, mit dem er seine Behauptung veranschaulichte, der Bau der Sätze aus ihren einzelnen Teilen.

Die Vorstellungen, Pläne, Grübeleien, Meditationen, Gedanken, Träume und Vergleiche des menschlichen Geistes bewegen sich also in mannigfachen symbolischen Sprachformen. Und wenn dem so ist, welches sind dann die allgemeinen Gesetze, die alle diese Tätigkeiten regieren? Oder vielleicht gibt es nur ein einziges allgemeines Gesetz, ein Tao, das als das eigentliche *Wesen* der Symbole unserer ganzen Symbolbildung zugrunde liegt? Um das Tao oder Wesen der Symbole aufzudecken, wollen wir uns zunächst die Entstehung jener mathematisch formalisierten symbolischen Konstrukte anschauen, die man wissenschaftliche Theorien nennt.

Die Entwicklung des wissenschaftlichen Denkens scheint von zwei Tendenzen geleitet zu sein. Eine davon können wir als die Tendenz zur Erfahrungshaltigkeit bezeichnen. Dies ist die Forderung, daß wissenschaftliche Theorien sich auf beobachtbare Tatsachen beziehen und diese widerspiegeln sollen. Newtons Theorie der Gravitation, so heißt es, wurde von ihm entdeckt, als ihm ein beobachtbarer Apfel auf seinen ebenso beobachtbaren Kopf fiel. Die andere Tendenz können wir als die zu zusammenfassender Allgemeinheit bezeichnen. Sie treibt die Wissenschaftssprache auf höhere, allgemeinere, abstraktere, meist mathematisch formulierte Ausdrucksebenen. Newton sagte nicht einfach, daß ein Apfel auf seinem Kopf gelandet war; er bediente sich einer Sprache, die allgemeiner und abstrakter, ja mathematisch elegant war. Er sagte $F = Gm_1m_2/r^2$, ein Satz in der Sprache der Wissenschaft, der sowohl hoch abstrakt als auch hoch allgemein ist. Er beschreibt nicht nur das Fallen eines Apfels durch die Atmosphäre, sondern auch das Fallen von Planeten auf ihren Umlaufbahnen um die Sonne.

Diese zwei Tendenzen beeinflussen sich gegenseitig dahingehend, daß in der Entwicklung der Wissenschaft Theorien immer mehr Tatsachen erklären, indem sie an immer mehr Punkten in der Natur ansetzen und sich dabei gleichzeitig zu immer abstrakteren, allgemeineren Ausdrucksformen hinbewegen. Ein simples Beispiel wäre etwa das eines urzeitlichen Hirtennomaden, dem plötzlich klar wird, daß zwei Kühe und zwei Kühe vier Kühe ergeben. Nach etwas Nachdenken könnte dem Hirten aufgehen, daß zwei Kübel Milch und noch zwei in ähnlicher Weise vier ergeben, usw. Die zwei Tendenzen gebieten, daß man letztlich zu der allgemeinen und abstrakten Aussage $2 + 2 = 4$ gelangt. Verglichen mit dem Ausdruck »Zwei Kühe und zwei Kühe sind vier Kühe« ist die Aussage $2 + 2 = 4$ sowohl erfahrungshaltiger, insofern sie sich auf eine unendliche Zahl beobachtbarer Tatsachen bezieht, als auch abstrakter. Sie faßt die Beschreibung des riesigen Bereichs beobachtbarer Tatsachen in einem knappen mathematischen Ausdruck zusammen. Irgendwann wird dann die Aussage »Das Ganze ist gleich der (oder mehr als die) Summe seiner Teile« aufkommen – ein Satz, der sowohl erfahrungshaltiger als auch allgemeiner und abstrakter ist als seine Vorläufer, denn er spricht von *jeder* Summe.

Wissenschaftliche Theorien erzählen Geschichten von Dingen im Universum. Alte wissenschaftliche Theorien werden nicht so sehr verdrängt als vielmehr in die umfassendere Sprache einer allgemeineren Geschichte vom Universum aufgenommen. Anscheinend werden diese Geschichten, wie das Anglerlatein, mit der Zeit immer phantastischer.

Das ist das Tao der Wissenschaft. Neue Theorien verschlingen ältere wie die zunehmend größer werdenden Mitglieder einer biologischen Nahrungskette. Und ebenfalls wie beim Anglerlatein gilt: Je größer die Geschichte, desto größer ihr Gegenstand – sei es nun eine fünfundzwanzigpfündige Forelle oder ein Universum aus Materie, die, wie uns ein besonders phantasievoller »Angler« berichtet, aus nichts anderem als Energie besteht. Die Einsteinsche Physik verdrängte die Newtonsche Physik weniger, als daß sie sie hinunterschluckte, verdaute und einer größeren Geschichte einverleibte.

Die Sprache der Wissenschaft tendiert dahin, in einem abstrakten Ausdruck so viel Wirklichkeit wie möglich einzufangen. Als das »vornehmste wissenschaftliche Ziel« bezeichnete es Einstein, »mit einem Mindestmaß von Hypothesen oder Axiomen ein Maximum von Erlebnisinhalten durch logische Deduktion zu umspannen«.[6] Wissenschaftliche Formulierungen bilden demnach eine Art Sprache, die die Natur verständlich zu machen sucht – eine Sprache, die sich zur Knappheit hin entwickelt, einer fast ästhetisch verstandenen Eleganz. Wenn eine Gerade das ganze Universum samt all seinen Gesetzen ist, dann will die Wissenschaft diese endlose Gerade tendenziell mit einem Punkt beschreiben. Und wir stellen fest, daß überall, wo man Symbole antrifft, sie dieselbe Tendenz an den Tag legen.

In derselben Epoche, als James Clerk Maxwell die zuvor disparaten Felder der Elektrizität, des Magnetismus und des Lichtes zu einer einheitlichen Theorie des elektromagnetischen Feldes zusammenzog, als die getrennten Begriffe Welle und Teilchen in der Physik durch das einzige, tiefere, einheitliche Konzept einer für Licht und Materie gleichermaßen geltenden Wellenfunktion ersetzt wurden und als Einsteins spezielle Relativitätstheorie die Begriffe Raum und Zeit, Materie und Energie in der knappen Formel $E = mc^2$ vereinigte, in dieser Epoche legten auch andere Bereiche außer der Physik eine zunehmende Vereinheitlichungsbewegung an den Tag, indem sie auf die einfachsten, elegantesten symbolischen Ausdrucksformen zurückgriffen. In der Dichtung z. B. verlagerte sich die Aufmerksamkeit vom Gedicht als ganzem auf die Zeile, das einzelne Wort und sogar die Silbe; und in der Psychologie begannen knappe, abstrakte Traumsymbole Welten von Sinnbezügen zu eröffnen.

Die Verlagerung der Aufmerksamkeit in der Dichtung war beeinflußt von der Sprachwissenschaft des neunzehnten Jahrhunderts. Mit der Entdeckung von Ähnlichkeiten zwischen Sanskrit (der alten Sprache Indiens), Latein und Griechisch begannen die Sprachwissenschaftler zu erkennen, daß alle indogermanischen »Tochtersprachen« in Wirklichkeit Dialekte einer älteren »Muttersprache« waren, der sogenannten indogermanischen Ursprache.

Die Tochterdialekte wurden durch einen langen divergierenden Entwicklungsprozeß füreinander unverständlich. Es scheint, daß vor einigen tausend Jahren im Gebiet der Ukraine, heute zur Sowjetunion gehörig, ein lockerer Stammesverband lebte. Aus unbekannten Gründen löste er sich auf, und die einzelnen Stämme wanderten in Wellen durch ganz Europa bis hin nach Irland und südwärts in den Iran und nach Indien. Heute bezeichnet man den lockeren Stammesverband und seine Sprache als (ur-)indogermanisch, und sämtliche Tochtersprachen, die aus letzterer hervorgingen, nennt man nach ihr die indogermanischen oder indoeuropäischen Sprachen. Diese Sprachen haben sich jedoch nicht so weit auseinanderentwickelt, daß nicht beträchtliche Ähnlichkeiten zwischen ihnen bestünden.

Man stelle sich etwa vor, was ein Dichter mit der folgenden Zusammenstellung indogermanischer Worte anfangen könnte, die alle derselben urindogermanischen Wurzel entwachsen sind:

tantra: sanskrit für die indische Kunst erotischer Spiritualität, eine Ausdehnung der Sinne in den Bereich des Geistes hinein;

tendu: französisch für die Streckung des ganzen Beines im Ballett;

tender: englisch für alles, was sanft, zart, liebevoll, sinnlich, gütig, weich, rührend oder spielerisch ist.

Worte mit derartigen Verwandtschaftsbeziehungen nennt man stammverwandt, denn sie haben einen gemeinsamen Ursprung.

Nun stelle man sich vor, was den Dichtern, die von dieser Entdeckung zu profitieren begannen, für ungeheure neue Bereiche offenstanden. Der Dichtung war es schon immer darum zu tun gewesen, die größtmögliche Resonanz auf kleinstmöglichen Raum zu verdichten, und jetzt fingen Ezra Pound, T. S. Eliot und andere aus ihrer Generation an, die feine Resonanz zu hören und einzusetzen, die jedes indogermanische Wort bei dem ihm stammverwandten weckt. In den zuvor disparaten indogermanischen Sprachen wurde plötzlich ein »Beziehungsreichtum einander antwortender Echos«[7] vernommen. Jede Sprache bildete nunmehr einen Zweig eines neu entdeckten und begeistert erforschten Sprachbaumes.

In *The Waste Land* greift T. S. Eliot auf das älteste Schrifttum in einer indogermanischen Sprache zurück, indem er aus der ehrwürdigen altindischen Großen Waldlehre (Brihadaranyaka-Upanishad) zitiert. An einer Stelle in dieser Schrift unterweist der Herr aller Geschöpfe sämtliche versammelten Wesen in seiner Schöpfung. Seine ganze Unterweisung besteht aus einer einzigen Silbe, DA, dem Laut des Donners. Diesem einen hallenden Donnerschlag wohnt alle Weisheit inne, deren die Menschen und sogar die Götter bedürfen. Für jene, die die Aussage nicht mitbekommen, gibt er jedoch folgenden Kommentar: DA heißt geben *(datta)*, Mitleid haben *(dayadhvam)* und sich bezähmen *(dāmyata)*. Im Sanskrit fangen diese drei Befehle alle mit *da* an. Somit ist für Eliot, der zu der verlorenen Nachkriegsgeneration spricht, das WORT, die Stimme Gottes, der Donnerschlag aller Weisheit, deren es bedarf, um die geistige Zerrüttung dieser Generation zu heilen, in einer einzigen Silbe enthalten, DA.

Hier haben wir die zusammenfassende Allgemeinheit, das dichterische Gegenstück zu Einsteins $E = mc^2$, und verkündet mit Lichtgeschwindigkeit. Dergestalt gewinnen auch die winzigsten Elemente des Gedichtes neue Sinnmöglichkeiten.

Während das Entzücken über diesen indogermanischen »Beziehungsreichtum einander antwortender Echos« zu voller Entfaltung gelangte, kam es in der Dichtung von Ezra Pound, dessen Begeisterung den chinesischen Ideogrammen galt, zu einer visuellen Resonanz. So schlug an dem voll erblühten, weitverzweigten Sprachbaum auch der Lotus aus, und damit ergab sich die Gelegenheit, in dem visuell kompakten chinesischen Ideogramm immer dichter schwingende Sinnbezüge zu komprimieren. Die Zeile

日 昇 東

»Sonne geht auf (im) Osten« gibt uns ein Bild dessen, was tatsächlich in der Natur geschieht. Auf der Linken finden wir die scheinende Sonne, auf der Rechten haben wir die Sonne durch die Zweige eines Baumes gesehen, und in der Mitte sehen wir die Sonne unmittelbar über dem Horizont. In der chinesischen Schrift wird das Gemälde der Welt, das die Sprache anfertigt, deutliche Anschauung, sobald es niedergeschrieben wird.

Diese Entdeckung des Ostens durch Pound und Eliot wies in eine Richtung, die später auf ganz verschiedene Art von amerikanischen Dichtern wie Charles Olson, Robert Duncan, Gary Snyder und Allen Ginsberg eingeschlagen wurde, die von Pounds ideogrammatischem Stil und den östlichen sprachlichen Minimalformen Mantra, Sutra, Haiku und Koan tief beeinflußt waren. Wir werden diese Formen in späteren Kapiteln behandeln. In der Dichtung herrscht ebenso wie in der Wissenschaft die Tendenz vor, mit der elegantesten, knappsten Ausdrucksform so viel Wirklichkeit wie möglich zu erhellen.

Wie uns die Dichtung manchmal in Erinnerung ruft, ist unsere Symbolbildung nicht auf den Zustand des Wachbewußtseins beschränkt, denn auch wenn wir schlafen, bringen wir in Form von Träumen spontan symbolische Bilder in phantastischer Mannigfaltigkeit hervor. Mit den bahnbrechenden Arbeiten von Freud und Jung setzte sich die Erkenntnis durch, daß diese Symbole Logik und Sinn besitzen, daß sie eine Sprache darstellen, die, richtig gedeutet, für ein therapeutisches Verstehen und Lösen von Konflikten den Weg freimacht.

Wieder zeigt sich hier in der Psychologie ebenso wie in Physik und Dichtung die Tendenz der Sprache, so viel Wirklichkeit wie möglich zu umspannen. Traumsymbole können durch einen Vorgang, den Freud Verdichtung nannte, ineinandergreifende Sinnelemente gewissermaßen in Form einer Montage zu einem einzigen Bild oder einer dichten Bilderreihe zusammenziehen. Auf diese Weise versuchen sie, etwas zuvor unbewußt Gebliebenes bewußt zu machen und zu lösen.

Für Freud verwiesen diese Bilder auf Konflikte, die ihren Ursprung in der persönlichen Geschichte des Träumers, besonders in Kindheitserfahrungen, hatten. Jung hingegen postulierte tiefere Traumbilder, die eine in jeder Hinsicht ungeheure Wirklichkeit darstellen und entfalten, da sie nicht nur die persönliche Vergangenheit des Träumers, sondern auch das gesamte kollektive Bewußtsein der Menschheit einschließt.

In diesen Bildern, die er Archetypen nannte, tauchen Gestalten und Motive auf, die auf dem ganzen Erdball zu finden sind. *Ein* Archetypus ist die Anima, das Weibliche im Mann. Wenn der Träumer ein Mann ist, wird er feststellen, daß ihm in seinen Träumen eine weibliche Gestalt erscheint. Wenn er klug genug ist, auf sie zu hören, wird sie ihm als Führerin dienen, etwa wie Beatrice Dante führt oder die Dame im Garten T. S. Eliot in seinem Gedicht »Ash Wednesday«.

Ein eindrucksvolles Beispiel bieten die Eskimoschamanen. Diese spirituellen Trickster, Seelenführer und Heiler tragen häufig Frauenkleider. Wir besitzen die Geschichte eines jungen Mannes, der von einem älteren Schamanen eingeweiht wurde. Der alte Mann begrub den jungen im

Schnee. Vor Kälte zitternd hatte dieser eine Vision, in der ihm eine Frau erschien, die Licht ausstrahlte. Sie gab ihm sämtliche Anweisungen, die er brauchte, um ein großer Schamane zu werden, und diente ihm sein ganzes Leben lang als Führerin.

Nach Jungs Auffassung wird ein Mann, wenn er seine innere Führerin nicht findet, sie außerhalb seiner selbst suchen. Er wird immer darauf aus sein, von einer äußeren Kraft bemuttert und behütet zu werden, sei diese nun eine leibhaftige Person, eine Institution oder eine Nation. Der einzelne Mann muß lernen, daß er alle Weisheit der Anima in sich selbst trägt. Nur dann kann er sich wahrhaft auf Frauen und auf Männer einlassen. Abermals sehen wir, daß in Jungs Theorie ein einzelnes abstraktes Symbol in unzähligen Formen an die Wirklichkeit anknüpft. Denn die Anima ist eigentlich formlos, ein abstrakter Archetypus, der jede weibliche Gestalt annehmen kann.

Die Symbole sind also in den Mittelpunkt gerückt. Die Hochenergiephysik hat es nicht mehr mit beobachtbaren Dingen zu tun. Das Verhalten subatomarer Phänomene läßt sich nur durch die Symbole der mathematischen Sprache interpretieren.

In der Psychologie hängt die Aufdeckung von unterbewußtem Material ebenfalls davon ab, wie man die Symbole der Traumsprache interpretiert. Deshalb sind westliche Denker zu der These gelangt, daß der Mensch in der Tat das symbolbildende Tier ist. Wir haben erkannt, daß jede menschliche Tätigkeit, jedes Tao, jeder Pfad oder Weg – sei es der Pfad der Physik oder der des Gebetes, der Weg der Traumanalyse, der Dichtung, der Musik, der Malerei oder der Meditation – ein Weg der Symbole ist. Es ist jetzt offenbar, daß sich das Verständnis des menschlichen Geistes in zunehmendem Maße auf ein Verständnis der Symbole stützen muß, besonders sprachlicher Symbole, mit denen er so unauflöslich verknüpft ist.

Es ist nicht nur der Landler aus Iowa, der sprachlich auf

eine begrenzte Sichtweise der Wellen festgelegt ist; der Philosoph sitzt im selben Boot. Unterschiedliche philosophische Weltanschauungen, so haben wir entdeckt, können ebenso sehr von der Sprache abhängig sein wie die grundverschiedenen Anschauungen desselben Ozeans von seiten des Binnenländers und des Surfers. Wie Hugh Kenner treffend bemerkt:

Man spürt, daß Hegel nur im Deutschen möglich war, und findet es natürlich, daß Locke in einer Sprache, in der bei dem Ausdruck »großer, roter Apfel« *large* und *red* vor *apple* stehen, erst nach Durchnahme der sinnlich wahrnehmbaren Eigenschaften zum Ding gelangte, während Descartes in einer Sprache, in der *grosse et rouge* auf *pomme* folgen, erst nach der klar umrissenen Idee zum Attribut kam.[8]

Somit sehen zwei Philosophen, die in verschiedenen Sprachen über denselben Apfel nachdenken, je nach der Struktur ihrer jeweiligen Sprache, ganz verschiedene Äpfel. Solche Erkenntnisse brachten Philosophen im allgemeinen dahin, sich zunehmend mit der Sprache zu befassen, und Wittgenstein im besonderen verkündete, daß wir gleichsam von dem Bild, das die Sprache uns malt, gefangengehalten werden. Er behauptete, die wahre Aufgabe der Philosophie sei es, den Geist von der Behexung durch die Sprache zu befreien. Denn mit jeder Aussage, die wir treffen, malen wir ein Bild der Welt, und dieses Bild ist sprachgebunden. Gerade wenn wir die bedeutungsvollsten Aussagen machen, in der Religion und der Philosophie, stellen wir fest, daß wir jedesmal gegen die Sprache anrennen.

Symbole, vor allem sprachliche Symbole, sind in den Mittelpunkt gerückt, zu Mittelpunkten geworden. In ihnen nehmen dichterische Kunstfertigkeit, mathematische Abstraktheit, der »Beziehungsreichtum einander antwortender Echos« oder die Fähigkeit, zu schöpfen, bewußtzumachen, zu verdichten, zu kommunizieren oder zu verallgemeinern, Gestalt an. Und doch können Untersuchungen von Symbolen nur die labyrinthischen Umrisse des menschlichen Geistes nachziehen, in dessen Kammern ein Bewußtsein regiert, das, wie das Mensch-Tier von Les Trois Frères, immer ein Mischwesen ist – ein Mensch-Symbol, eine Mensch-Sprache. Wir sind untrennbar mit der Sprache verbunden und zugleich von ihr behext – scheinbar ohne Aussicht darauf, diese Verzauberung überwinden zu können.

Abb. 5

DA:
Die Kuh wird Blitz, Frösche und Flöten

In den Blitz sich verwandelnd
streifte die Kuh ihre Hülle zurück.

RIGVEDA

Tiefe Stille hat ihre eigene Beredtheit, und wir können wenig sagen, ohne sie abzuschwächen. In der Dichtung von Kabir, einem indischen Gottliebenden des fünfzehnten Jahrhunderts, scheint die Stille von selbst zu singen:

Nah unserm Brustbein ist eine offene Blume.
Trinke den Honigseim, der die Blume umgibt.
Wellen fluten herein: Wieviel Pracht ist am Ozean!
Horch nur: Der Schall großer Muscheln. Der Schall der Glocken.[9]

Tief in der Brust des Dichters erschallen Muschelhörner, läuten Glocken, Süße ist da, ein inneres Tosen stillen Donners ... Stille erblüht zu Klang, dem innig lauschenden Dichter vernehmbar. So wird die Stille, die wenige hören, ein Gedicht Kabirs, vernehmbar für alle.

Gut tausend Jahre, bevor Kabir diese Zeilen niederschrieb, hörte jener altindische Barde, der uns die Große Waldlehre hinterließ, dasselbe innere Donnern. Anstatt jedoch die Erfahrung als den Schall von Muscheln und Glocken zu beschreiben, sprach er von DA, was für indische Ohren wie Donner klingt, so wie »Muh« sich für unsere wie eine Kuh anhört. Wie wir gesehen haben, war diese Donnerstimme die Äußerung des Herrn aller Geschöpfe, mit der er in einer einzigen hallenden Silbe zusammenfaßte, wie der Knoten verblendender Ichheit sich aufknüpfen läßt. Alle heiligen Schriften und Verhaltenskodizes, die wir in Indien finden, sind nur das vernehmbare Echo dieses stillen Donners.

Lange vor der Abfassung der großen heiligen Schriften Indiens, als die Gletscher der letzten Eiszeit ihren Rückzug antraten, wichen die sie begrenzenden ausgedehnten Graslande vor den Wellen der Waldbäume zurück, die von ihren warmen Zufluchtstätten im Süden wie große Armeen nordwärts vordrangen. Ungeheure Weideflächen verschwanden einfach, und die grasenden Herden begannen zu schrumpfen. Diese Tiere, die zuvor von Jägern verfolgt worden waren, wurden nach und nach gezähmt, so daß sie nicht nur Fleisch und Leder, sondern auch Milch abgaben. Sie lieferten also sowohl Nahrung als auch Kleidung, und in wenigstens einer Nomadenkultur wurde die Kuh zu *dem* Symbol vollkommenen Gebens. Dies war der indische Zweig der großen indogermanischen Stammesfamilie. Als diese Menschen über die Bergpässe in die indische Gangesebene zogen, entstand eine Kultur, in der Sprachwissenschaft, Philosophie, Dichtung und Religion noch nicht in getrennte, selbstherrlich autonome Gebiete aufgespalten waren, jedes mit eigenem Namen, eigener Fakultät, Professoren, Kopiergeräten und ein paar Studenten – in ihren Augen war vielmehr sämtlicher Wissensstoff einer einzigen Silbe eingewoben.

Das Herz dieser Kultur bildete eine der faszinierendsten Literaturen, die es je gegeben hat: die Gedichte, Gesänge, Rätsel und Mantras der Veden.[10] Veda heißt »Weisheit« oder »Wissen«. Der Überlieferung zufolge ist diese Weisheit ewig, heilig und nicht menschlichen Ursprungs. Die Veden wurden mit größter Genauigkeit nicht schriftlich, sondern durch mündliche Rezitation in einer eisernen Überlieferungskette weitergegeben. Die exakte Übermittlung dieser weihevollen Worte wurde zu einer heiligen Pflicht – eine übersehene Silbe oder ein falsch gesetzter Akzent konnten eine furchtbare Gewalt entfesseln. Der Grammatiker Patañjali berichtet von einem Dämon, dessen Name Indrashátru lautete, »Indrabezwinger«. Dieser Dämon zog sich vom weltlichen Leben zurück und widmete sich intensiver Meditation. Daraufhin trat der Schöpfer vor ihn und verkündete, daß er ihm aufgrund seiner Frömmigkeit einen Wunsch gewähren wolle. Der Dämon dachte eine Weile nach und bat dann einfach darum, daß Indrashátru erfolgreich sein möge. Dabei unterlief ihm jedoch ein kleiner Aussprachefehler. Er sagte »Indrashatru«, was ohne den Akzent »Der von Indra Bezwungene« bedeutet. So kam er, weil er einen einzigen Akzent weggelassen hatte, durch seinen eigenen Wunsch um.

Die genaue Form der Veden wurde deshalb bewahrt, weil sie, obwohl sie als immerwährend galten, einzelnen Sehern *visuell* offenbart worden waren. Man meinte, die Veden würden von Weisen und Dichtern (Rishis) *gesehen,* die dank ihrer intuitiven, transzendentalen Schau über die Begrenzungen von Raum und Zeit erhaben, frei von Irrtum und somit fähig waren, die zeitlose vedische Weisheit ohne Entstellung zu empfangen und weiterzugeben.

Ihre Visionen waren plötzliche, blitzartige Lichtblicke, die eine augenblickliche Erkenntnis der Wahrheit verliehen. Weise sein hieß in der vedischen Gesellschaft, dichterische Schau zu besitzen, eine Kraft, Wahrheiten zu *sehen,* die dem ziellosen Hin und Her des äußeren Auges verborgen blieben.

Die von diesen Dichter-Sehern geschauten Strophen der Veden beschreiben den Vorgang dieser Schau. Man hielt sie darüber hinaus für fähig, das Lichtreich zu offenbaren, dem sie entstammten. Die vedische Dichtung war eine exakte Wissenschaft, die von einer Gemeinschaft heilig gehaltener Meisterdichter gepflegt wurde. Ihnen ging es um den Ausdruck tiefer intuitiver Wahrheiten in präzisen dichterischen Äußerungen, so präzise, daß sie eine niemals ausbleibende Erfahrung auslösten. Diese viertausend Jahre alte Kunst-Wissenschaft birgt ein Wissen von tiefen sprachlichen Feinheiten, das zur heutigen westlichen Beschäftigung mit der Sprache als Schlüssel zum Verständnis des symbolbildenden Tieres einen gewaltigen Beitrag leisten wird.

Wenn wir die Veden lediglich an den Vorurteilen unseres eigenen Sprachbegriffs messen, gelingt es uns vielleicht, diese uralten Offenbarungen in einen griffigen Bezugsrahmen einzupassen; aber damit wird uns die Feinheit und Schönheit dieser Äußerungen entgehen. Wir müssen bereit sein, unseren Begriff von Sprache weit über unsere gegenwärtige Erfahrung hinaus auszudehnen. Unsere übliche Vorstellung von der inneren Dimension der Sprache schließt nur den Bereich des Denkens, der Reflektion und anderer Formen der Verstandestätigkeit ein – aber in Indien ist das Verständnis der inneren Sprache viel profunder. Für den Seher ist die Sprache göttlich, sie ist die Göttin, die das gesamte Universum umfaßt.

Der vedischen Überlieferung zufolge ist der menschliche Geist so etwas wie ein Feld voller Samen, die unter den richtigen Bedingungen kraftvoll keimen. Diese inneren Keime sind von zweierlei Art – solche, die Unwissenheit, Unglück und Leiden verursachen, und solche, die zur Erleuchtung führen. Die Laute und Bilder der Veden wecken jene Samen, die zu Glück, direkter Wahrnehmung, Wirklichkeit und Erleuchtung führen und bestimmte innere Erfahrungen und immer lichtere Geisteszustände bescheren. Die Kunst-Wissenschaft der vedischen Dichtung erstrahlt tief in unserem eigenen Bewußtsein. Das Wissen der Veden ist solange nicht *wirklich* Wissen, wie es nicht zum eigenen gelebten und nicht bloß intellektuell verstandenen Wissen wird. Interpretationen und Kommentare der Veden sind nur insofern nützlich, als sie den Erleuchtungscharakter der vedischen Sprache und die Bedingungen, unter denen diese ihre Bedeutung offenbart, beschreiben.

Es ist ganz natürlich, daß vedische Schriftstellen dem Verstand undurchsichtig erscheinen, denn die Bedeutungsebene, die sie wecken, übersteigt seine gewöhnlichen Grenzen bei weitem.

Worte dienen, ebenso wie Werkzeuge, unterschiedlichen Zwecken, und vedische Äußerungen sind Mantras, wörtlich

»Geistwerkzeuge«. Sie sind Instrumente zur Ergründung der subtilsten Schichten des Bewußtseins, zur Aufspürung des visionären Schmelzofens, in dem alle Worte geschmiedet werden, also keine Informationsträger. Wittgenstein sagte von der Dichtung im allgemeinen: »Vergiß nicht, daß ein Gedicht, wenn auch in der Sprache der Mitteilung abgefaßt, nicht im Sprachspiel der Mitteilung verwendet wird.«[11] Wir müssen daher unser Augenmerk auf den *Gebrauch* dieser Äußerungen, dieser Geistwerkzeuge richten und nicht auf ihre intellektuelle Bedeutungslast. Ihr Sinn und ihre Geltung liegen nicht in dem, was sie *beschreiben*, sondern in der Tiefe des Bewußtseins, das sie freilegen; Mantras sind in Indien jahrhundertelang dazu benutzt worden, tief in das Bewußtsein vorzustoßen. Zuerst einmal scheinen sie reiner Unsinn zu sein, doch wenn man sie therapeutisch als Instrumente gebraucht, um innere erleuchtende Bilder und Zustände zu wecken, offenbaren sie ihren Sinn. Wenn wir sie als Aussagen behandeln, als Sätze im philosophischen Sinne, werden wir unweigerlich das Wesentliche verfehlen. Denn wie soll man etwa einen vedischen Vers analysieren, der ein reines Lautgebilde ist und im Sanskrit intellektuell ebenso wenig zu bedeuten hat wie im Deutschen:

Hābu hābu hābu hā ū hā ū hā ū.

Oder was soll der Verstand mit der folgenden Stelle anfangen: »In den Blitz sich verwandelnd streifte [die Kuh] ihre Hülle zurück.«[12]

Vedische Äußerungen sind demnach keine Gegenstände intellektuellen Begreifens, sondern solche der Meditation. Sie geben einem ein Mittel an die Hand, verborgene Tiefen der Wirklichkeit auszuloten. Diese Rätsel und Instrumente bieten uns keine Mitteilungen und Gedanken, sondern vielmehr Bilder und Laute, die tiefe Intuitionen verkörpern. Sie sind Wortbilder, Karten, anhand deren geistige Geschütze mit der Präzision eines Falken und der Leuchtkraft eines nuklearen Sprengkopfes eine Feineinstellung auf visionäre Bereiche erhalten. Als der Physiker J. Robert Oppenheimer Zeuge der blendenden Helligkeit der ersten Atomexplosion wurde, dachte er an eine Gottesvision, die sich in einer altindischen heiligen Schrift findet:

> Wenn das Licht von tausend Sonnen
> am Himmel plötzlich bräch' hervor,
> Zu gleicher Zeit – das wäre
> gleich dem Glanze dieses Herrlichen.[13]

Die Meditation über vedische Strophen wird zu einer Art Spiel, das die Sprache mit sich selbst spielt, um ihre eigenen inneren Energien freizusetzen; wie eine Rätselfrage, die sich selbst die aus abgründigen Tiefen aufzuckende Antwort gibt – als ob man friedlich auf einem Bergpfad dahinginge und einem plötzlich eine Schlange unter dem nackten Fuß wegglitte.

Mit einem Mal gibt es keinen Pfad mehr und keinen Berg. Es gibt nur die Leere, und man stürzt sich hinein mit der sprunghaften, unüberlegten Intelligenz eines Frosches, der in einen Teich hüpft, oder einer Kuh, die sich in den Blitz verwandelt.

Die vedischen Stämme waren Ackerbauern und Halbnomaden, und die Viehzucht war ein zentraler Teil ihres Lebens. Früh am Morgen wurden die Herden aus ihren Ställen auf die Weide getrieben, wo sie frei umherschweiften und grasten. Einer der vertrautesten Anblicke im vedischen Leben muß der der Mutterkühe gewesen sein, die ihren Kälbern zumuhten und sie säugten. Dieser Ausdruck mütterlicher Liebe ist in der Tat eines der zentralen Bilder der Veden. Mit ihm deuten die Seher ihre Erfahrung der Sprache an. Für sie ist das Rätsel oder *Mantra* eine Kuh.[14] Wenn das Rätsel in der Meditation aufplatzt, ist das Licht der dichterischen Vision, das den Geist überflutet, eine Kuh, der tausend Ströme leuchtender Milch entströmen. So ist alles, was in den Veden Kühen widerfährt, ein algebraisches Symbol dessen, was der Sprache widerfährt.

Der Augenblick der dichterischen Vision und der der Erschaffung des gesamten Universums sind ein und derselbe; mit dem WORT springt auch die Welt hervor. Die Seher singen von dieser Schöpfung:

Am Anfang, vor der Schöpfung, sind alle Elemente vorhanden. Die Kühe, die Sonne, die Wasser und das Licht der Morgenröte alle sind da, aber in einem verborgenen, verhüllten Zustand. Es gibt kein geordnetes *Fließen* der Welt. Alles wird von Vritra zurückgehalten, dem Einschließenden. Vritra ist das Wehr oder Hindernis, das den ungehemmten Fluß der Schöpfung zurückhält. Indra, der Helle, ist ein Befreier. Er tritt auf, um mit Vritra zu kämpfen, der die Wasser, die Kühe, die Morgenröte und die Sonne in einem berggroßen Stein in seinem Bauch gefangenhält. Indra heizt sich für den Kampf auf, trinkt drei Kufen von dem süßen Soma und tötet mit seinem donnernden Blitzkeil Vritra, indem er den Bauch des Dämons samt Stein aufreißt und dadurch die muhenden Kühe, die tönenden Ströme, das Licht der Morgenröte und die Sonne entläßt wie Milch aus einem riesigen Euter. Er stemmt Himmel und Erde auseinander, und der *Fluß* der Schöpfung wird freigelassen.

Die ganze Geschichte beschreibt in verhüllter Bildersprache das Vorgehen der vedischen visionären Dichtung, insbesondere die vier Ebenen der Sprache, welche die Seher das WORT nannten. Genau wie in der Großen Waldlehre die gesamte Unterweisung zur Überwindung der Ichheit einer einzigen Keimsilbe, DA, eingepflanzt ist, so ist die ganze Weisheit über die vier Ebenen der Sprache in der Sanskritwurzel *kṣar*, »fließen«, enthalten. Von *kṣar* kommt das Wort *a-kṣara*, »nichtfließend«, »unveränderlich«, »ewig«. *Akṣara* ist der innerste Kern der Sprache und des Universums.

Die Sprache der Ewigkeit *(akṣara)*

Die vedischen Seher sprechen von einer Fülle innerer Stille. Diese Stille ist so angefüllt, daß sie in ihrem Stillsein alles enthält – alle Laute und Formen. Alle Aspekte der Sprache, und somit alle Elemente der Schöpfung, sind irgendwie in dieser Stille eingefaltet – allerdings in einer urtümlichen Stummheit vor jeder Form, die sich erst noch entfalten muß, um volltönend Gestalt anzunehmen.

In der Geschichte von Indra und Vritra werden die Elemente der Sprache und der Schöpfung, die eingerollt im Nichtfließenden weilen, Kühe, Wasser, Morgenröte und Sonne genannt. Sie sind in dem berggroßen Stein in Vritras Eingeweiden gefangen, und sie dazu zu bringen, strahlend hervorzubrechen, gleicht dem Vorhaben, diesen Stein zum Sprechen zu bringen. Vritra, das Wehr oder Einschließende, muß irgendwie beseitigt werden. Der Zustand des WOR-TES ist hier dem einer Mutterkuh vergleichbar, deren Euter bis zum Platzen mit der hellen Milch dichterischer Schau gefüllt ist; das ganze All steht im Begriff hervorzufluten.

Das Wissen der Veden besteht weder in den Worten, die wir in Büchern lesen, noch in den Gedanken darüber, die wir im Kopf haben. Es ist diese innerste, schwellende Stille, dieses schwangere Schweigen. Es ist nicht einmal ein Wissen, sondern reines Wissendsein, kristallines Bewußtsein in inniger Fühlung mit sich selbst. Es gibt hier keinen Gegenstand des Wissens oder der Wahrnehmung, keinen Gedanken – einfach grenzenlose, selige Klarheit, unschuldig ergriffen von ihrer eigenen Grenzenlosigkeit. Dennoch ist sie schon bewegt, in Stille schwimmende Stille.

Irgendwie beginnt sich diese reine, eingerollte Stummheit zu entrollen, sich wie die gewölbten, leuchtenden Membranen einer Muschel zu strahlenden Gestalten zu öffnen, die die inneren Grundlagen der Sprache und des Weltalls sind. Die Blume in der Brust blüht und läutet mit Glockenklang, mit dem tiefen Tönen des Meeres und, wie wir sagen könnten, mit dem Ton einer Kuh, die sich in den Blitz verwandelt.

Die Sprache des Ton-Licht-Kontinuums *(kṣīra)*

»In den Blitz sich verwandelnd streifte die Kuh ihre Hülle zurück.«

Nur aus der Distanz sehen wir es blitzen und hören es, abhängig von dieser Distanz, danach früher oder später donnern. Wenn wir, wie die Kuh oder ein Zauberer, tatsächlich *Blitz werden* könnten, würden wir wissen, daß es zwischen unserem Leuchten und unserem Donnern keine Distanz gibt. Die zwei Phänomene wären für uns eines und nur für jemanden in der Ferne zwei.

Da zwischen Sprache und menschlichem Bewußtsein keine Distanz besteht, da unser wacher Sinn so innig von Sprache durchdrungen ist, daß man die zwei nicht auseinanderhalten kann, können wir wie die Kuh in Blitz-Donner verwandelt werden.

Denn die Kuh im obigen vedischen Vers ist Sprache, und der Blitz ist die Sprachebene, die wir das Aufleuchten der dichterischen Vision nennen wollen, die Sprache des Ton-Licht-Kontinuums.

Wenn die Sprache sich in ihrem reinsten, innerlichsten Zustand befindet – den wir das Nichtfließende, die Sprache der Ewigkeit genannt haben –, ist unser Bewußtsein ebenfalls ewig. Wenn diese stille Sprachebene in Schau zersprengt, ist es, als würden wir Blitz.

Der Blitz ist das vollkommene Wortbild für diesen inneren Zustand; in ihm findet der Ausbruch leuchtenden Schalls, in der dichterischen Vision die helle, brüllende Kuh, ein Echo. In eben diesem Akt des Blitzwerdens hat die Kuh das tiefe Strahlen des WORTES enthüllt. Aus diesem Grund gebrauchte der Seher der Großen Waldlehre einfach DA, den Donnerlaut, um die Stimme des Vaters aller Geschöpfe darzustellen, die den Knoten der Ichheit zerschlägt.

Dieser, wenn auch stille, innere Schall ist, wie ein modernerer Seher es ausdrückt, »der Urlaut, der, am Anfang angestimmt, in jedem Teil der Veden widertönt, die nichts als seine Echos sind«.[15] Er ist die stille Stimme der Gottheit, die man nicht hören, sondern *sehen* soll, das WORT im Wort, der tiefempfundene Widerhall, der allem Handeln Wahrhaftigkeit verleiht. Sobald er wirklich gehört-gesehen wird, beruhigt sich die unaufhörliche Besessenheit des Ich von sich selbst.

Außer mit Bildern von muhenden Kühen und rollendem Donner symbolisieren die Veden diesen inneren Ton, indem sie von tönenden Flüssen, brüllenden Feuern, heulenden Winden, quakenden Fröschen und klingenden Musikinstrumenten sprechen. In der Meditation treiben diese Bilder so sicher auf die unbewegliche, muhende Stille zu, wie Muscheln das Echo der donnernden Wellen hören lassen.

Die Dichter späterer Zeiten in Indien verglichen den inneren Donner mit dem Ozean, Wasserfällen oder Schwärmen liebestrunkener Bienen. Oder die innere Sphäre der Sprache ist Krishnas Flöte, von der die Heimat seiner Kindheit widerhallt.

Diese Musik verzauberte die Kuhmägde und verführte sie dazu, ihre Arbeit, ihre Kinder und sogar ihre Männer zu verlassen, um in den Wald zu fliehen und zu der Musik zu tanzen. Die ganze Schöpfung ist vom Wohlklang der Flöte beseligt, Wolken schweben heran wie riesige Kühe und vergießen Tropfen von süßem Naß, Flüsse fließen langsamer, um den Klang zu hören, und Lotusblumen blühen üppig auf ihren Stielen der Wollust, berauscht von den Weisen. Selbst die Götter werden ganz benommen und versenken sich in ihren Herzen in die göttlichen Melodien. Auf Gemälden wird Krishna oft dargestellt, wie er vor einer aufmerksamen Kuhherde Flöte spielt. Diese innere Flöte ist es, die von wenigstens einem bewundernden Dichter vernommen wurde. Kabir singt:

Endlich erreichen mich die Töne seiner Flöte,
und ich kann nicht aufhören, umherzutanzen ...

Die Blüten öffnen sich, obwohl's nicht Mai ist,
und die Biene weiß bereits davon.

Die Luft über dem Ozean ist aufgewühlt,
es blitzt, schwere See geht in meiner Brust.

Der Regen gießt draußen herab,
und drinnen ersehne ich den Gast.

Etwas in mir ist an den Ort gelangt,
wo die Welt atmet.

Die Fahnen, uns nicht sichtbar, fliegen dort.
Kabir sagt: Mein Begierdekörper stirbt, und Es lebt![16]

Ein anderes von Kabirs Gedichten, das die Leuchtkraft im
Klang zum Ausdruck bringt, ist das folgende Lied:

Die Flöte der inneren Zeit wird gespielt,
ob wir sie hören oder nicht.
Was uns »Liebe« heißt, ist,
wenn ihr Ton uns erreicht.
Stößt Liebe an des Übermaßes äußersten Rand,
erlangt sie eine Weisheit.
Und der Wohlgeruch dieses Wissens!
Er dringt durch unsere dichten Leiber, geht durch Wände.
Sein Netz aus Tönen ist gewirkt,
als ob eine Million Sonnen darin eingearbeitet wären.
Diese Weise hat Wahrheit in sich.
Wo sonst hast du je einen solchen Ton gehört?[17]

In ihrer elegantesten, dichtesten Form ist die Gesamtsumme
indischer Weisheit nicht in Rätseln über Donner oder Kühe
zu finden oder in den Gedichten Kabirs, sondern in einer
einzigen klingenden Silbe wie etwa dem Geistwerkzeug
(Mantra) OM. OM ist das ganze Weltall, verkündet eine
altindische heilige Schrift; und es ist zudem vedische Dichtung in ihrer knappsten, elegantesten Form. Wenn es sich
wie Unsinn anhört, müssen wir daran denken, daß auch

$E = mc^2$ sich wie Unsinn anhörte, bevor es zur Anwendung gelangte.

Wie der Blitz ist OM gleichzeitig auch leuchtend, während das stille, schweigende Wort donnert. Licht und Ton strömen in heller Eintracht hervor. Die vedischen Dichter wurden genau deshalb Seher genannt, weil das WORT, wenn es auf sehr verfeinerten Ebenen erfahren wird, leuchtet. Wie die Kuh sich in den Blitz verwandelt, so fluten leuchtende, stille Donnerströme süßer dichterischer Vision in das Wesen des Sehers. Dies sind die Milchströme der Kuh der Sprache. Deshalb haben wir das Wort *kṣīra*, »Milch«, benutzt, um diesen Zustand zu beschreiben. Ist *akṣara* die nichtfließende Milch des WORTES, so ist *kṣīra* ein Wort, das ebenfalls von der Wurzel *kṣar* kommt und ein *Fließen* der Milch bedeutet.

Der Blitzkeil, den Indra in der Geschichte seines Kampfes mit Vritra auf diesen schleudert, *ist* das Aufleuchten der dichterischen Vision, die Verwandlung der Kuh in einen Blitz, welches den Stein spaltet. Auf der Stelle strömen die hellen Milchflüsse, die muhenden Kühe und das Licht in die Schau des Sehers ein. Vritra und der Stein sind die Sprache in ihrer Verborgenheit. Indra ist die Sprache als Sprachoffenbarung. Und die Flüsse, das Licht und die Kühe sind die Sprache in ihrer Offenbarkeit.

Die Welt entfaltet sich in eins mit dem WORT. Diese Wahrheit ist nicht nur in Indien bekannt, sondern auch unter den Maori Neuseelands. Bei ihnen heißt das höchste Wesen Io. Vor der Schöpfung, sagen die Maori, herrschte grenzenloses Dunkel. Da sprach Io:

> Es werde Licht oben
> Es werde Licht unten
> Ein Gefilde des Lichts
> Ein helles Licht.[18]

Und das Licht erschien. Die Maori wissen, daß die Worte genau so lauteten, weil sie dem Geist der alten Dichter, die sie durch die Zeitalter überlieferten, leuchtend eingeprägt wurden. Sie nennen diese Worte:

> Die Ursprüche von alters,
> Die Urworte von alters,
> Die kosmologische Urweisheit von alters,
> Die Wachstum aus der Leere hervortrieb,
> Der grenzenlosen, raumerfüllenden Leere,
> Wie es die Wasser der Gezeiten bezeugen,
> Der entfaltete Himmel,
> Die gebärende entfaltete Erde.[19]

Und genau diese Worte, dieselben Beschwörungsformeln, mit denen Io das Licht und die Welt aus der Leere erschuf, werden auch heute noch benutzt, um den Geist der Lieder-dichter zu erleuchten und ihre Herzen zu inspirieren. Neue Worte und neue Welten werden durch die Urworte offen-bart.

Bei den vedischen Sehern war es im wesentlichen ge-nauso. Der Seher Lange Dunkelheit hat uns die folgenden Zeilen hinterlassen:

Die Büffelkuh hat gebrüllt, Wasserfluten hervorbringend, einfü-ßig, zweifüßig, vierfüßig, achtfüßig, neunfüßig geworden, tau-sendsilbig im höchsten Raum.

Von ihr strömen Meere aus, davon leben die vier Weltgegenden. Davon strömt das Unvergängliche aus [das Akshara], von dem zehrt alles.[20]

Die Kuh, das WORT, brüllte, muhte. Das Sanskritwort für »muh« ist *mā* – was auch »messen« oder »bilden« bedeutet. Wenn die Kuh muht, wenn leuchtende Ströme donnernder Sprache fließen, entstehen außer Licht und Ton auch Zeit und Raum. Es wäre genauer zu sagen, daß Zeit-Raum-Licht-Ton entsteht, denn alle sind auf einen Schlag da, vermischt. In diesem embryonalen Stadium der inneren Sprache haben sich Worte, wie wir sie kennen, noch nicht herausgeschält. Ein Kontinuum aus Licht-Ton ist von Tei-lungen durchhallt und durchschwungen, die zwar in ihm angelegt, aber noch nicht vollzogen sind, unausgebildet wie die Gliedmaßen und Organe eines menschlichen Embryos. Alle Silben und Metren der heiligen Mantras pulsen, alle Hufe der Kühe stampfen. Tausend werdende Silben, die ganze Sprache, summt und glänzt, an die Ewigkeit gejocht. Der Ozean der Rede ist noch ungeteilt, birst schier vor Erwartung, in Silben aufzugehen, genau wie die von Bienen aus einem Blumenmeer zusammengetragene Süße in vielzellige Waben verteilt wird. Das WORT ist noch nicht zu Worten geworden, und erst die abstraktesten Impulse der Welt, die vier Richtungen des Raumes und die metrischen Einteilungen der Zeit, bilden sich langsam heraus. Töne und Bilder sind hier mit der Ewigkeit, dem Nichtfließenden so einig, daß Zeit-Raum-Ton-Licht als ein einziges ungeheures Ding im Unendlichen badet.

Die Sprache des Denkens *(kṣīra)*

Außer »Milch« kann *kṣīra* auch »Quarkkäse« bedeuten – geronnene Milch, die sich in kleine Bröckchen aufteilen läßt. Wie bei der Milch sind in der Sprache des Ton-Licht-Kontinuums die ganzen werdenden Unterteilungen des Denkens lebendig. Das WORT steigt von seinem weißglühenden Thron herab und tritt in den Geist in Form einzelner Gedanken ein, die so teilbar sind wie Käse. Wir stellen fest, daß Gedanken unaufhörlich von irgendwoher in unseren Geist einfließen. Wir scheinen geradezu in einem geistigen Käfig zu sitzen. Wir denken ununterbrochen und sehen dabei niemals das unendliche WORT, bevor es in Form endlicher Spracheinheiten in unserem Geist eintrifft. Die Aufgabe der vedischen Geistwerkzeuge ist es, unsere Erfahrung der inneren Sprache zu erweitern, indem sie die Herrschaft der Gedanken überwinden.

Die Sprache der Silben *(akṣara)*

Die Stille enthält, wie schon gesagt, ihre eigene Beredtheit. Das stille WORT findet spontan Ausdruck in Worten, es findet Form in dichterischen Strophen – in Silben, die in der Zeit geäußert werden und die auf einer Seite Raum einnehmen. Außer »nichtfließend« heißt *akṣara* auch noch »Silbe«. Wir können also in einem Wort das ganze Spektrum der Sprache auf den Punkt bringen, von der nichtfließenden, ewigen Stille bis hin zu klingenden Silben. Die nichtfließende Stille birgt in sich die ganze Sprache, sämtliche Silben. Und jede Silbe birgt ewige Stille. Für den Seher, der stets in Stille eingehüllt ist, auch wenn er spricht, hören die Silben nie auf, Stille zu sein, und ist die Stille immer voll von Silben inspirierter Rede.

Wenn sie auch ihre Erfahrung für unaussprechlich erklären, zählen die großen Gottliebenden doch zu den besten Dichtern der Welt.

Da jede Silbe der Veden diese Stille enthält, enthält jedes Wort das WORT. Jede Silbe enthält alle Veden und die Gesamtsumme des Wissens, das in den ganzen Tausenden von Silben, aus denen die Veden bestehen, zu finden ist. Ähnlich enthält jedes Bild, wenn man darüber meditiert, alle anderen Bilder und Silben der Veden. Eine vedische Schrift lehrt:

> Des Menschen Essenz ist die Rede,
> der Rede Essenz ist die Ṛic [der Rigveda],
> der Ṛic Essenz ist das Sāman [der Samaveda],
> des Sāman Essenz ist der Udgītha [die Silbe Om].[21]

Eine einzige Silbe enthält die gesamte vedische Offenbarung. Sämtliche Mantras, Oden, Rätsel und Lobeshymnen und alle Götter, denen sie gesungen werden, sind im winzigsten Splitter der Rede eingeschlossen.

Strophe 39 im 164. Hymnus des ersten Liederkreises im Rigveda teilt uns mit, daß alle Götter im Akshara wohnen. Dies läßt sich natürlich auf zweierlei Art interpretieren: Alle

Abb. 6

Götter wohnen in der Stille, verweilen im Ewigen, oder sie wohnen alle in einer einzigen Silbe.

All unserem Verstand, unseren Geistesgaben und unserer Intelligenz zum Trotz bleiben wir uns selbst ein Rätsel, eingesperrt in das Labyrinth der Sprache. Wir können nicht aus der Sprache hinaustreten oder über sie hinaus springen oder fliegen. Denn es wäre unser eigener, in der Sprache eingesperrter Geist, der da springen müßte, und der Himmel, in den wir entfliehen wollten, wäre nur eine weitere Ausgeburt unseres Denkens. So vermessen wir unser Leben Silbe für Silbe. Wir können niemals wirklich ein Wissen *von* der Sprache besitzen, sondern nur *in* der Sprache. *In* der Sprache zum Zentrum vorzudringen heißt, den Kern unseres eigenen Wesens und der Welt zu finden. Jede Silbe, die die Dimensionen unserer Welt vermißt, ist im Grunde unermeßlich – unendlich, ewig. Im Ergründen der Tiefe der Sprache entdecken wir, daß die Welt eine gesprochene Wirklichkeit ist, daß das WORT durch uns und durch alle Dinge spricht.

Unser Wohnen hat statt in diesem WORT, und die Dimensionen dieses Wohnens sind der Tiefe, in der uns dieses WORT bewußt ist, genau gleich. Das Dichten ist ein Messen, ein Ausloten der Gewaltigkeit dieser Wohnstatt. In der höchsten Sphäre der Rede ist die Wohnstatt grenzenlos. Das ist der Gipfel des Dichterischen.

Wenn das dichterische Rätsel aufplatzt und seine Bedeutung offenbart, wenn die Kuh muht und sich in den Blitz verwandelt, dann ist dieses *Muhen* (von der Wurzel *mā*) auch ein *Messen* (ebenfalls von der Wurzel *mā*), ein Erschallen des Unergründlichen.

Die Sprache offenbart sich nicht nur, sondern sie verbirgt sich auch. Sie webt Illusionen, die uns kunstvoll bestricken. In der Tat erachteten die Seher die gesamte Schöpfung für nichts anderes als das Werk der Täuschungskraft des WORTES. Für diese Zauberkraft hatten sie einen Namen – sie nannten sie Maya, noch eine Ableitung von der Wurzel *mā*.

Die nichtfließende Ewigkeit des WORTES ist unermeßlich. Wenn sie zu fließen beginnt, wenn sie muht, findet ein Messen statt und entspinnt sich eine Illusion. Der Zauber der Maya, die Illusion des Messens, erscheint in Form von Richtungen, Zeit, Raum und Worten; und Welten erheben sich aus ihrer stillen Quelle.

Abb. 7

Außer als Kuh stellten sich die Seher das WORT auch als eine schöne Frau vor, deren allen Schmucks entledigter Glanz sich nur denen offenbart, die sie lieben. Jede Silbe der Veden, jede Bewegung dieser Göttin verhüllt Stille. Und doch vermag jede Silbe innerste Schönheit zu offenbaren, so wie eine strahlende Frau ihre Kleider ablegt. Die Strophen der Veden, die Laute und Bilder, lassen die Schönheit darunter ahnen – wie die Kleider einer Frau. Die Seher warnen uns jedoch, daß diese Geliebte nicht zu zwingen ist. Von sich aus offenbart sie sich denen, die sie lieben. Sie ist ihre eigene Herrin und bedarf keiner Aufforderung, um ihr größtes Geheimnis zu enthüllen. Himmel und Erde umspannend und übersteigend, ist sie eins mit allen leuchtenden Göttern und trägt diese zugleich. Sie schenkt Visionen, in denen sie sich erhellt und ihre Liebenden zu mächtigen und weisen Sehern macht. Sie ist die Vielfalt der Namen und Formen und zugleich die Einheit der formlosen dichterischen Intuition. Sie ist Kommunikation wie auch Kommunion. Sie ist im Herzen verborgen und wird offenbar durch Liebe und Andacht.

Unter denen, die sie lieben, herrscht wahre Freundschaft. Nur unter denen, die sie nicht gänzlich kennen, bewirkt sie Kampf und sogar Tod. Denen, die ganz mit ihr vertraut sind, geben Himmel und Erde im Überfluß, denn sie ist die Essenz des menschlichen Herzens und der gesamten Schöpfung. Einfach durch verständiges Hören auf die Sprache eröffnet sich das ganze Geheimnis der Schöpfung, breitet sich Harmonie zwischen den Welten aus und findet jeder Einzelne Erfüllung.

Jede Silbe der Göttin erblüht aus der innersten Stille. Jedes Blühen, jede Entfaltung ist auch eine Einfaltung, eine Umarmung. Jede Blüte faltet Stille ein und erschafft so einen bestimmten Laut und eine bestimmte Form. Jedes Wort und jedes Ding in der Schöpfung ist somit eine Umarmung der Göttin, öffnet sich ins Ewige. Wenn die Sporenhaut der Worte aufreißt, enthüllt ein inneres Eingehen und Blühen das innigste Leben der Göttin, das WORT.

Abb. 8

Druiden

Inbildliche Ideen werden in jedem Menschen mit diesem geboren.

Was geschaffen, kann ein Jegliches auch vernichtet werden: Formen nicht:
   Die Eiche fällt man mit der Axt, das Lamm fällt unter dem Messer,
Doch ihre ewigen Formen sind immerdar. Amen. Halleluja!

WILLIAM BLAKE[22]

Nicht daß ich etwa ein Gott sein wollte oder ein Held.
Bloß ein Baum werden, auf Dauer wachsen, keinem was tun.

CZESLAW MILOSZ

Ich sehe uns alle als Palo-Santo-Bäume, heilige Stöcke, gemeinsam alles betrachtend, was wir betrachten, und still vor uns hinwachsend.

ANNIE DILLARD

Welches war denn das Holz, welches der Baum, woraus sie Himmel und Erde gezimmert haben, die bestehen ohne zu altern, fortdauernd?

RIGVEDA[23]

Vor meinem offenen Fenster steht eine Eiche. Richtig sehe ich sie selten; bin zu beschäftigt. Manchmal jedoch, unerwartet wie ein jäher Windstoß, der die Vorhänge bläht, zieht sie meine Aufmerksamkeit auf sich, erfüllt mich mit ihrer dunklen Gegenwart. Sie muß auch schon zu jemand anderem gesprochen haben, denn wer es auch war, der diese ruhige kleine Hütte baute, er ließ eine Aussparung in der Dachkante, so daß ein grauer Ast sich ungehindert himmelwärts knorren konnte. Offensichtlich hatte sich der Architekt verschätzt, und der Zimmermann glich dies einfach zugunsten der Eiche aus, indem er lieber den Dachabschluß

verschandelte als die lebendige Gestalt in ihrer Unversehrtheit.

Ein Stück bergab steht noch eine Eiche, gequält, verzerrt
und doch gedeihend. Sie ist eingefaßt von einem riesigen
Fenster, in dem ein aus Eiche geschnitzter Mann hängt. Er
hängt kraftlos von einem Kreuz, den Rücken zum Fenster
und dem großen Baum. Leute suchen diese kleine Steinka-
pelle auf, um zu tanzen und zu singen, still dazusitzen und
zu beten – manchmal, so kommt es mir vor, mehr zu dem
Baum als zu der Eichenfigur, die mit ihm zu verschmelzen
scheint.

Eichen sind beständig. In ihrer Beständigkeit werden sie
verehrt, denn sie machen das offenbar, was in uns beständig
ist. Wer hat, wenn er jemals einen Eichenhain in der Abend-
dämmerung aufsuchte, noch nicht die abgründige Kraft
ihrer Stille gespürt und sie insgeheim in die Nacht mitge-
nommen? Eichen sind beständig, und Eichen sind Gebete –
ihre dunklen Herzen treiben ebenso Blätter ins Licht hinaus, wie Menschenherzen inwendig blühen, indem sie das
Samenkorn einer noch größeren Erhellung entfalten.

Wie Eichen überdauern Worte, die das Beständige ver-
körpern, ungeheure Weiten von Raum und Zeit. In der Tat
lassen sich die englischen Worte »truth«, »trust« und »tree«
(Wahrheit, Vertrauen und Baum), ebenso die deutschen
Worte »Treue«, »Trost« und »trauen« über viertausend
Jahre auf ein altes urindogermanisches Wort für den Baum
zurückverfolgen, der für die damaligen Menschen die
Wahrheit war. Dieser Baum war die Eiche. Sie nannten die
Eiche *dorw, was auch »fest«, »stark«, »dauerhaft« bedeu-
tete. Die Eiche ist ja denn auch ein kerniger Baum, wie jeder
bezeugen kann, der schon einmal Eichenholz gesägt hat.

Das Wort »Druide« gehört auch in die Familie der Wurzel *dorw. Die Druiden waren eine Priesterklasse bardi-
scher Seher, die mit visionären Kräften begabt waren. Der
Name selbst bedeutet »Eichenseher«, und man fragt sich,
was sie wohl gesehen haben mochten, das ihnen einen

solchen Titel verlieh, denn ein Seher ist einer, der Formen wahrnimmt, die dem gewöhnlichen Auge verborgen sind.

Eins ist sicher: Die Eiche besaß nicht nur für die Druiden, sondern für die Indogermanen überhaupt eine besondere Bedeutung. In der warmen Periode um 2000 v. Chr., vor der Zerstreuung der indogermanischen Stämme, war Europa weitgehend von großen Eichenwäldern bedeckt, die sich Hunderte von Kilometern weit nördlich über ihre gegenwärtige klimatisch vorgeschriebene Grenze hinaus erstreckten. Riesige Eichen, viel größer als die heutigen Exemplare, waren Quellen der Nahrung (in Form von Eicheln) und der religiösen Inspiration. Diese Bäume beeindruckten das Bewußtsein des urindogermanischen Menschen dermaßen, daß die Eiche zum zentralen religiösen Symbol jener Zeit wurde. Weil sie das Beständige offenbar machte, wurde sie ein Symbol großer Dauerhaftigkeit und Kraft. Wenn man die Abkömmlinge des urindogermanischen Wortes für Eiche in den verschiedenen indogermanischen Sprachen von Irland bis Indien zurückverfolgt, stellt man fest, daß sie vorwiegend im religiösen Gebrauch auftauchen. Dieser Baum war, wie schon bemerkt, die Wahrheit.

Alle indogermanischen Hochgötter waren Träger des Donnerkeils und wurden Donnerer genannt. Es versteht sich, daß die Eiche jedem von ihnen heilig war, denn sie wird öfter als jeder andere Baum vom Blitz getroffen. Sie leitet die Kraft des Donnerers zur Erde.

So brannten die Balten ihrem Donnergott in heiligen Eichenhainen Feuer ab. Die Germanen entzündeten heilige Eichenholzfeuer zu Ehren des Donar, ihres Donnergottes. Den Griechen galten aus Eichen kommende Töne als Orakel, als Stimme des Zeus, des Donnerträgers. Die Stämme Altitaliens unterhielten nie verlöschende Eichenfeuer, über die vestalische Jungfrauen wachten, und Jupiter wurde in der Gestalt einer Eiche verehrt. Die keltischen Druiden aßen Eicheln, hielten in heiligen Eichenhainen Kulte ab, zündeten Eichenholzfeuer an und priesen den keltischen

Hochgott in der Gestalt der Eiche. Was war es, fragen wir noch einmal, das diese *Eichenseher* sahen?

Wenn wir uns jetzt Indien zuwenden, liefern uns die mit der alten urindogermanischen Bezeichnung der Eiche *(*dorw)* verwandten Sanskritworte die Antwort. Der offenkundigste Verwandte ist *dāru*, »Baum«. In den alten Kulturen wurden Bäume noch nicht in Festmetern Holz gerechnet. Der Baum stellte die unermeßliche Wahrheit dar, die kosmische Säule, die Weltachse, die bis in den Himmel reichte. Um sie herum drehte sich, so meinte man, das gesamte Universum, genau wie die Gestirne den Nord- oder Polarstern umkreisen. Gleich dem sterngekrönten Weihnachtsbaum wird der kosmische Baum in alten Mythen und Kunstwerken oft als mit dem Polarstern gekrönt dargestellt.

Als die arischen Stämme sich über die Bergpässe des Hindukusch in die fruchtbaren Flußtäler Nordindiens ergossen, betraten sie eine fremde Klimazone und ließen die großen Eichenwälder ihrer Heimat weit im Norden hinter sich. Aber mit brachten sie ihre Sprache und damit einen anderen Verwandten von **dorw*, der sich in Klang und Bedeutung etwas von den vergessenen heiligen Eichen ihrer Ahnen bewahrt hatte. Das Sanskritwort lautet *dhruva* und heißt »dauerhaft, fest, beständig«. Es ist auch der Name des Sterns, der beständig ist wie die Eiche, des Polarsterns. Und Dhruva, der Polarstern, wurde auch von Patañjali, einem der größten Seher und Lehrer Indiens, zu einem Gegenstand der Betrachtung erkoren.

Patañjali lebte um 500 v. Chr. und hat uns eine Art Leitfaden hinterlassen, die Yoga-Sutras, ein Werk knapper und präziser Formeln *(sūtras)* zur systematischen Entfaltung des Bewußtseins *(yoga)*.

Der dritte Teil dieses Traktats beschäftigt sich mit den subtilen, übernatürlichen Kräften *(siddhis)*. Formel 28 dieses Teiles erklärt: »Wendet man die [innere] ›Sammlung‹ *[saṃyama]* auf den Polarstern hin, so erlangt man Wissen von der Bewegung der Sterne.«[24]

Dies erscheint einem freilich offensichtlich. Schließlich haben Schäfer, Seeleute, Astronomen und Liebende, ja hat jeder mit normalem Sehvermögen, der in der nördlichen Hemisphäre zu Hause ist, die Fähigkeit, den Nachthimmel um den Nordstern kreisen zu sehen. Die einzige Seltsamkeit ist, daß Patañjali, ein Autor von großer Präzision und Sparsamkeit im Ausdruck, sie als eine subtile, übernatürliche Kraft aufführt. Vielleicht hat diese Meditation über den beständigen Stern etwas damit zu tun, daß die Druiden *Seher* des beständigen Baumes genannt wurden.

Der Schlüssel zu diesem Rätsel ist das Wort *saṃyama*, hier mit »Sammlung« übersetzt. Patañjali zufolge bezeichnet der Begriff eine Meditationstechnik, in der drei Bewußtseinsqualitäten verschmelzen: 1. das Beständige, 2. das Fließende und 3. das Vereinigende.

1. Das Beständige ist die fest und dauerhaft auf einen Gegenstand gerichtete Aufmerksamkeit. Damit ist nicht ein bloßes Draufstarren gemeint, denn selbst, wenn wir fest auf etwas starren, läßt die Aufmerksamkeit dann und wann etwas nach. Diese Qualität der Beständigkeit wirkt in jedem Akt der Aufmerksamkeit, aber da Gegenstände wie Steine, der Polarstern und Eichen – oder auch nur die Vorstellungen von ihnen – von Natur aus unbewegt sind, haben sie anscheinend die Fähigkeit, uns in die Tiefen des Beständigen hinabzuziehen. In der Tat ist der Sanskritausdruck für diese Beständigkeit des Bewußtseins abermals ein Wort, das von dem alten urindogermanischen Eichenamen **dorw* abgeleitet ist: *dhāraṇā*. Wie Martin Heidegger sagt: »Denken ist die Einschränkung auf einen Gedanken, der einst wie ein Stern am Himmel der Welt stehen bleibt.«[25] Dieses Stehenbleiben des Denkens ist Dharana.

2. Die Aufmerksamkeit kann nicht auf lange Dauer mit Zwang an einen Gegenstand geheftet werden. Der Geist fließt spontan von einem Aufmerksamkeitsakt zum nächsten. Wenn der Geist jedoch ruhig, friedlich und somit

konzentriert ist, kann er ununterbrochen zu jedem Gegenstand hinfließen. Er fließt beständig. Fließen und Nichtfließen gehen zusammen. Der Sanskritausdruck für dieses Fließen ist *dhyāna*, und auch diese Qualität wirkt in jedem Akt der Aufmerksamkeit.

3. Wenn schließlich die Aufmerksamkeit so stark und unbeirrt zu einem Gegenstand hinfließt, daß sie völlig in ihm verweilt und mit ihm verschmilzt, erlebt man einen Zustand der Identität oder Einheit mit dem Gegenstand. Dieser wird *samādhi* genannt. In der reinsten Form von Samadhi gibt es keinen Gegenstand der Aufmerksamkeit mehr. Das Bewußtsein ist ganz einfach in seiner eigenen unbegrenzten, seligen Natur versunken. Wollte man in diesem Zustand des Friedens die Aufmerksamkeit auf irgendeinen Gegenstand richten, so würde sie mühelos zu ihm hinfließen und fest in ihm verweilen. Dieser vereinigende Aspekt des Bewußtseins ist in gewissem Maße auch in jedem Akt der Aufmerksamkeit am Werk.

Saṃyama ist also, wohlgemerkt, die Meditation, in der die drei Qualitäten des Beständigen, des Fließenden und des Vereinigenden in einem eindringlichen Akt der Aufmerksamkeit verschmelzen. Bis zu einem gewissen Grad verschmelzen sie bei jedem Akt der Aufmerksamkeit. Anzustreben ist demnach nicht, die normale Konzentration durch irgendeine außergewöhnliche Handlung zu ersetzen, sondern die volle Intensität und Stärke, zu der jeder Akt der Aufmerksamkeit auf seiner tiefsten Ebene fähig ist, durch Meditation hervorzurufen. Obwohl Patañjali uns nicht mitteilt, wie diese Technik des *saṃyama* tatsächlich ausgeführt wird, läßt sich dies zum Teil durch eine visuelle Analogie andeuten.

Das sternartige Diagramm auf Seite 71 wird in Indien als Meditationsgegenstand benutzt. Wenn man die Aufmerksamkeit fest daran geheftet hält, stellt sich ein Fließen ein.

Abb. 9

Wie eine Eiche vermag dieses scheinbar statische Muster
unendliche Tiefen zu offenbaren.

Patañjalis Formel besteht aus zwei Teilen. Es gibt eine
Anweisung: »Wendet man die ›Sammlung‹ auf den Polarstern hin ...« Und es gibt ein vorausgesagtes Ergebnis: »...
so erlangt man Wissen von der Bewegung der Sterne.« Bis
vor kurzem war es uns unerfindlich, was Patañjali mit
»Wissen von der Bewegung der Sterne« meinte. Im Januar
1981 jedoch erschien ein Aufsatz, der weitreichenden Einfluß zu haben verspricht. Er stellte die Ergebnisse eines
Experiments vor, das zu der betreffenden Formel vorge-
nommen worden war. Hunderte von Versuchspersonen aus
der ganzen Welt, die bereits in der Meditation bewandert

waren, wurden in der Technik des *saṃyama* unterwiesen. Ihre Erfahrungen wurden festgehalten. Wenn man Pantañjali oberflächlich auffaßt, so erklärte Dr. Jonathan Shear, der das Forschungsprojekt leitete

würde man erwarten, die Bewegung der Sterne im Kontext des Firmaments so wahrzunehmen, wie wir sie wahrzunehmen und uns vorzustellen gewohnt sind. Und in der Tat entsprechen solche Wahrnehmungen der Erfahrung dieser fraglichen Technik in ihren frühen Phasen. In vielen Fällen jedoch entfaltet sich die Erfahrung rasch in etwas ganz anderes. Der Polarstern wird am Ende einer langen, kreisenden Lichtsäule gesehen. Lichtstrahlen kommen aus der Säule wie die Rippen eines Schirms. Das schirmartige Gebilde, in dem die Sterne eingewirkt sind, erscheint kreisend. Längs der Lichtachse befinden sich weitere schirmartige Gebilde, eins ins andere geschachtelt. Jedes kreist mit seiner eigenen Geschwindigkeit, hat seine eigene Farbe und macht einen reinen, wunderbaren Ton. Die ganze Erfahrung wird als herrlich, beglückend, bunt und wohlklingend beschrieben.[26]

Wichtig festzuhalten ist die Präzision von Patañjalis Ausdrucksweise. Die beschriebene Erfahrung ist, wie das Ergebnis jedes wissenschaftlichen Experiments, wiederholbar, und sie ist eine Eigentümlichkeit der Meditation über die Polarsternformel. Außerdem besaß keine der Versuchspersonen irgendein Vorwissen über das Gebilde. Sie waren alle völlig überrascht, denn bis zu dem Moment, in dem sie es erlebten, hatte sich keiner von ihnen je träumen lassen, daß etwas Derartiges existierte.

Shear erklärt:

Die Erfahrung ist die unschuldige Begleiterscheinung der richtigen Ausführung der Technik. Der logische Schluß ist, daß der spezifische Inhalt der Erfahrung den eigenen Beitrag des Geistes darstellt, der auf die Ausführung der Technik hin zustande kommt. Das heißt, die Technik ruft spezifische, nicht erlernte, endogene Reaktionen hervor und gestattet uns eine Erfahrung dessen, was man, wie ich meine, zu Recht einen angeborenen Archetypus oder eine angeborene Struktur des menschlichen Geistes nennen darf.[27]

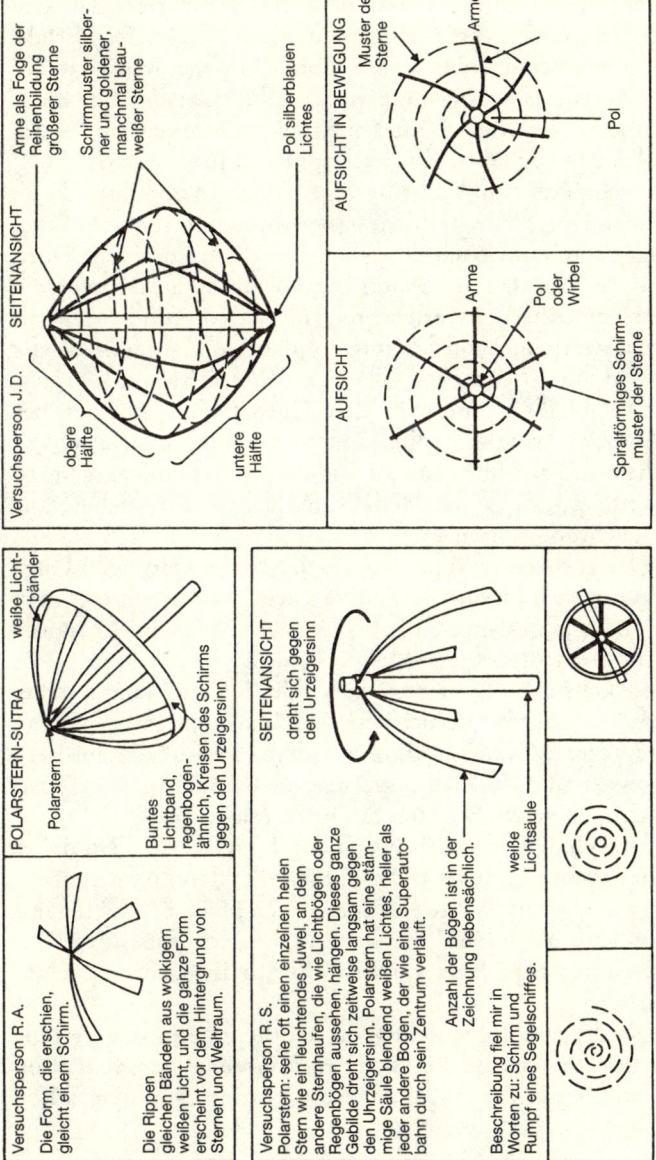

Versuchsperson R. A.

Die Form, die erschien, gleicht einem Schirm.

Die Rippen gleichen Bändern aus wolkigem weißen Licht, und die ganze Form erscheint vor dem Hintergrund von Sternen und Weltraum.

POLARSTERN-SUTRA

weiße Licht-bänder

Polarstern

Buntes Lichtband, regenbogen-ähnlich, Kreisen des Schirms gegen den Urzeigersinn

Versuchsperson R. S.

Polarstern: sehe oft einen einzelnen hellen Stern wie ein leuchtendes Juwel, an dem andere Sternhaufen, die wie Lichtbögen oder Regenbögen aussehen, hängen. Dieses ganze Gebilde dreht sich zeitweise langsam gegen den Uhrzeigersinn. Polarstern hat eine stäm-mige Säule blendend weißen Lichtes, heller als jeder andere Bogen, der wie eine Superauto-bahn durch sein Zentrum verläuft.

Anzahl der Bögen ist in der Zeichnung nebensächlich.

weiße Lichtsäule

SEITENANSICHT

dreht sich gegen den Urzeigersinn

Beschreibung fiel mir in Worten zu: Schirm und Rumpf eines Segelschiffes.

Versuchsperson J.D.   SEITENANSICHT

Arme als Folge der Reihenbildung größerer Sterne

Schirmmuster silber-ner und goldener, manchmal blau-weißer Sterne

obere Hälfte

untere Hälfte

Pol silberblauen Lichtes

AUFSICHT

Arme

Pol oder Wirbel

Spiralförmiges Schirm-muster der Sterne

AUFSICHT IN BEWEGUNG

Arme

Pol

Muster der Sterne

Abb. 10 Beispiele von Skizzen der Erfahrungen, die einzelne Versuchspersonen mit der Übung des Polarstern-Sutras im Rahmen des TM-Siddhi-Programms machten

Dies ist ein wichtiger Punkt, denn er demonstriert, daß kein bestimmtes Ergebnis angestrebt worden war. Die Erfahrung war eine unbefangene und spontane Reaktion des Geistes auf einen bestimmten Stimulus. Geistige Unbefangenheit ist bei solcher inneren Arbeit, wie uns ein tibetisches Volksmärchen lehrt, sehr wichtig: Es lebte einst, so heißt es, ein sehr guter und hochherziger Mann. Von allen, die in seinem Dorfe lebten, wurde er bewundert und geliebt. Eines Tages kam ein ehrwürdiger heiliger Mann durch das Dorf, und der hochherzige Mann trat an ihn heran und sprach: »Ich möchte gern erleuchtet, mitleidvoll und wahrhaft weise werden, denn ich möchte dabei mithelfen, daß alle Wesen zur Erleuchtung gelangen. Bitte, lehre mich.«

Der Heilige unterwies den Gutherzigen in einer bestimmten Art von Meditation und riet ihm, in die Berge zu gehen und sich ihr ganz zu widmen. Nach einiger Zeit, so meinte er, würde die Meditation, ernsthaft betrieben, zur Erleuchtung führen.

Der gutherzige Mann leistete diesen Anweisungen Folge und zog sich in eine Berghöhle zurück. Er meditierte dort zwanzig Jahre lang, und absolut nichts geschah. Er wurde nicht erleuchtet.

Er kehrte ins Dorf zurück, wo der heilige Mann zufällig gerade wieder auf Besuch war. Er trat an den Heiligen heran und sagte: »Zwanzig Jahre lang habe ich auf diesem Berg gesessen und so meditiert, wie du es mich gelehrt hast. Nichts ist geschehen. Ich bin nicht erleuchtet.«

Der Heilige fragte ihn nach den Unterweisungen, die er ihm gegeben hatte, und der gutherzige Mann berichtete sie ihm. Auf seine Worte hin sprach der Heilige: »Es tut mir sehr leid, aber dein Tun war nutzlos. Ich habe dir etwas Falsches gesagt. Jetzt wirst du nie zur Erleuchtung gelangen.«

Niedergeschlagen kehrte der Gutherzige in seine Höhle zurück. Er dachte bei sich, er könnte seine Meditation geradeso gut fortsetzen, da er die ganzen Jahre über schon nichts anderes gemacht hatte. Einen Unterschied aber gab es jetzt, er verfolgte nämlich nicht mehr die Absicht, Erleuchtung zu erlangen. Er setzte sich zur Meditation hin, und schlagartig überkam ihn die Erleuchtung. Er sah alles klar und verstand, daß sein krampfhaftes Festhalten an der Vorstellung von Erleuchtung ihn daran gehindert hatte, sie zu erleben.

Patañjali erweist sich in seinen Sutras als ebenso geschickter Lehrer wie der Heilige, der den gutherzigen Mann unterwies. Patañjali läßt dem Geist seine Unbefangenheit. Shears Forschung demonstriert die Nutzlosigkeit intellektueller Grübeleien über indische Schriften oder von Versuchen, durch Überlegung und Logik den Sinn eines Sutras zu erschließen. Wie die Geistwerkzeuge (Mantras) sind die Formeln (Sutras) Instrumente zur Ergründung des Bewußtseins und liegt ihr Sinn in ihrem rechten Gebrauch.

Wenn die von Shears Versuchspersonen beschriebene Erfahrung angeboren ist – nämlich ein irgendwie drängendes Etwas im allgemein menschlichen Bewußtsein, das aufbrechen und sich offenbaren will –, dann sollte man erwarten, daß sich in den Visionen feinfühliger Seelen Anzeichen ihres Einbruchs finden lassen. Man würde erwarten, daß diese Erfahrung auf der ganzen Welt in Mythen, Gedichten und Liedern gepriesen wird. Und wir werden im folgenden sehen, daß diese Vision sich in der Tat auf der ganzen Welt finden läßt und Shears Hypothese, sie sei eine endogene Struktur des Bewußtseins, Glaubwürdigkeit verleiht.

Zunächst einmal geben altindische Sagensammlungen, die man Puranas nennt, Beschreibungen des Universums, die mit den von Shears Versuchspersonen mitgeteilten Skizzen und Schilderungen übereinstimmen. Die Seher der Puranas sprechen von sieben Himmeln. Sie sind einer in den anderen geschachtelt, und zwar an einer kosmischen Säule, deren Spitze der Polarstern als Höchster einnimmt. In den sechs unteren Himmeln laufen Sonne, Mond, Sterne und Planeten um. Diese Leuchten sind mit Windfesseln an den

Dhruva gebunden. Am höchsten Punkt dieser Himmelsstruktur, an dem der Polarstern residiert, befindet sich der Dharma, das kosmische Gesetz, sämtliche Prinzipien rechten Handelns. Nun ist »Dharma« ein weiterer Verwandter des alten urindogermanischen Eichennamens und ein Begriff von äußerster Wichtigkeit in der indischen Erfahrung. Der Dharma ist die stille Ordnung, die alle Tätigkeit im Weltall trägt. Er regelt die Bewegungen der Galaxien und Planeten, die Jahreszeiten und alle Abläufe der Natur. Er ist auch die Kraft, die das rechte Verhalten in der menschlichen Sphäre stützt und die allem unrechten Tun entgegenwirkt. Die Vision dieser Struktur ist von größtem praktischen Wert, denn sie offenbart die ruhende Mitte, aus der alles harmonische Handeln hervorgeht. In Indien meint man, daß jene Heiligen, die mit diesem stillen Angelpunkt des Dharma im Einklang stehen, eine geistige Kraft ausströmen, die, wiewohl ungesehen, einen ordnenden Einfluß auf die Umwelt ausübt und alles Unglück von ihr abwendet. Man erachtete also das *Sehen* dieser inneren Achse des Universums für wichtiger als eine Million guter Taten, da das *Sehen* im Umkreis von Meilen allen Schaden fernhielt. Deshalb gilt auch im Osten das. gekonnte Nicht-Handeln als eine ungemein wirkungsvolle Form des Handelns.

Lange bevor die Puranas abgefaßt wurden und lange vor der Zeit Patañjalis finden wir die gleiche Vision im Rigveda mitgeteilt. Wir haben bereits Heideggers Satz zitiert: »Denken ist die Einschränkung auf einen Gedanken, der einst wie ein Stern am Himmel der Welt stehen bleibt.« Der Rigveda weiß ähnliches zu sagen:

> An der Spitze des fernen Himmels steht,
> allumfassend, das Wort.[28]

Außer »Polarstern« kann *dhruva* auch eine Kuh bedeuten, die während des Melkens stehenbleibt, das WORT, das am Himmel des Geistes stehenbleibt. Der Seher Lange Dunkelheit berichtet uns von dem Kuh-Wort, das am Scheitelpunkt des Himmels steht und die Milch visionären Lichtes fließen läßt. Wir erhalten so ein Bild ähnlich dem in Patañjalis Polarsternformel, außer daß wir am höchsten Himmel anstelle eines Sternes das WORT beständig stehenbleiben finden. Das beständige Denken blickt in das Herz der Dinge. Aus der Aufmerksamkeit des Sehers, die fest an das am höchsten Himmel stehende WORT geheftet ist, fließt die folgende Vision. Er schaut eine ungeheure Feuersäule, die sich durch das ganze Universum erstreckt. An dieser Achse laufen sieben himmlische Räder um, die mit Speichen an der Stange befestigt sind. Jedes Rad gibt einen eigenen Ton von sich. Diese sieben Töne sind die Lieder von sieben Jungfrauen, die in diesem Baum wohnen und sieben geheime Worte singen. Und am höchsten Punkt dieser Struktur regiert das selbstleuchtende WORT. Es heißt, zwei Vögel wohnen auf diesem Baum. Aber nur einer von ihnen kann zur Spitze auffliegen und die süße Feige dort verzehren. Diese Symbolik findet sich auch, wie wir noch sehen werden, im archaischen sibirischen Schamanismus. Wenn ein junger Schamane eingeweiht wird, muß er eine Stange oder einen Baum hochklettern. Wer zur Spitze gelangt, hat damit das Zentrum des Universums erreicht und geht in Ekstase.

Dem Seher Lange Dunkelheit zufolge verbirgt die Sprache diesen Baum und offenbart ihn zugleich. Und ein modernerer Dichter, Czeslaw Milosz, stimmt dem bei und bemerkt, wir könnten wohl zu guter Letzt sinnieren,

> ... daß wir in einem goldenen Vlies lebten,
> In einem Regenbogennetz, einem Wolkenkokon,
> Vom Ast eines galaktischen Baumes hängend.
> Und unser Netz war aus der Zeichen Stoff gewirkt,
> Hieroglyphen für Auge und Ohr, liebende Ringe.
> Ein Ton hallte im Innern wider, unsere Zeit gestaltend,
> Das Flackern, Flattern, Zittern unserer Sprache.[29]

Die Sprache ist das Netz und der Regenbogen. Sie ist der Kokon, der unsere Vision vollkommenen Weilens in der

Mitte, die magischen Hieroglyphen, liebenden Ringe und flatternden Flügel, die die ruhende Mitte eröffnen und uns in sie versetzen, umwölkt.

Der Achsenbaum wuchs auch im alten Griechenland, wo wir im Mythos von Er, den Platon gegen Ende seines *Staates* erzählt, eine anschauliche Beschreibung finden. In diesem Mythos stirbt Er, steigt in den Himmel auf und kehrt dann in seinen Körper zurück, um von seinen Erfahrungen zu berichten. Er spricht von einem Reich idealer Formen, der wahren und wirklichen Formen, von denen die benannten Dinge im materiellen Universum nichts sind als fahle Schatten.

Im Reich dieser Formen erblickt Er eine Lichtsäule, glänzender als ein Regenbogen, die sich durch das All zieht. An ihrem höchsten Punkt befinden sich die Fixsterne, und von ihnen gehen die Bänder des Himmels ab, leuchtende Gurte, die an großen, hohlen Wirteln befestigt herabhängen. Diese passen ineinander wie Gefäße. An der Oberfläche jedes kreisförmigen Wirtels steht eine Sirene, die einen einzigen wohlklingenden Ton hören läßt. Shear führt dies als Beweis dafür an, daß die von seinen Versuchspersonen erlebte Struktur angeboren ist, und vertritt die Auffassung, sie sei eine der von Platon beschriebenen idealen Formen.

Ob der Seher nun in Indien, Griechenland oder Sibirien heimisch ist, wenn der Schleier der Unwissenheit sich lüftet, erscheint der juwelengeschmückte Baum, auf dem das ganze Universum sich dreht, als eine strahlende Lichtsäule mit etwa sieben himmlischen Rädern, die alle Sternhaufen der Galaxien umfassen. Oft wird er mit einem oder mehreren Vögeln an der Spitze dargestellt, zum Zeichen für den Aufstieg des Geistes.

Ein australischer Ureinwohner würde eine ähnliche kosmische Achse malen, wenn auch seine Farben und Tinten vielleicht andere wären. Doch die Vision, die die Form der Zeichnung bestimmt, wäre so wenig anders wie das in einem Keim eingerollte Wissen.

Nach weiteren vier Tagen seien sie dann an eine Stelle gelangt, von wo aus man ein geradliniges Licht erblickte, das sich wie eine Säule von oben herab durch den ganzen Himmel und die Erde zog, ganz ähnlich wie der Regenbogen, aber glänzender und reiner.

... und hätten dort, mitten im Licht, gesehen, wie am Himmel die Enden seiner Bänder befestigt waren. Dieses Licht sei nämlich das Band des Himmels, das, wie die Gurte der Trieren,

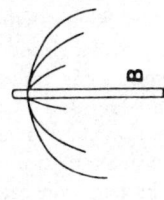

A

B

die ganze Wölbung zusammenhalte.

Die Natur des Wirtels aber sei folgendermaßen beschaffen: in seiner äußeren Gestalt sei er gleich wie der unsrige; doch muß man sich ihn ... so vorstellen, als ob in einem großen und vollständig ausgehöhlten Wirtel ein kleinerer, von gleicher Art, eingepaßt liege wie die Gefäße, die ineinander eingepaßt sind; in diesem liegt ein dritter, dann ein vierter und noch vier weitere. Im ganzen seien es acht Wirtel, die einer im anderen liegen

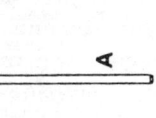

C

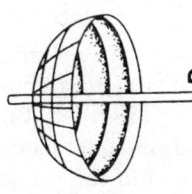

D

und deren Ränder, von oben her gesehen, als Kreise erscheinen.

E

Abb. 11 Die Struktur des Kosmos nach der Beschreibung im Mythos von Er in Platons *Staat* 616b–e (nach dem Text konstruiert).

Hugh Kenner bemerkte in bezug auf Ordnungen:

In einer rauhen blaubraunen Kapsel von der Größe einer Eichel schlummern die wirkenden Kräfte, die wissen, wie ein australischer Eukalyptusbaum zu formen und in einem trockenen Klima rasch in große Höhen zu treiben ist. Im späten 19. Jahrhundert fühlte sich jemand durch das Klima Australiens an das Italiens erinnert, und heute wachsen die Eukalyptusbäume hier und da am Mittelmeer. Ein Reimer von Klimata pflanzte einen an einem Hang oberhalb Rapallo, dort wo die lange steile *salita* von Sant' Ambrogio hinunter die Linkskurve zum endgültigen Abstieg in die Stadt beschreibt. Sein Material ist wie das der meisten Artefakte einheimisch: italienisches Wasser und italienische Luft, in geballte Spannung aus Zellulose gefaßt, die allein in ihrer inneren Ordnung australisch ist.[30]

Die Wesen unserer mythologischen Reiche sind einheimischem Wasser und einheimischer Luft vergleichbar. Diese Helden, Einhörner, Burgfräuleins, Drachen, Zwerge, das ganze strahlende Pantheon und die kosmischen Bäume herrschen nur für eine Stunde. Sie sind dem Unbestand der Dinge ebenso ausgesetzt wie Shelleys Wolken, »Streifend die Dunkelheit mit Glanz! Doch fülln / Sie bald mit Nacht sich, fliehen ganz von hinnen.«[31] In der Mythologie der einen Kultur ist es eine Eiche, die zum zentralen unbewegten Gegenstand der Anbetung wird, in der einer anderen der Polarstern, oder ein Stein, oder ein Kreuz, oder eine Buddhastatue. Obwohl die äußeren Formen sich wandeln können, erhalten sie Kontur von einer Tiefenstruktur, einem Modell möglicher Universen, das Gedanken, Wahrnehmungen, Träume, Visionen und Handlungen nach einer streng definierten Ordnung gestaltet, die so tief im Bewußtsein verwurzelt ist, daß sie uns entgeht. Es ist, als ob wir ein Platschen in einem Teich hören, aber die Kraft nicht sehen, die es verursacht hat. Was wir tatsächlich sehen, ist die Energie, die sich, allein vom Wasser sichtbar gemacht, in konzentrischen Ringen ausbreitet. Das Wasser, durch das die Energie drängt, ist in jedem Fall anders, und doch muß

Abb. 12

es sich in seinen Konturen nach dem Impuls wellen, der es durchbebt. Unterdessen verweilt die ungesehene Kraft tief in dem Mythos, dem Gedicht, dem Traum oder dem Bild, ein unsichtbares Schillern, friedlich verborgen wie eine tief in der Strömung harrende Forelle.

Dieser Regenbogenbaum offenbart sein Schillern nur der subtilen Wahrnehmung des inneren Auges, denn er ist die Form des subtilen, göttlichen Kosmos, aus dem das materielle Universum und alle seine Formen hervorgehen. Er ist das innere Weihebild, nach dem Bäume, Galaxien und sogar der menschliche Körper geordnet sind, so daß sie alle offen sind für das zentrale Mysterium. So weist der von unserem indischen Künstler gemalte kosmische Baum eine verblüf-

fende Ähnlichkeit mit einem »Baum« genannt *sushumnā*
auf, dem Baum Freudenreich, der, so belehrt uns die indische Weisheit, im menschlichen Körper blüht.

An diesem Baum liegen übereinander gestaffelt sieben
Schwingungszentren, die *chakras* oder »Räder« heißen, genau wie es am kosmischen Baum sieben räderartige Himmel
oder Wirklichkeitsebenen gibt. Nun teilen uns die indischen
Texte außerdem mit, daß die Säule im menschlichen Körper,
der Baum Freudenreich, der kosmische Baum *ist*. Wenn
unsere geistige Energie sich an der Wurzel dieses Baumes
befindet, ist unser Bewußtsein wie das einer Schlange oder
eines Drachens – lüstern, gierig und egozentrisch. Indem
unsere Energie aufsteigt, wird das Leben immer freudiger,
bis die höchste Wonne erreicht ist. Um den Baum Freudenreich im Körper zu sehen, muß man die sieben Seinsebenen
des Universums, den kosmischen Baum, hinaufsteigen. Wie
die sieben Jungfrauen, die auf den Rädern des kosmischen
Baumes sitzen und wohlklingende Töne singen, werden die
Räder am Baum Freudenreich oft als sieben Lotusblumen
dargestellt, die je eine einzige Keimsilbe hören lassen.
Durch die Meditation über die Keimsilbe eröffnet der Lotus
der ihr entsprechenden Ebene einen gesamten Seinsbereich. .

Die höchste Spitze des Baumes Freudenreich ist der
Gipfel der Wirklichkeit. Er wird durch einen umgekehrten
Lotus dargestellt, eine Kuppel aus tausend Blättern und
tausend Silben, die von ihrem Ort vier Fingerbreit über dem
Scheitelpunkt tausend Ströme geistiger Strahlung ergießt.
Um also in diese Sphäre vorzudringen, muß das Bewußtsein
durch ein unsichtbares Loch in der Scheitelgegend gehen.
Dies ist eine Erfahrung von so tiefgründigem und allgemein
menschlichem Charakter, daß sie sich in der archaischen
Architektur und Kosmologie weit und breit widergespiegelt
findet.

Im Reich des Geistes ist die Menschengestalt identisch
mit der Gestalt des Kosmos und der Anlage der Bauten,
wozu nicht nur der indische Tempel zählt, sondern auch

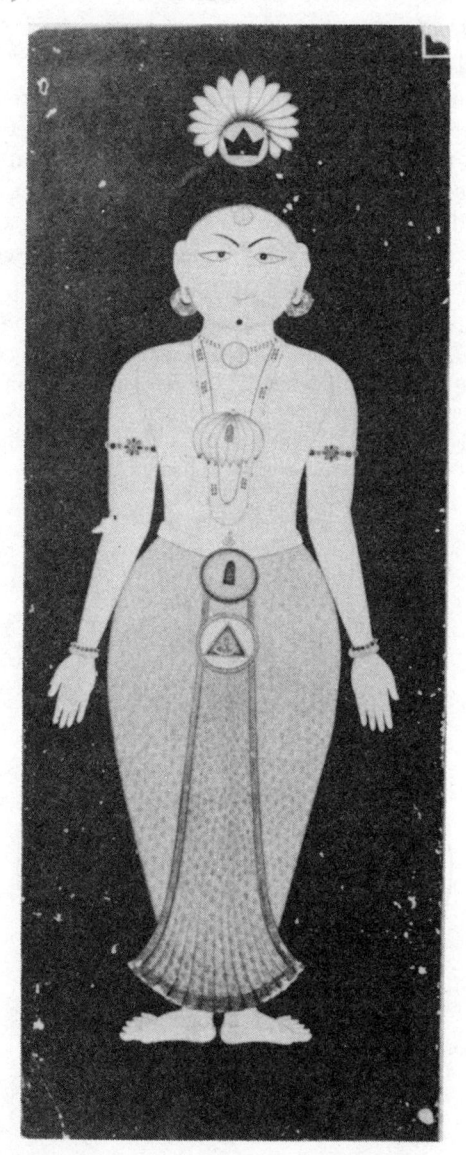

Abb. 13

einfache Bauformen wie etwa die sibirische Jurte mit ihrem Rauchloch.

In der sibirischen Kosmologie ist der Nordstern ein Loch in der Kuppel dieser Welt. Um in den höchsten Himmel zu gelangen, muß man dort hindurch. Der Schamane kann im Geiste durch das Loch am Scheitelpunkt seines Kopfes reisen und in diesen höchsten Himmel eingehen. Die Form des Kosmos spiegelt so diese innere Erfahrung wider. Ein Schamane vom Stamm der Tungusen berichtet:

Oben (im Himmel?) steht ein besonderer Baum, wo die Seelen der Schamanen, ehe sie ihr Vermögen erlangt haben, erzogen werden. Auf diesem Baume befinden sich Nester in den Ästen, in denen die Seelen liegen und aufgezogen werden. Dieser Baum heißt »Tuuru«. Je höher auf diesem Baum ein Nest angebracht ist, umso stärker wird der in ihm erzogene Schamane, umso mehr weiß er und umso weiter sieht er.[32]

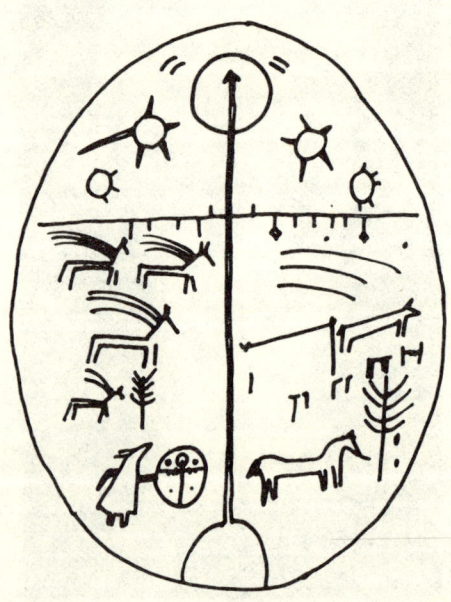

Abb. 14

Abb. 15

Für jede Einweihung eines jungen sibirischen Schamanen wird eine Birke gefällt und die Rinde abgeschält. Am Morgen des Ritus wird der Baum in der Jurte aufgepflanzt, so daß er mit der Wurzel in der Feuerstelle steht und mit der Spitze durch das Rauchloch nach draußen ragt. Die Birke wird *udeši-burkhau,* »Wächter der Tür« genannt, denn auf dieser Birke reist der Schamane durch die Tür am Scheitelpunkt der Welt. Diese Birke steht, so meint man, im Mittelpunkt der Welt. Wenn der Schamane die altüberlieferten Worte rezitiert und den Baum erklimmt, wird seine Seele zu Gott erhoben, denn der Baum wächst während des Aufstiegs unsichtbar und streckt sich bis zum höchsten Punkt des Himmels. Sieben in die Birke geschnitzte Kerben stellen die unterwegs durchlaufenen Himmel dar. Während der

Schamane aufsteigt, bimmeln sieben an sein Kostüm ge-
nähte Glocken. Sie symbolisieren die Stimmen der sieben
himmlischen Jungfrauen, die diese Himmel bewohnen, und
mit der äußersten Spitze stößt die Birke durch das Rauchloch, das den Polarstern darstellt, welcher seinerseits das
Loch im Scheitelpunkt des Kopfes darstellt, durch das der
Schamane in den höchsten Himmel eingeht. Er trägt Federn
an seinem Kostüm und hockt auf der Birkenspitze wie ein
Vogel, wobei sein Kopf in der gleichen Weise durch das
Rauchloch ragt wie sein Geist über seine Schädeldecke
hinaus.

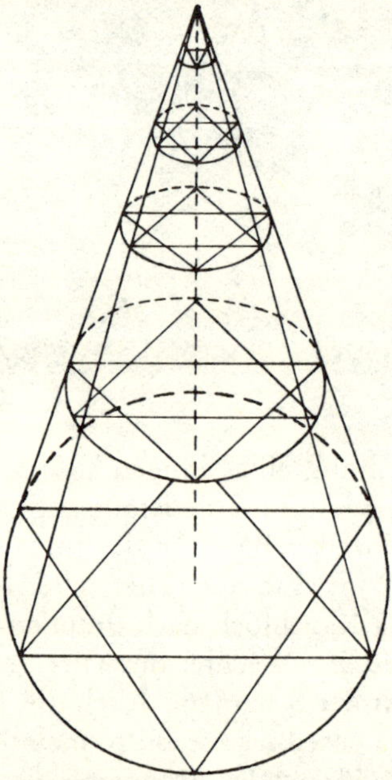

Abb. 16

Wenn die erhabenste Blüte aufgeht, der Lotus der tausend
Blätter und der tausend Silben, dann ist einem, als gewinne
man ein neues Bewußtsein, das bis zur Himmelskuppel
reicht und dermaßen weitgespannt ist, daß es den früheren
Bewußtseinszustand winzig erscheinen läßt. Emily Dickin-

son hat es so ausgedrückt: »Wenn mir körperlich zumute ist, als ob es mir die Schädeldecke abhebt«, erklärte sie, »dann weiß ich, das ist Dichtung.«

Die Eleganz von Patañjalis Ausdrucksweise ist offensichtlich: Er rät uns nicht, einen Baum zu ersteigen oder auch nur einen Gedanken an den Baum Freudenreich zu verschwenden. Und doch wird, wie wir von Shear erfahren, die gesamte Wirklichkeit durch die Meditation über eine einzige, präzise Formel offenbart. Die indische Kunst ist in ihrer Darstellung dieser Wirklichkeit genauso elegant wie Patañjali. Die Spitze des kosmischen Baumes, der essentielle Ort, aus dem das ganze Universum von Ton und Form hervorgeht, wird oft durch einen Punkt dargestellt.

Dieser Punkt steht für das Scheitel-Chakra, das Schwingungszentrum, das über die sechs niedrigeren Zentren und die ihnen entsprechenden Wirklichkeitsebenen herrscht.

In ein zweidimensionales Diagramm zusammengezogen, heißt das Ganze Shri-Yantra – eine Art Geometrie des Geistes.

Alle Seinsebenen sind in dieser einfachen geometrischen Figur vertreten. Wenn der Yogi über den zentralen ruhenden Punkt meditiert, schwingt und pulsiert dieser und dehnt sich aus, bis er das innere Dreieck, die äußeren Dreiecke, Kreise und Quadrate und schließlich den Geist, den Körper und die ganze Umwelt umfaßt. Die Linien der Zeichnung und die Formen des Universums erklingen wie ein schönes Saiteninstrument, das mit zärtlicher Hingabe gezupft wird. Das Yantra ist die visuelle Form des Mantras, und wie jede Ebene des kosmischen Baumes mit einem Laut verbunden ist, so entspricht jede Ebene des Yantras einem Ton auf der Tonleiter. Die Kunst der Musik basiert in Indien demnach auf den universalen Schwingungszentren. Und daher werden die Mantras, ebenso wie die Weisheit der Veden, gesungen.

Ein Betrachter beschreibt seine anfängliche Meditation über das Yantra:

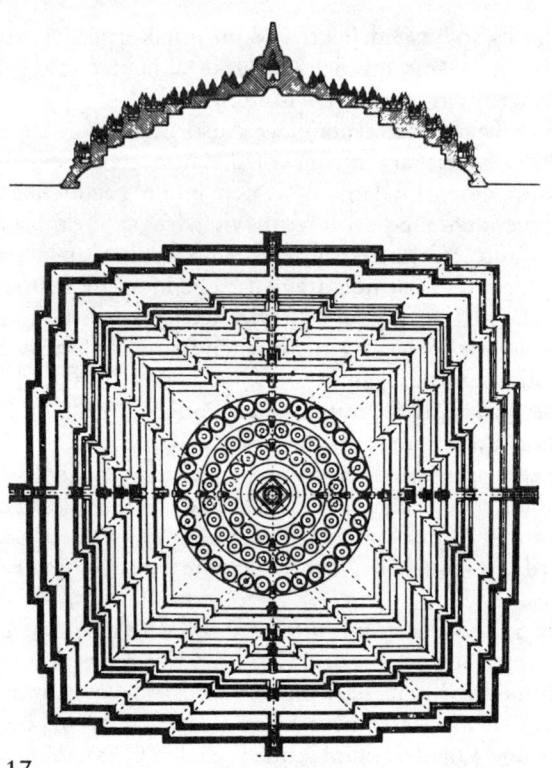

Abb. 17

Danach werden Linienbilder zu Räumen, und diese Räume geben als festkörperliche Widersprüchlichkeiten Töne von sich, als ob wir mit unseren offenen Schädeln straff gespannte Häute schlagen würden ... Die Augen folgen dem Fließen nach außen und entdek- ken widersprüchliche Ecken und zerbrechende Grenzen. Das gesamte offene Feld wird eine Ecke, läßt die Figuren erblühen und sich über dem Betrachter zusammenfalten. ... Glücklicherweise ist das Bild da, an das man sich halten kann. Man spürt die Gegenwart von Generationen hilfreicher Lehrer, die nicht etwas vereinfachen, sondern das Sein in eine Linie, eine Farbe oder einen Punkt komprimieren. Die Erfahrungen des Betrachters werden der Mittelpunkt. ... Die Spielerfahrung der mit den Augen verfolgten Diagramme zieht die Spur, die die Subjekt-Objekt-Situation zusammenbrechen läßt. »Verb-Substantiv« klärt sich auf und »Ich-Das« verschwindet. ... Betrachter und Kunstwerk müssen verschmelzen, damit das Kunstwerk den Betrachter anschauen und den Raum leeren kann.[33]

Indem der Raum sich leert, öffnen sich die menschliche Gestalt des Yogi und die bescheidene Hütte, die er bewohnt, in einen tausendblättrigen Tempel. So dient in Indien das Yantra, die Form des göttlichen Kosmos, als Modell für Tempelbauten.

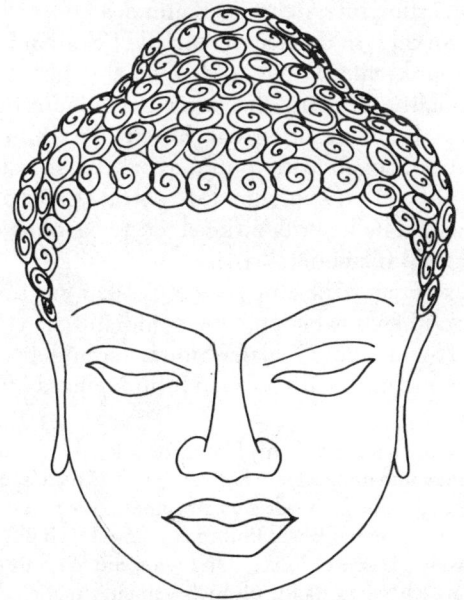

Abb. 18

Vielen erscheint die angeborene Struktur, die wir hier erörtern, nicht als Baum, sondern als Berg mit dem Polarstern auf dem Gipfel. Der nach dem Plan des Yantras gebaute indische Tempel ist somit eine Nachbildung dieses Bergs der sieben Stufen mit der kosmischen Achse im Mittelpunkt. Das oberste Element eines solchen Tempels bildet eine Kuppel, die *śikara* genannt wird, »Berggipfel«. Das Wort bezeichnet auch den Gipfel der sexuellen Lust, eine Brustwarze und das Haarbüschel auf dem Kopf des Buddha! Wie die Stange auf vielen Tempeln stellt dieses Haarbüschel das Scheitelchakra dar, das Schwingungszentrum oberhalb des Kopfes.

Wo steht nun dieser galaktische Baum-Berg? Wo ist das ruhende Zentrum dieses kreisenden Universums? Müssen wir uns mehrmals am Tag in der Richtung des Steines in der zentralen Stadt Mekka verneigen, wie es ein Fünftel der Weltbevölkerung tut? Steht der Baum des Lebens in Jerusalem, in Rom oder in der Kirche um die Ecke? Befindet sich der Angelpunkt aller Dinge in dem japanischen Tempel, in dem eine Statue des Buddha unter dem Baum des Erwachens sitzt? Ist er inmitten des Roten Platzes in Moskau oder in den sonstigen Mittelpunkten unserer sozialen Glaubenslehren? Ist er im Zentrum des Yantras? Oder bilden alle diese einzelnen heiligen Bezirke einen Kreis ohne Umfang, dessen Mittelpunkt überall ist?

Um diese Frage zu beantworten, wollen wir uns an den Schwarzen Hirsch wenden, einen indianischen Medizinmann vom Stamm der Ogalalla-Sioux, der im Jahre 1872 die folgende, von seinem Biographen John Neihardt mitgeteilte Vision hatte:

Dann aber stand ich auf dem höchsten von allen diesen Bergen und ringsum unter mir in der Tiefe lag der ganze Erdkreis. Schwarzer Hirsch sagte, der Berg, auf dem er in seiner Vision gestanden, sei der Harney Peak in den Black Hills gewesen. »Doch überall ist die Mitte der Welt«, setzte er hinzu. Und während ich dort stand, sah ich mehr, als ich sagen kann, und ich verstand mehr, als ich sah; denn ich schaute auf heilige Weise die Gestalten aller Dinge im Geiste, und die Gestalt aller Gestalten, wie sie zusammen leben müssen, gleich wie *ein* Wesen. Da sah ich, daß der heilige Ring meines Volkes einer von vielen Ringen war, die einen Kreis bildeten, weit wie Tageslicht und wie Sternenlicht. In der Mitte aber wuchs ein üppig blühender Baum zum Schutze all der Kinder einer Mutter und eines Vaters. Und ich erkannte all dies als heilig.[34]

Abb. 19

Und dies ist genau der psychologische Wert dieser Erfahrung. Er besteht nicht darin, etwa die normale Wahrnehmung durch irgendeine außergewöhnliche Vision zu ersetzen. Die Vision kommt von selbst und gestattet uns, das
Zentrum aller Dinge nicht in unserem Ich, sondern überall
zu sehen. Das Zentrum das Universums – der Punkt, an dem
das Heilige in das Profane eingeht, die Ewigkeit mit der Zeit
verschmilzt und die Unendlichkeit sich nach allen Seiten
ausdehnt – ist in jedem Akt der Aufmerksamkeit gegenwärtig. Vor dem Aufdämmern dieser Erfahrung sind wir in
einem Kokon eingeschlossen, einem der Klaustrophobie
verwandten Zustand, gefangen in der beengenden Illusion
der Egozentrik. Und doch ist die Vision, wenn auch uner-
kannt, in uns, ein ungeheuer mächtiges, unsichtbares Bild.
   Wenn wir nicht wissen, daß sie da ist, werden wir extrem
anfällig für ihr äußeres Abbild. Wir erblicken ein Bild des
heiligen Zentrums in unserer Umgebung, und etwas in uns

91

regt sich. Wir werden zu baumelnden Marionetten an den Fingern derjenigen, welche die heiligen Priester dieser Bildnisse sind. Und in jedem Tempel ist ein heiliges Buch und in jedem Buch ein heiliger Glaube und in jedem Glauben ein in sich abgeschlossenes System und tausend Jasager, die es schützen. Und irgendwie wird das System wichtiger, heiliger als das Menschenleben, als du und ich. Plötzlich wird das Spiel schrecklich, tödlich ernst, so ernst wie der düstere Gesichtsausdruck jener, die ein Heiligtum betreten. Kinder wissen nicht so recht, wie sie sich an solchen Orten benehmen sollen. Sie kichern bei einem solchen Anblick und lernen nur langsam die Feierlichkeit des Ganzen begreifen – sich vor einem Bild auf dem Altar in der Mitte zu verneigen, bevor sie in den Krieg abmarschieren, und ihre Beute davor abzuladen und seine Herrlichkeit zu preisen, wenn, und falls, sie zurückkehren. Ein solches Verneigen lernen sie Demut zu nennen.

Aber es gibt einige unter uns, die sich, obgleich erwachsen, etwas von der Unbefangenheit des Kindes bewahrt haben. Das sind die Dichter, und sie verkünden wie Annie Dillard, daß die Mitte in uns selbst ist. »Ich sehe uns alle«, sagt sie, »als Palo-Santo-Bäume, heilige Stücke, gemeinsam alles betrachtend, was wir betrachten, und still vor uns hinwachsend.« Oder da ist der polnische Meister Czeslaw Milosz, der in seinen *Bells in Winter* schreibt: »Nicht daß ich etwa ein Gott sein wollte oder ein Held. / Bloß ein Baum werden, auf Dauer wachsen, keinem was tun.«[35] Dichter dringen so tief in den Baum der sieben Stufen, daß sie zu diesem Baum *werden*. Sie fühlen die Vision in sich blühen und zugleich die ganze Welt Blüten treiben. Doch die Vision ist niemals vollständig. Sie ist wie ein Kind mit hochfliegender Phantasie, das ganz oben in den Zweigen hängengeblieben ist, oder wie die Jungfrauen der Mythologie, die in Bäume verwandelt werden. Obwohl der Dichter das Problem deutlicher sieht, bedarf es der Vision eines Sehers, um es ganz zu schauen. Ab und zu einmal geschieht

Abb. 20

das. Ganz unerwartet erscheint unter den Generationen von Frommen und Dichtern eine Anomalie. Eine solcher Typ war Ramakrishna, der indische Heilige des neunzehnten Jahrhunderts, der eines Tages nach der Meditation die Augen aufschlug und rundweg erklärte: »Manche Menschen erklimmen die sieben Stockwerke eines Gebäudes und kommen nicht mehr herunter; aber manche ersteigen sie und besuchen dann ganz nach Belieben die unteren Geschosse.«[36]

Plötzlich kommt jemand zum Tempel, und anstatt ein Blumengewinde vor die Figur auf dem zentralen Altar zu legen, schleudert er Blüten in tausend Richtungen. »Eines Tages«, erinnerte sich Ramakrishna, »wurde mir plötzlich offenbart, daß alles reiner Geist ist. Die Kultgegenstände, der Altar, der Türrahmen – alles reiner Geist. Menschen, Tiere und andere Lebewesen – alles reiner Geist. Dann fing ich an, wie ein Irrer Blumen in alle Richtungen auszustreuen. Alles, was ich sah, betete ich an.«[37]

Nur ein Baum in voller Blüte, ein Irrer oder ein ekstatisch Verliebter tanzt umher und streut Blumen in alle Richtungen. Statt daß der menschliche Geist sich entweder an sein Ich oder an ein äußeres Bild kettet, hat sich in einem solchen

Leben der heilige Baum in ein völlig menschliches und freies Wesen verwandelt.

Wie der Psychologe C. G. Jung an seinen Patienten entdeckte, die sich im Prozeß ihrer seelischen Ganzwerdung ihren eigenen inneren Zentren öffneten, fanden Wandlungen durch Symbole statt, die ihnen in Träumen und Visionen kamen. Gerhard Adler, ein Therapeut der Jungschen Schule, berichtet uns von den Malereien einer an Klaustrophobie leidenden neunundvierzigjährigen Frau, die genau demonstrieren, wie spontan die Symbolik der Mitte auftauchen kann.[38] Am Anfang der Therapie hatte sie immer, wenn sie die Augen schloß, eine anhaltende Vision. Sie sah einen Metallring, der von vier straff gespannten, im Nichts verschwimmenden Ketten festgehalten wurde.

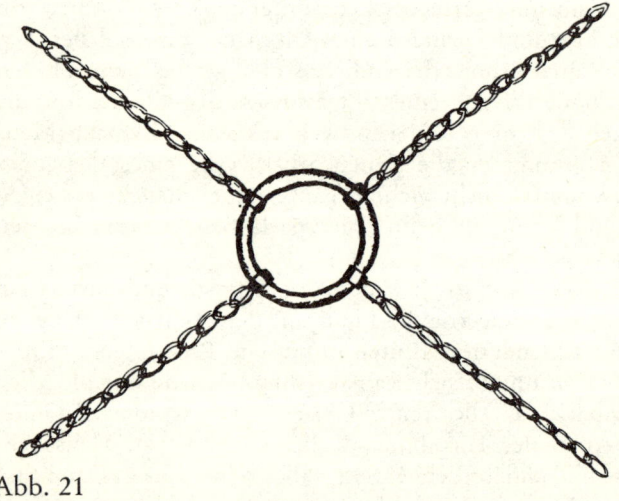

Abb. 21

Das ist ein unvollständiges Bild und spiegelt ihren akuten Zustand seelischer Spannung wider. Dennoch konzentrierte das Symbol die gegensätzlichen Kräfte ihrer Persönlichkeit gewissermaßen und diente als ein Mittel zur Umformung dieser Kräfte. Es sieht ein wenig so aus wie das zuvor in diesem Kapitel erörterte Yantra, und in der Tat entdeckte Jung, daß das innere Zentrum, welches seine Patienten auf ihrem Weg zu seelischer Ganzheit in ihren Träumen und Visionen sahen, oft als ein geometrischen Gebilde erschien. Zum Grundmuster gehören ein Mittelpunkt, ein Kreis und irgendein Element der Vierheit, etwa ein Quadrat. In Indien nennt man solche Muster Mandalas. Die Vision des Ringes, die Adlers Patientin hatte, enthält einen Kreis, aber der Kreis hat kein Zentrum. Außerdem bildet die Vierheit in Form der vier Ketten kein harmonisches Ganzes, sondern hinterläßt statt dessen einen Eindruck der Spannung, der Angst und der Unvollkommenheit.

In dem Maße jedoch, wie die gegensätzlichen Kräfte in ihrer Persönlichkeit im Laufe der Therapie klarer hervortraten, veränderten sich die Bilder, die in ihren Träumen und Visionen auftauchten.

In ihrer zweiten Vision bekam sie die gegensätzlichen Kräfte, symbolisiert durch einen Mann und eine Frau, umfassender in den Blick, und der zentrale Kreis wurde aus

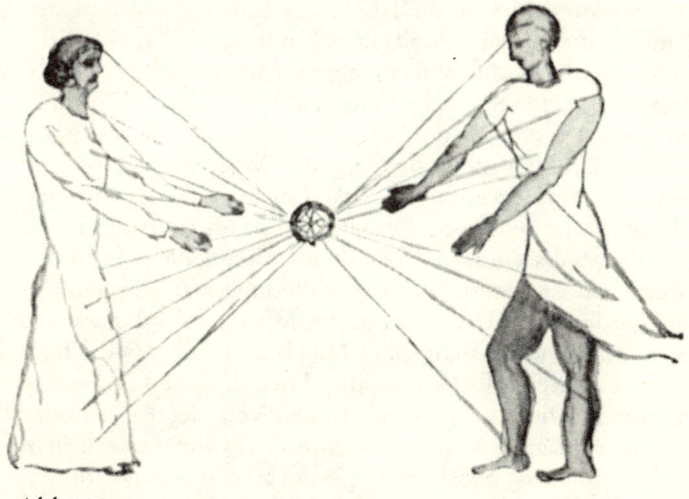

Abb. 22

einem Eisenring zu einem Juwel. Während der Akzent in der früheren Vision destruktiv war, ist er hier konstruktiv. Anstatt von vier unsichtbaren, unbekannten Kräften auseinandergezogen zu werden, werden die zwei Figuren von Energiestrahlen zueinandergezogen.

Eine weitere Wandlung fand in einer sehr machtvollen Vision statt, in der die männlichen und weiblichen Kräfte in ihrer Persönlichkeit noch deutlicher hervortraten. Sie nannte die Vision »Der Kampf mit dem Engel«.

Mit einer Hand zwang ihr der Engel den Kopf nach hinten und entblößte so ihre Brust, damit er ihr einen Blitz ins Herz schleudern konnte. Der Blitz traf sie mehrmals sehr heftig, wie eine Serie von Elektroschocks. Sie fühlte, daß die Strukturen, durch die die Elektrizität lief, zerbrochen und in eine andere Ordnung gebracht wurden. Sie fühlte, daß der Engel etwas ganz Neues, ungeheuer Mächtiges war. Eine numinose innere Kraft durchdrang ihre Emotionen tief. Mit dem Engel begann in der Tat der Einbruch eines archetypischen Bildes, eines die Ich-Sphäre weit übersteigenden Bildes, in die Ich-Sphäre hinein. Deshalb empfand sie dies als ein gewaltsames Eindringen. Das Göttliche brach in ihr Bewußtsein ein, aber ihr Ich versuchte, sich zu bewahren und seinen beschränkten Anspruch auf Wirklichkeit weiter geltend zu machen.

Ihre nächste Vision offenbarte das Wesen dieses Archetypus. In ihrer Begegnung mit dem Engel erschienen ihr seine Augen als besonders machtvoll. Und sie hörte etwas, das sie als »die Sphärenmusik« beschrieb; diese kam vom Polarstern und den Sternen des Nachthimmels, die sie um ihn angeordnet sah. Der Kreis in der Mitte ist der Polarstern, aber er ist auch das Auge des Engels und das, was die Frau als ihr wahres Selbst empfindet. Hier sind die Gegensätze versöhnt. Die Frau wird nicht mehr von vier Ketten oder der gewaltsamen Umarmung von etwas ihr Äußerlichem zerrissen. Sie ist mit der Energie des Engels eins geworden. In vieler Hinsicht ähnelt dieses Bild dem Shri-Yantra und

Abb. 23

erinnert es uns an Patañjalis Polarstern-Sutra. Und im weiteren Verlauf der Therapie kam ihr die ekstatische Erkenntnis, daß der Polarstern und das gewaltige Firmament in ihr waren. Genau in diesem Augenblick begann sie, von ihrer Klaustrophobie geheilt zu werden.

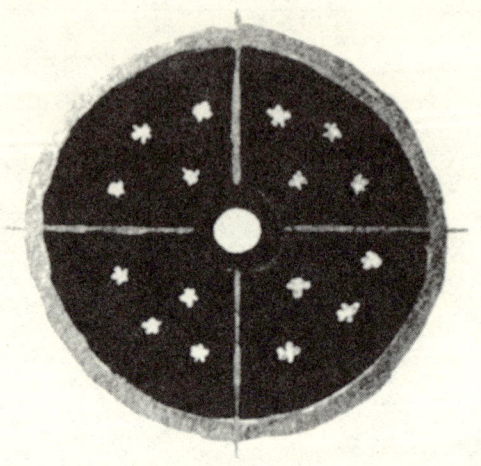

Abb. 24

In der abschließenden Vision, die sie im Laufe der Therapie malte, sah sie anstelle unseres Baumes den Gipfel eines
Berges und auf ihm einen jungen Mann. Am blauen Firmament scheint die Sonnenkugel mit vier abstehenden goldenen Zacken, und der Kreis in der Mitte ist das Auge des
Engels, die Kugel ihres wahren Selbst. Genau wie die Vögel
auf der Säule in der indischen Darstellung und der gefiederte
junge Schamane auf seiner Birke ist der Jüngling auf dem
Berggipfel gefiedert, frei, ins unendliche Firmament zu
fliegen, und doch im Vollbesitz seiner Individualität.

Der kosmische Baum im Zentrum der Welt ist also überall. Er erscheint nicht nur in Visionen, Gedichten und Bau-
werken, sondern auch in Kunstwerken und Träumen. Aber
wie viele von uns haben ihn wirklich gesehen? Schließlich ist
er, wie Patañjali sagt, eine *siddhi,* eine übernatürliche Kraft,
oder, mit den Worten von Wallace Stevens in seinem Gedicht »Ein kugelgleiches Urgetüm«, »eine heikle Apperzeption«.

Abb. 25

I

Das wesentliche Gedicht im Zentrum der Dinge,
Die Arien, die geistiges Herumgezupfe schafft,
Haben das Gußeisen unserer Leben mit Wert gesättigt
Und das Gußeisen unserer Werke. Doch er ist, meine Herrn,
Eine heikle Apperzeption, dieser sättigende Wert,
Beigebracht von so flugsäugigen Nymphen, dies
    essentielle Gold,
Dies glücklich Zufallende, zuge- und umverteilt
Von so minderen Genien in so blasser Luft.

II

Wir beweisen das Sein des Gedichtes nicht.
Man sieht und kennt es an geringeren Gedichten.
Es ist die große, hohe Harmonie, die kraft
Eines besondern Sinns plötzlich ein ganz klein
Wenig und noch ein wenig tönt. Es ist und es
Ist nicht, und daher ist es. Im Nu des Redens
Geht der Atem eines Accelerando, nimmt
Das Wesen gefangen, weitet sich – und war da.

III

Was es in solcher Gefangenschaft für Milch hat,
Für Weizenbrot und Haferkuchen und Zeug,
Grüne Gäste und Tisch im Wald und Lieder
Im Herzen, in der Bewegung eines Nu, in einem
Weit gewordenen Raum, dem unvermeidlichen Blau
Abgeschiedenen Donners, einer Illusion, wie es war,
O Wie, immer zu schwer zu fassen für
Den Sinn, das dunkelste Wie, das ferne War...

IV

Ein Gedicht beweist das andere und das Ganze
Für die Hellsichtigen, die den Beweis nicht brauchen:
Den Liebenden, den Gläubigen und den Dichter.
Ihre Worte sind aus ihrem Sehnen gewählt,
Der Lust der Sprache, wenn sie ihre Worte ist.
Mit ihnen feiern sie das zentrale Gedicht,
die Erfüllung der Erfüllungen, in prächtigen
Endgültigkeiten, den größten, strotzend vor Noch-mehr,

V

Bis die gewohnten Erde und Himmel, und Baum
Und Wolke, gewohnter Baum und gewohnte Wolke,
Das Altgewohnte abtun, das sie ihnen antaten,
Und sie: diese Menschen, und Erde und Himmel, durch
Scharfe Mitteilungen sich mitteilen, scharfe,
Freie, bis dahin verborgen gehaltene Wissheiten,
Verletzungen dessen, was sie festhielt. Es ist,
Als ob das zentrale Gedicht die Welt würde

VI

Und die Welt das zentrale Gedicht, eins des andern
Gespons, als ob Frau Sommer eine Braut wäre,
Jeden Morgen, jeden langen Nachmittag angetraut,
Und Frau Sommers Bräutigam: ihr Spiegel und ihr Aussehn,
Ihr einer Ort und ihre eine Art, ein Ich von ihr,
So spricht, getrennte Iche kündend, beide eins.
Das wesentliche Gedicht zeugt die andern. Sein Licht
Ist kein abseitiges Licht da oben.

VII

Das zentrale Gedicht ist das Gedicht des Ganzen,
Das Gedicht der Komposition des Ganzen,
Der Komposition von blauer See und grüner,
Von blauem Licht und grünem, wie geringere Gedichte,
Und das wunderbare Vielfache geringerer Gedichte,
Nicht nur in ein Ganzes hinein, sondern ein Gedicht
Des Ganzen, die essentielle Verdichtung der Teile,
Die Rundheit, die den letzten Ring festzieht,

VIII

Und das, was in der Höhe schweben würde,
Eine Kraft, ein Prinzip oder, sei's drum,
Die Versenkung in ein Prinzip oder eine
Innere, auf ihr Selbstsein hinwirkende Ordnung,
Eine den ihr Naturalisierten ganz gute
Natur, ein Ruhekissen äußerster Ruhe,
Die feingefühlten Muskeln eines Magneten,
Ein Riese am Horizont, gleißend und

IX

Mit heller Herrlichkeit geschmückt, gekrönt
Mit jedem verschwenderischen, vertrauten Feuer
Und unvertrauten Eskapaden: Schwirrern und
Funkensprühenden Zischern, wie sie Kinder lieben,
In majestätisch ernsten Faltenwurf gewandet,
Drumrum und hinterher ziehend, ein Gefolge,
Ein Quell trompetender Seraphe im Auge,
Ein Quell erfreulicher Ausbrüche ans Ohr.

X

Es ist ein Riese, immer, der, maßstabgetreu
Zu sein, erstand, falls nicht die Tugend ihn beschneidet,
Ihm Einsamkeit und Größe abschnippt oder es vermeint,
Wie einem signierten Photo auf dem Kaminsims.
Jedoch der Virtuose läßt von seiner Form nie ab,
Noch fern am Horizont verlängert er die Schnitte
Und behauptet, noch engelhaft und noch
Völlig, Macht durch die Macht seiner Gestalt.

XI

Hier also kriegt eine Abstraktion einen Kopf,
Ein Riese am Horizont, kriegt Arme, einen
Massiven Leib und lange Beine, ausgestreckte,
Eine Definition mit Schaubild, nicht allzu
Exakt beschriftet, ein Großes unter seinen
Kleinen, eine nahe, elterliche Größe,
Im Zentrum am Horizont, Konzentrum, würdige
Und gewaltige Person, Patron der Ursprünge.

XII

Das wär's. Der Liebende schreibt, der Gläubige hört,
Der Dichter murmelt, und der Maler sieht, ein jeder,
Seine schicksalsbestimmte Exzentrizität
Als Teil, Teil jedoch, zählebiges Teilchen,
Des Skeletts des Äthers, der Gesamtheit
Von Buchstaben, Prophezeiungen, Wahrnehmungen,
Farbbatzen, des Riesen des Nichts, wobei sich jeder
Samt dem Riesen allzeit wandelt, im Wandel lebt.[39]

»Eins«, sagte Heraklit, »das allein Weise, will nicht und will
doch mit dem Namen des Zeus benannt werden.«[40] Die
zentrale Stille ist nur Stille. Und doch ist sie eine »auf ihr
Selbstsein hinwirkende Ordnung«, dahin *wirkend,* ein geordnetes Bild zu werden. So blüht die Vision des kosmischen Baumes. Wenn wir das Glück haben, seinen Duft zu
erhaschen, sind wir gesegnet. Denn indem er seine Stille
ringsum ergießt, ist er, wie die Seher des alten Indien
kundtaten, die Wahrheit, das allein Weise. Aber, wie Heraklit auch bemerkte: »Die Natur liebt es sich zu verber-
gen.«[41] Sie ist eine »heikle Apperzeption«. Indem wir uns
weiter und weiter von der zentralen Stille weg in das Getöse
der Gedanken und Leidenschaften hineinbegeben, verblaßt
die Vision: ein jeder von uns erbt seine schicksalsbestimmte
Exzentrizität«. So schließt dieses Kapitel, wie es begann.
Vor meinem offenen Fenster steht eine Eiche. Richtig sehe
ich sie selten; bin zu beschäftigt. Manchmal jedoch . . .

Gen: Das Stillehalten, der Berg

Abb. 26

Im Reich des Himmels, der Name, den die alten Kaiser Chinas ihrem Land gaben, sind Worte so etwas wie Bilder, wie ein Nebelschleier, der einen von der Klarheit der Erleuchtung trennt. Ein moderner amerikanischer Dichter hat einfühlsam über diese Beziehung zwischen Worten und Bildern geschrieben.

Ich will versuchen, dir einen Fluß im Frühlicht zu beschreiben.
Das Wasser ist glasig, unter treibenden Nebelschwaden.
Es nimmt die Farbe des neuen Himmels an,
doch der Nebel will auf was anderes hinaus als Blaßrot –
eine Kraft der Entfärbung hätt er gern alles weiß.
Am andern Ufer stehen niedere Hügel dicht an dicht,
Baumgruppen,
ab und an die Scheinwerfer eines Autos.

Dieser Fluß, den du mir sehen sollst, ist eine Erinnerung.
Ich sag dir das nicht, um uns selbstbefangen zu machen
oder wortbefangen, sondern in der Hoffnung, die besondere
Eindrücklichkeit von etwas Vorgestelltem zu steigern.
Ich setze weder Wasservogel noch Boot auf die Oberfläche:
Um 5 Uhr früh ist das Gedicht absolut still.
Rosengraues Wasser gleitet links und rechts dahin, seidig,
stromauf und stromab, kurz vor Sonnenaufgang,
kurz bevor wir abberufen werden,
du, der du mich nicht kennst, ich, der ich dich nicht kenne.

Bald wird es ganz hell sein. Wir werden diesen Fluß wegblinzeln
und meine Ansprache an dich, einen Fremden, als ob ich dich
kennte,
als ob es keine Frechheit gewesen wäre, daß wir bei Tagesanbruch
einem fremden Fluß beiwohnten – das wird einem anderen
Motiv weichen.
Ein verplauderter Fluß kann das neue Motiv sein oder
Von der Sonne weggesengter Nebel, eine alte, geläufige Figur,
eine fast totgerittene Metapher, für die Erleuchtung, und
grad fällt mir ein, daß irgendwer dies vielleicht schon einmal
für dich vollbracht hat, vor Jahrhunderten,
ein Meister der Pinselführung, in China.[42]

Als die Chinesen im Altertum ihr Schriftsystem festsetzten, verfuhren sie dabei nach der stillschweigenden Regel: Zeichne einfach ein Bild, um ein Ding oder eine Idee darzustellen. Ein solches Bild nennt man, wie William Merediths Gedicht über den Bildcharakter der Sprache, ein Ideogramm, eine anschaulich gemachte Idee. Um auf chinesisch »Baum« zu schreiben, ergreift man den Bambusstil eines Pinsels, taucht ihn in schwarze Tusche und vollführt dann etwas, was im Grunde eine Malerei ist, das Ideogramm eines Baumes:

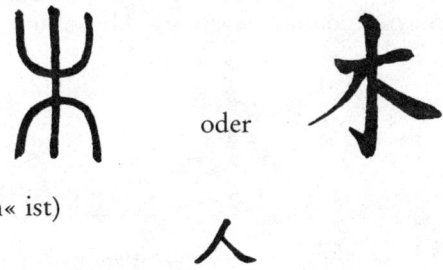

oder

(»Mensch« ist)

Wenn man »Wald« oder »Hain« schreiben will, muß man wiederum ein Gemälde anfertigen – diesmal so etwas wie eine Landschaft:

Das Ideogramm für »Sonne« ist

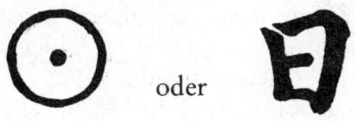

oder

Wenn dies mit dem Ideogramm für »Baum« verbunden wird, kommt etwas Abstrakteres dabei heraus:

die Sonne in einem Baum, also »Osten«. Und die Wurzel (eines Baumes) bedeutet etwas noch Abstrakteres:

»Ursprung«

Nun ist die Vorstellung eines Ursprungs, insbesondere die Idee des geheimnisvollen Ursprungs von Himmel und Erde, etwas überaus Abstraktes. Und doch wird sie vermittelt, indem man die Wurzel eines Baumes malt. Dieser anschauliche Charakter der chinesischen Schrift verrät einen durchgängigen Wesenszug der Chinesen. Denn die Chinesen verstehen Dinge, selbst Dinge des Geistes, auf der Grundlage des unmittelbar Wahrnehmbaren. Die Welt ist einfach *shan, ho, ta-ti* »Berge, Flüsse und die große Erde«. Ein Wandermönch ist *yun-shui,* »Wolken und Wasser« (die sexuelle Vereinigung ist »Wolken und Regen«), und eine Klostergemeinde ist *ts'ung-lin,* »ein friedlicher Hain, wo Bäume und Gräser harmonisch zusammen wachsen.«

Der junge Mao Tse-tung machte mit diesem chinesischen Hang, geistige Dinge an geringfügigen Einzelheiten festzumachen, nach seinem Abgang von der Universität Bekanntschaft, als er mit einem Freund zu Fuß durch ländliche Gegenden Chinas wanderte. Eines Abends kamen die zwei an ein buddhistisches Kloster und beschlossen zu schauen, ob sie nicht etwas zu essen bekommen könnten. Sie klopften, und ein Mönch erschien. Der junge Mao erklärte, sie seien nicht gekommen, um den Buddha zu verehren, sondern hätten einfach gern etwas zu essen. Zu seinem Erstaunen erwiderte der Mönch, es gebe keinen Unterschied zwischen Essen und Buddhaverehrung, und lud sie ein, hereinzukommen. Eine schlichte Schale Reis zu sich zu nehmen, wird unter denen, die so friedlich wie Bäume und Gräser in einem Hain zusammen wachsen, zu einem Weg, das ganze Universum, sprich, Berge, Flüsse und die große Erde, in Harmonie zu bringen.

Wenn Sie ein Weiser im alten China wären und die Zukunft in Erfahrung bringen wollten, müßten Sie nichts anderes tun, als einen Schildkrötenpanzer zu befragen. Denn wie ein indischer Tempel galt auch der Panzer der Schildkröte als geformt wie das Universum. Der obere, gewölbte Teil schien der Himmelskuppel zu gleichen und der untere, eckige Teil den vier Richtungen der Erde. Man legte den Panzer einfach in ein Feuer, und wenn er platzte, ließ das Muster der Risse den Willen der Götter, was Opfer, Jagd, Fischfang, Wetter, Krankheit und Heilung betraf, erkennen. Etwas von dieser Tradition lebt in den chinesischen Glückskuchen fort.

Die Schafsgarbe ist ein in Eurasien heimisches Gewächs. Man findet sie heute allerdings auch in Kalifornien, wo sie an Straßenrändern wächst. Sie ist erkennbar an ihren flachen Doldenrispen mit weißen Blüten am Ende langer holziger Stengel, die im Luftzug der Autos wogen, wenn diese mit 55 Meilen pro Stunde vorüberfahren. In den sechziger Jahren, als das Öl noch reichlicher floß, fuhren die Autos noch schneller, und die Schafgarbe wogte noch heftiger und wurde von Hippies mit einem Hang zum Orientalischen gepflückt.

Anscheinend wich das Wahrsagen anhand von Schildkrötenpanzern vor Tausenden von Jahren auf einmal dem

Wahrsagen mittels Schafgarbenstengeln. Freilich wurden sie in jener fernen Zeit nicht dazu benutzt, herauszufinden, ob man zum Stones-Konzert nach San Francisco oder zum Auftritt von Dylan nach New York trampen sollte. Die Schafgarbenstengel wurden in Verbindung mit einem Orakelbuch gebraucht, dem sogenannten *Buch der Wandlungen (I Ching)*. Es ist ein geheimnisvolles Buch, das aus einer Reihe von Symbolen besteht – aus Zeichen harter, fester (—) und weicher, gebrochener (- -) Striche. Diese stellen die zwei Hauptprinzipien in der chinesischen Kultur dar, Yang und Yin. Geschrieben wird Yang mit dem Ideogramm für Sonnenstrahlen. Yang ist somit alles Helle, Trockene, Warme, Harte, Männliche, Runde, Ungradzahlige und Aufwärtsstrebende. Yin wird mit dem Ideogramm für eine Regenwolke wiedergegeben. Somit ist Yin alles Dunkle, Feuchte, Kalte, Weiche, Weibliche, Eckige, Geradzahlige und Abwärtsstrebende. Die Schattenseite eines Berges, eines Baumes oder einer Straße ist die Yin-Seite. Überquert man die Straße ins Sonnenlicht, ist Yang vorherrschend. Alles setzt sich aus Yin- und Yang-Eigenschaften zusammen. Wie die Welt – Berge, Flüsse und die große Erde – stets im Fluß ist, so befinden sich Yin und Yang ständig in zyklischem Wandel. Und doch gibt es etwas, das diese Ebbe und Flut von Licht und Schatten übersteigt. Man nennt es das Tao, den Weg oder den SINN.

Wie also ist die Welt – Berge, Flüsse und die große Erde – entstanden? Der SINN, so heißt es, brachte die zwei Urformen hervor, zwei verschiedenartigen Rissen auf einem gesprungenen Schildkrötenpanzer gleich:

Die zwei Urformen brachten die vier Symbole hervor, nämlich die möglichen Zweierkombinationen des Urpaares:

Zu diesen trat noch ein drittes Strichelement, woraus die acht Trigramme oder Urzeichen entstanden:

Kiën (Ch'ien), das Schöpferische, ist stark, der Himmel, der Vater

Kun (K'un), das Empfangende, ist hingebend, die Erde, die Mutter

Dschen (Chên), das Erregende, ist Bewegung, der Donner, der älteste Sohn

Kan (K'an), das Abgründige, ist Gefahr, Wasser, der mittlere Sohn

Gen (Kên), das Stillehalten, ist Innehalten, der Berg, der jüngste Sohn

Sun, das Sanfte, ist Eindringen, der Wind, das Holz, die älteste Tochter

Li, das Haftende, ist leuchtend, das Feuer, die mittlere Tochter

Dui (Tui), das Heitere, ist Freude, der See, die jüngste Tochter

Aus den acht Trigrammen wurden die vierundsechzig Hexagramme, die Bildzeichen, gebildet. Diese stellen das gesamte Wechselspiel von Yin und Yang in Raum und Zeit dar sowie die Art, wie wir von einer Wandlung der Wirklichkeit zu einer anderen übergehen. In der kreisförmigen Anordnung der Hexagramme ist der Himmel, symbolisiert durch sechs Yang-Linien, oben:

und die Erde, symbolisiert durch sechs Yin-Linien, ist unten:

Nacht und Tag, das Spiel der Jahreszeiten und der Liebe zwischen den Geschlechtern, das Kommen und Gehen des Atems, das Erscheinen und Verschwinden des Geistes, ja der ganze Kosmos pulsiert zwischen Himmel und Erde, Yin und Yang.

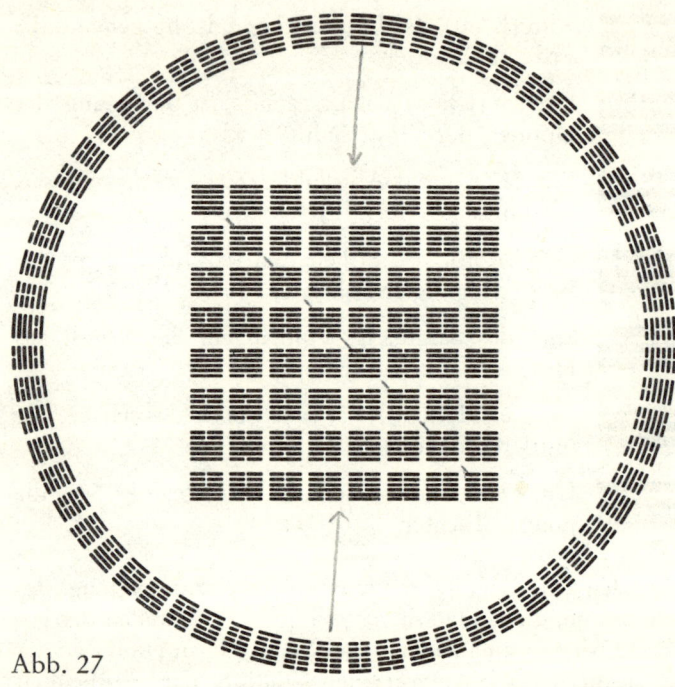

Abb. 27

Wenn man die Schafgarbenstengel wirft, gibt einem das große Tao entweder eine ganze oder eine gebrochene Linie vor. Wenn sechs Linien auf diese Weise bestimmt wurden, bilden sie ein Hexagramm, das der genaue Ausdruck von Yin und Yang zum gegebenen Zeitpunkt und Ort ist. Man muß dann bloß noch das entsprechende Hexagramm im *Buch der Wandlungen* nachschlagen und das Orakel auf seinen eigenen Fall beziehen, ob es nun um das Lösen eines dringenden Problems geht oder lediglich um die Klärung einer vagen Ahnung. Der Orakeltext, der jedes Hexagramm begleitet, ist so dunkel und die im Orakel enthaltenen Bilder sind so archetypisch, daß sie der Meditation geeignete Gegenstände bieten. Wie die vedischen Rätsel lassen sich die Orakel als geistige Werkzeuge zur Auslösung einer intuitiven Reaktion benutzen.

Wenn die fallenden Schafgarbenstengel es so wollten, würden wir das folgende Hexagramm mit seinem Orakel erhalten:

Es heißt 艮, Gen, (Kên) das Stillehalten, der Berg. Und das ist es. Das Stillhalten, der Berg.

Hier haben wir genau dasselbe Bild des Beständigen wie in Patañjalis Polarstern-Sutra. Es zeigt die unbewegte kosmische Achse, sei es als Baum, Berg oder einfach als die Stille des Denkens, die sich in diesen widerspiegelt. Das diesem Bild beigegebene Urteil lautet:

Stillhalten seines Rückens,
so daß er seinen Leib nicht mehr empfindet.
Er geht in seinen Hof und sieht nicht seine Menschen.
Kein Makel.[43]

Genau wie in Indien *ist* das Rückgrat die kosmische Achse mit ihren sieben aufsteigenden Schwingungszentren; hier wird jede der sechs Linien in dem Hexagramm zu einem Plateau geistiger Energie im Körper des chinesischen Weisen. Der Text zur unteren Linie von Gen rät zum Stillehalten der Zehen. Die nächste Linie verlangt das Stillhalten der Waden, die folgende das Stillhalten der Hüften und so weiter über den Rumpf und die Kinnladen, bis die oberste Linie schließlich das großzügige Stillhalten fordert. Auf diese Weise wird der Leib des chinesischen Weisen vollkommen still, so daß er seinen Leib nicht mehr empfindet

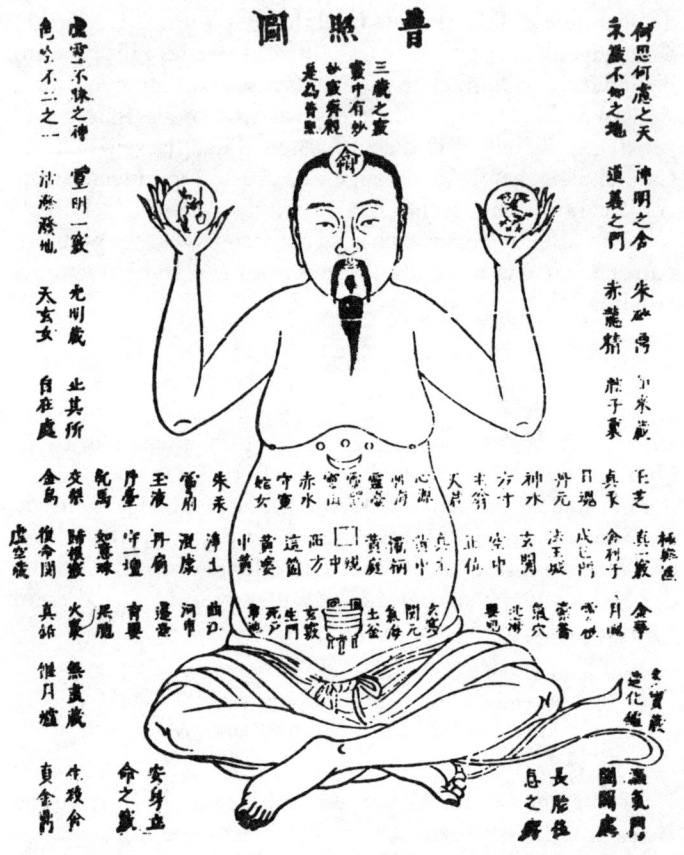

Abb. 28

und dieser »Das Stillehalten, der Berg« *wird*. Und was
geschieht, wenn wir über das Stille meditieren, über den
beständigen Stern oder Berg? Wie wir im vorigen Kapitel
erfahren haben, ist die Meditation über das Stille das Klima,
in dem der kosmische Baum erblüht. Es überrascht also
nicht, daß gleich das nächste Hexagramm im *Buch der
Wandlungen* auf Gen, »Das Stillehalten, der Berg«, Dsiën

112

(Chien) ist, das sich zusammensetzt aus dem Trigramm
Gen, das Stillehalten, der Berg, auf dessen Spitze sich ein
Baum erhebt, Sun, das Sanfte, das Holz: ☴☶

Durch das Bild eines Baumes, der sanft auf einem stillen
Berg wächst, stellt dieses Hexagramm den Gedanken der
Entwicklung, des allmählichen Fortschritts dar. Der Baum
hat es nicht eilig; fest verwurzelt wächst er Stückchen für
Stückchen nach den Gesetzen seines eigenen Wesens. Ge-

Abb. 29

nau wie der indische kosmische Baum von Vögeln bewohnt ist, die den Aufstieg des Geistes in die höchste Sphäre symbolisieren, und wie der sibirische Schamane im Einweihungsritus die Birke erklimmt, so spricht der Text zu diesem Hexagramm von einer Wildgans, dem chinesischen Symbol des Geistes, die zum Gipfel des Berges auffliegt, in den Wipfel des Baumes, und die schließlich, wie der Geist des Yogi und des Schamanen, in den Himmel entschwindet.

In der ewigen Liebesbeziehung zwischen Yang und Yin besteht das chinesische Universum nicht nur aus stillen, himmelhoch ragenden Bergen. Es besteht auch aus dahinströmenden Flüssen und der großen Erde. Yang und Yin sind in immerwährendem Fluß. Und in einer letzten, anmutigen Note teilt uns der Text mit, daß, wenn die Wildgans im Himmel, dem äußersten Yang, entschwindet, ihre Federn zur großen Erde, dem äußersten Yin, herabschweben, wo sie zum heiligen Tanz in den Tempeln verwendet werden.

Yak

Abb. 30

Jedermann weiß, wie nützlich es ist, nützlich zu sein, und niemand weiß, wie nützlich es ist, nutzlos zu sein.

Wo finde ich einen Menschen, der die Worte vergißt, auf daß ich mit ihm reden kann?

CHUANG TZU

Der Taoismus ist in China der ursprüngliche und wahre Weg. Ich bezeichne ihn nicht als Religion, denn im Reich des Himmels gibt es kein Wort für Religion. Die Chinesen nennen das höchste Gut einfach den Weg, das Tao. Der Weg ist vor allen Dingen etwas Natürliches, er ergeht sich im Spontanen und Schlichten. Durch die Meditation streben die Taoisten danach, sich dieser transzendenten, unwandelbaren Kraft auf dem Grunde allen Wandels hinzugeben. Das Tao harmonisiert und erhält das Leben. Die endlosen Weiten des Gebirges, die Flüsse, Regen und Wolken, Himmel und Erde, Mann und Frau, Kaiser und Untertan – sie alle folgen dem Tao. Je mehr sie ihm folgen, desto spontaner, harmonischer und natürlicher ist ihr Leben – frei von allem Gezwungenen und Eingeschränkten.

Die großen taoistischen Weisen führten oft einen ländlichen Lebenswandel oder zogen sich in die unzugänglichsten Regionen der Flüsse und Berge zurück, wo sie das Leben einfacher Fischer führten. Diese wahrhaft Reinen wohnten in den entlegensten Gebirgsgegenden, weitab vom Getriebe der Zivilisation und dem Einfluß der Fürsten. Sie suchten eine derart tiefe Abgeschiedenheit, weil sie so überaus gefragt waren. Denn welcher Herrscher sich der segensreichen Gegenwart eines taoistischen Heiligen an seinem Hofe rühmen konnte, dem war eine harmonische und lange Regierungszeit sicher. Nicht daß der Weise irgend etwas Besonderes zu tun gehabt hätte; sein Wert bestand hauptsächlich in der Tiefe seines Nichttuns, seines unsichtbaren geistigen Einflusses. Im äußersten Falle konnte ein Weiser gebeten werden, die Regierungsgeschäfte einer Provinz zu führen oder zu diesem Zweck Rat zu geben, ganz ähnlich wie ein Herrscher einen Schildkrötenpanzer oder das *Buch der Wandlungen* eines Orakels wegen konsultiert hätte. Aber die Weisen flohen alle derartigen Tätigkeiten und priesen stattdessen den Nutzen der Nutzlosigkeit.

Manchmal verspottete ein großer Taoist offen einen Fürsten und dessen müßige Versuche, mit Gewalt Recht und

Abb. 31

Ordnung durchzusetzen. Nach Chuang Tzu, einem der wortgewaltigsten taoistischen Meister, bestand der einzige Weg, einen lästigen Weisen loszuwerden, darin, ihm den Thron anzubieten! Dadurch wäre der Weise so tief beleidigt, daß er höchstwahrscheinlich an einen Felsbrocken geklammert in den nächsten Fluß spränge!

»Chuang Tzu fischte einst am Flusse P'u. Da sandte der König von Ch'u zwei hohe Beamte als Boten zu ihm und ließ ihm sagen, daß er ihn mit der Ordnung seines Reiches betrauen möchte.

Chuang Tzu behielt die Angelrute in der Hand und sprach, ohne sich umzusehen: ›Ich habe gehört, daß es in Ch'u eine Götterschildkröte gibt. Die ist nun schon dreitausend Jahre tot, und der König hält sie in einem Schrein mit seidenen Tüchern und birgt sie in den Hallen eines Tempels. Was meint ihr nun, daß dieser Schildkröte lieber wäre: daß sie tot ist und ihre hinterlassenen Knochen also geehrt werden, oder daß sie noch lebte und ihren Schwanz im Schlamme nach sich zöge?‹

Die beiden Beamten sprachen: ›Sie würde es wohl vorziehen, zu leben und ihren Schwanz im Schlamme nach sich zu ziehen.‹

Chuang Tzu sprach: ›Geht hin! Auch ich will lieber meinen Schwanz im Schlamme nach mir ziehen.‹«[44]

Es gibt noch andere taoistische Geschichten über den Wert der Nutzlosigkeit. Am häufigsten handeln sie von Bäumen. Im Reich des Himmels waren Erdaltäre immer in Hainen mit stattlichen Bäumen angesiedelt, wodurch die heiligen Stätten zusätzliche Heiligkeit erhielten. Man erzählt sich: »Der Zimmermann Stein wanderte nach Ch'i. Als er nach Kü Yüan kam, sah er einen Eichenbaum am Erdaltar; so groß, daß sein Stamm einen Ochsen verdecken konnte; er maß hundert Fuß im Umfang und war fast so hoch wie ein Berg. In einer Höhe von zehn Klafter erst verzweigte er sich in etwa zehn Äste, deren jeder ausgehöhlt ein Boot ergeben hätte. Er galt als eine Sehenswürdigkeit in der ganzen Gegend. Der Zimmermann sah sich nicht nach ihm um, sondern ging seines Weges weiter, ohne innezuhalten. Sein Geselle aber sah sich satt an ihm; dann lief er zu Meister Stein und sprach: ›Seit ich die Axt in die Hand genommen, um Euch nachzufolgen, Meister, habe ich noch nie ein so schönes Holz erblickt. Ihr aber fandet es nicht der Mühe wert, es anzusehen, sondern gingt weiter, ohne innezuhalten: weshalb?‹

Jener sprach: ›Genug! Rede nicht davon! Es ist ein unnützer Baum. Wolltest du ein Schiff daraus machen, es würde untergehen; wolltest du einen Sarg daraus machen, er würde bald verfaulen; wolltest du Geräte daraus machen, sie würden bald zerbrechen; wolltest du Türen daraus machen, sie würden schwitzen; wolltest du Pfeiler daraus machen, sie würden wurmstichig werden. Aus dem Baum läßt sich nichts machen; man kann ihn zu nichts gebrauchen: darum hat er es auf ein so hohes Alter bringen können.‹

Der Zimmermann Stein kehrte heim. Da erschien ihm der Eichbaum am Erdaltar im Traum und sprach: ›Mit was für Bäumen möchtest du mich denn vergleichen? Willst du mich vergleichen mit euren Kulturbäumen wie Weißdorn, Birnen, Orangen, Apfelsinen, und was sonst noch Obst und Beeren trägt? Sie bringen kaum ihre Früchte zur Reife, so mißhandelt und schändet man sie. Die Äste werden abgebrochen, die Zweige werden geschlitzt. So bringen sie durch ihre Gaben ihr eigenes Leben in Gefahr und vollenden nicht ihrer Jahre Zahl, sondern gehen auf halbem Wege zugrunde, indem sie sich selbst von der Welt solch schlechte Behandlung zuziehen. So geht es überall zu. Darum habe ich mir schon lange Mühe gegeben, ganz nutzlos zu werden. Sterblicher! Und nun habe ich es so weit gebracht, daß mir das vom größten Nutzen ist. Nimm an, ich wäre zu irgend etwas nütze, hätte ich dann wohl diese Größe erreicht? Und außerdem, du und ich, wir sind beide gleichermaßen Geschöpfe. Wie sollte ein Geschöpf dazu kommen, das andere von oben her beurteilen zu wollen? Du, ein sterblicher, unnützer Mensch, was weißt denn du von unnützen Bäumen?‹

Der Meister Stein wachte auf und suchte seinen Traum zu deuten.

Der Geselle sprach: ›Wenn doch seine Absicht war, nutzlos zu sein, wie kam er denn dazu, als Baum beim Erdaltar zu dienen?

Jener sprach: ›Halte den Mund, rede kein Wort mehr darüber! Er wuchs absichtlich da, weil sonst die, die ihn nicht kannten, ihn mißhandelt hätten. Wäre er nicht Baum am Erdaltar, so wäre er wohl in Gefahr gekommen, abgehauen zu werden. Außerdem ist das, wozu er dient, von dem Nutzen all der andern Bäume verschieden, so daß es ganz verkehrt ist, auf ihn die (gewöhnlichen) Maßstäbe anwenden zu wollen!‹«[45]

Die Eiche ist beständig, weil sie nutzlos ist. »Jedermann weiß, wie nützlich es ist, nützlich zu sein«, sagt Chuang

Tzu, »aber niemand weiß, wie nützlich es ist, nutzlos zu sein.«[46] Und wie mit dem nutzlosen Tao, nutzlosen Heiligen und nutzlosen Bäumen, so steht es auch mit nutzlosen Worten.

»Hui Tzu erinnerte Chuang Tzu an die Verse:

> ›Ich erhielt einen riesigen Baum,
> Den die Menschen den *chü* nennen.
> Sein Stamm ist voll Knoten und Knorren,
> Daß kein Bandmaß den Umfang ausmessen kann;
> Sein Geäst ist gedreht und gewunden,
> Daß kein Zirkel die Maße berechnen kann.
> Er steht groß und breit am Wegesrand,
> Doch kein Zimmermann hat einen Blick für ihn.‹

›Deine Lehren sind großartig, doch nutzlos‹, sprach Hui Tzu weiter, ›und darum nimmt niemand sie an.‹ Da sagte Chuang Tzu: ›Hast du niemals einen Iltis gesehen, wenn er geduckt auf die Maus wartet, jeden Augenblick zum Sprunge bereit, hier- oder dorthin, knapp oder weit, bis er eines Tages doch in der Falle landet oder in der Schlinge umkommt. Daneben aber gibt es den Yak, »riesig wie eine Wolke, die den Himmel bedeckt«. Sein großes Gewicht kann er aufrecht tragen, doch niemals ist er imstande, eine Maus zu fangen ... Was aber dich und den gewaltigen Baum anbelangt, für den du keine Verwendung findest, warum pflanzest du ihn nicht in das Reich des Absoluten Nichts, in die Wildnis der Weidelosen Wüste, und beschreitest ohne Ziel den Pfad des Nichtstuns an seiner Seite oder legst dich träumend unter ihn?‹

> ›Was die Axt nicht herausfordert,
> Dem geschieht kein Harm.
> Was nutzlos ist,
> Braucht nicht zu leiden.‹«[47]

Wie der Baum voll Knoten und Knorren sind Chuang Tzus Worte nutzlos. Man kann keine gewöhnlichen Maßstäbe auf sie anwenden. Sie sind unermeßlich. Es ist, als wären sie in der Wildnis der Weidelosen Wüste gepflanzt. Obwohl er in seiner Erwiderung von einem Iltis, einer Wolke, einem Yak und einem Baum spricht, erklärt Chuang Tzu in Wirklichkeit den Nutzen nutzloser Worte. Die Sprache wird wahrhaft nützlich, wenn sie gleichsam im Reich des Absoluten Nichts gepflanzt wird, wenn sie in der Unendlichkeit wurzelt und man sich träumend unter sie legt und nichts tut. Bloße Worte und Begriffe sind wie die Schlinge, in die der Verstand, dem Iltis gleich, gerät. Chuang Tzu jedoch gebraucht seine Worte wie ein Stemmeisen, mit dem er humorvoll die Falle aufbricht oder die Schlinge zerreißt. Er scheut sich nicht, anstößige Sprachbilder zu benutzen, wenn er so die Spinnweben und Gespinste aus dem Kopf eines besonders begriffsstutzigen Zuhörers fegen kann. Auf die Frage, wo das Tao zu finden sei, entgegnete er einmal:

»›Das Tao ist überall.‹

›Das müßt Ihr aber näher erklären.‹

›Es ist in den Ameisen‹, war die Antwort.

›Wie, so niedrig ist es?‹

›Es ist in den Unkrautsamen,‹ sagte Chuang Tzu wiederum.

›Es wird ja immer niedriger‹, rief Tung-kuo.

›Das Tao ist in Krügen und Ziegeln.‹

›Das wird ja immer ärger!‹

›Es ist im Kote‹, sagte Chuang Tzu.‹«[48]

Wir haben alle schon Sätze gelesen, die von der Einheit aller Dinge reden. Dieses Buch etwa ist voll davon. Ich habe allerdings versucht, die Grenzen solchen Sprachgebrauchs aufzuzeigen, wie es auch Chuang Tzu in dem folgenden Zitat tut, das sich über die Torheit vieler philosophischer Gedankengänge lustig macht:

»Nun gibt es noch eine Theorie. Ich weiß nicht, ob sie mit den eben genannten von derselben Art ist oder nicht. Aber einerlei, ob sie von derselben Art ist oder nicht, es ist eine Theorie neben andern und daher von jenen andern nicht verschieden. Wie dem auch sei, wir wollen versuchen, sie auszusprechen.

Gibt es einen Anfang, so gibt es auch eine Zeit, da dieser Anfang noch nicht war, und weiterhin eine Zeit, die der Zeit, da dieser Anfang noch nicht war, vorangeht. Gibt es Sein, so geht ihm das Nicht-Sein voran, und diesem Nicht-Sein geht eine Zeit voran, da auch das Nicht-Sein noch nicht angefangen hatte, und weiterhin eine Zeit, da der Nicht-Anfang des Nicht-Seins noch nicht angefangen hatte. Unvermittelt tritt nun das Nicht-Sein in die Existenz, ohne daß man sagen könnte, ob dieses Sein des Nicht-Seins dem Sein zuzurechnen ist oder dem Nicht-Sein. Nun habe ich aber einen Ausdruck dafür, ohne daß man sagen könnte, ob das, was ich damit ausdrücke, in Wahrheit einen Sinn hat oder keinen Sinn hat. Hierher gehören jene Aussprüche wie: ›Auf der ganzen Welt gibt es nichts Größeres als die Spitze eines Flaumhaares‹ und: ›Der Große Berg ist klein‹. ›Es gibt nichts, das ein höheres Alter hätte als ein totgeborenes Kind‹ und: ›Der alte Großvater P'eng (der seine sechshundert Jahre gelebt hat) ist in frühester Jugend gestorben‹. Himmel und Erde entstehen mit mir zugleich, und alle Dinge sind mit mir eins. Da sie nun Eins *sind,* kann es nicht noch außerdem ein *Wort* dafür geben; da sie aber andererseits als Eins *bezeichnet* werden, so *muß* es noch außerdem ein Wort dafür geben. Das Eine und das Wort sind zwei; zwei und eins sind drei. Von da kann man fortmachen, daß auch der geschickteste Rechner nicht folgen kann, wieviel weniger die Masse der Menschen! Wenn man nun schon vom Nicht-Sein aus das Sein erreicht bis zu drei, wohin kommt man dann erst, wenn man vom Sein aus das Sein erreichen will! Man erreicht nichts damit. Darum genug davon!

Die Begrenzungen sind nicht ursprünglich im SINN des Daseins begründet. Die festgelegten Bedeutungen sind nicht ursprünglich den Worten eigentümlich. Die Unterscheidungen entstammen erst der subjektiven Betrachtungsweise. Ich will die Unterscheidungsgründe nennen: Rechts und Links, Beziehungen und Pflicht, Teilen und Beweisen, Widerspruch und Gegenwirkung. Das nennt man die acht Kategorien. Außerhalb der Welt der Räumlichkeit (gibt es Ideen, die) der Berufene festhält, ohne sie zu beschreiben. Innerhalb der Welt der Räumlichkeit (gibt es Ideen, die) der Berufene beschreibt, ohne sie zu beurteilen. Im Verlauf der Geschichte (gibt es Taten, die) der Berufene beurteilt, ohne beweisen zu wollen. Im Geteilten gibt es Unteilbares. In den Beweisen gibt es Unbeweisbares. Was heißt das? Der Berufene hat (die Wahrheit) als innere Überzeugung, die Menschen der Masse suchen sie zu beweisen, um sie einander zu zeigen. Darum heißt es: Wo bewiesen wird, da fehlt die Anschauung.«[49]

Chuang Tzu setzt uns keine Theorien vor; er spielt auf unsinnige Weise mit der Sprache, um zu demonstrieren, daß viele der Weisen, in denen wir die Sprache ernsthaft gebrauchen, gleichermaßen unsinnig sind. Und Gary Zukav bemerkt in *Die tanzenden Wu Li Meister:* »Die Bedeutung des Unsinns kann kaum überschätzt werden. Je deutlicher wir etwas als ›Unsinn‹ erfahren, desto deutlicher erfahren wir die Grenzen der unserer Erkenntnis zugrundeliegenden Strukturen, die wir uns selbst auferlegt haben. ›Unsinn‹ ist das, was nicht zu den Strukturen paßt, die wir der Realität aufgezwungen haben. So etwas wie ›Unsinn‹ gibt es überhaupt nur für einen urteilenden Intellekt, der dieses Etwas so nennt.«[50] Chuang Tzu unternimmt es, uns zu zeigen, daß der Versuch, im Gewand der gewöhnlichen Sprache über metaphysische Dinge zu reden, zu Unsinn führt. Und durch diesen absichtlichen Gebrauch des Unsinns, hofft er uns das zu *zeigen,* worüber die Metaphysik nur *reden* kann, indem er uns die Spinnweben der Worte von den Augen fegt. Er merkt, daß er den Worten nicht entkommen kann, daß er ein Sprachspiel spielt, aber *erkennt* das und treibt das Spiel an seine äußerste Grenze.

Genau wie Könige und Fürsten in die entlegensten Wüsteneien ihrer Reiche reisten, um den Rat taoistischer Einsiedler einzuholen, so versucht auch das diskursive Denken, das Unaussprechliche mit Worten und Begriffen zu fassen.

Chuang Tzu erzählt uns von der Reise der Erkenntnis in ihre entlegensten und verschwiegensten Bezirke:

»Erkenntnis wanderte im Norden an den Ufern des dunklen Wassers und bestieg den Berg des steilen Geheimnisses. Da begegnete sie von ungefähr dem schweigenden Nichtstun.

Erkenntnis redete das schweigende Nichtstun an und sprach: ›Ich möchte eine Frage an dich richten. Was muß man sinnen, was denken, um den SINN zu erkennen? Was muß man tun und was lassen, um im SINNE zu ruhen? Welche Straße muß man wandern, um den SINN zu erlangen?‹

Dreimal fragte sie, und das schweigende Nichtstun antwortete nicht. Nicht daß es absichtlich die Antwort verweigert hätte; es wußte nicht zu antworten. So konnte Erkenntnis nicht weiter fragen und kehrte um. Da kam sie im Süden an das weiße Wasser und bestieg den Berg der Zweifelsendung. Da erblickte sie Willkür. Erkenntnis stellte dieselben Fragen an Willkür.

Willkür sprach: ›Oh, ich weiß es; ich will es dir sagen.‹

Aber während sie eben reden wollte, hatte sie vergessen, was sie reden wollte, und Erkenntnis konnte nicht weiter fragen. Da kehrte sie zurück zum Schloß des Herrn, trat vor den Herrn der gelben Erde und fragte ihn.

Der Herr der gelben Erde sprach: ›Nichts sinnen, nichts denken: so erkennst du den SINN; nichts tun und nichts lassen: so ruhst du im SINN; keine Straße wandern: so erlangst du den SINN.‹

Erkenntnis fragte den Herrn der gelben Erde und sprach: ›Wir beide wissen es, jene beiden wußten es nicht. Wer hat nun recht?‹

Der Herr der gelben Erde sprach: ›Schweigendes Nichtstun hat wirklich recht; Willkür kommt ihm nahe; wir beide erreichen es ewig nicht. [Wer weiß, redet nicht, wer redet, weiß nicht. Daher erteilt der Weise eine Lehre, die keine Worte hat.]‹«[51]

124

Dahin sind all die nützlichen Worte der praktischer gesinnten Zeitgenossen des Chuang Tzu. Doch Chuang Tzus nutzloser Unsinn dauert noch nach zweitausendfünfhundert Jahren fort wie die nutzlose Eiche, weil er, wie unvollkommen auch immer, das offenbart, was über bloße Begriffe und Worte hinaus bestehen bleibt. Paradox daran ist, daß Chuang Tzus nutzlose Worte sich mitunter ganz so anhören wie die Äußerungen unserer überaus praktisch gesinnten modernen Physiker. Als die neue Physik mit dem revolutionären Begriff des Feldes ins Leben trat, warteten die Physiker mit einer Sicht der Wirklichkeit auf, die sich, in gewöhnlicher Sprache beschrieben, sehr so anhörte wie ein anderer sagenhafter taoistischer Weiser, Lao Tzu. Beispielsweise vertritt Herbert Samuel in seinem *Essay in Physics* die Auffassung, daß Energie in zwei Zuständen gleichzeitig vorkommt – ruhend und wirksam – und mühelos von einem Zustand in den nächsten fließt.

Ruheenergie wird als Kontinuum begriffen und als alleiniges physikalisches Konstituens des Universums. Alle materiellen Ereignisse sind als Fälle des Wirksamwerdens der Ruheenergie zu erklären.

Als ruhende ist sie undifferenziert und bringt keine Erscheinungen hervor. Sie läßt sich daher nicht wahrnehmen oder definieren oder beschreiben, und von ihr her läßt sich nichts räumlich oder zeitlich bestimmen.

Daraus folgt nicht, daß sie nichtseiend ist. Ihre Existenz wird durch das Auftreten und Verhalten von Wirkenergie demonstriert. Sie ist eine jener unbeobachtbaren Gegebenheiten, deren Realität aus den beobachteten Erscheinungen geschlossen wird.[52]

Man vergleiche dies mit dem Anfangsstück von Lao Tzus berühmtem *Tao-te ching:*

Das Tao, das sich durch den Begriff »Tao« fassen läßt,
   Ist nicht das grenzenlose Tao;
Der Name, der sich nennen läßt,
   Ist nicht der grenzenlose Name.

Der Zustand der Abwesenheit von Namen und Begriffen
Ist der Ursprung von Himmel und Erde.
Der Zustand der Anwesenheit von Namen und Begriffen
Ist die Mutter aller Dinge.

Immer jenseits der Begriffe,
Damit wir seine Hintergründigkeit ahnen können.
Immer im Bereich begrifflichen Begehrens,
Damit wir seine Erscheinungen festmachen können.
Diese zwei sind das Selbe,
Jedoch man gibt ihnen verschiedene Namen.

Daß sie das Selbe sind, ist das Geheimnis.
Geheimnis aller Geheimnisse!
Die Pforte alles Geheimnisvollen![53]

Beide, der Wissenschaftler und der Weise, sprechen von
einem ungeheuren Reservoir reiner Möglichkeit, das jede
begriffliche Fassung übersteigt. Obwohl dieses Feld das
alleinige Konstituens des Universums ist, läßt es Unterscheidungen und materielle Körper entstehen, die nur
Schwankungen von ihm sind. Beide, der Wissenschaftler
und der Weise, erkennen, daß die Sprache mit ihren Begriffen und Unterscheidungen uns vom Innesein der undiffe-
renzierten Ganzheit abhält. Nur der Weise jedoch vermag
die Sprache zu überwinden, die unmittelbare Erfahrung
dieses Feldes zu machen und es zum Wohl aller Wesen
nutzbar zu machen.

Wir kennen bereits den indischen Begriff des Dharma,
der stillen Kraft, die alle Gesetze der Tätigkeit in der Natur
und im menschlichen Verhalten aufrechterhält, und wir
haben bereits gesehen, daß der Yogi sich nur durch Meditation auf diese Kraft einstimmen muß, um harmonisch zu
handeln. Obwohl der Dharma still und untätig ist, ist er die
Grundlage allen rechten Handelns. Der auf den Dharma
eingestimmte Yogi ist in einem solchen Maße von dieser
tiefen Stille erfüllt, daß Stille mit Handeln Hand in Hand
geht. Der untätige Dharma geht mit allem Tun Hand in

Hand. So sagen die indischen heiligen Schriften, daß die Weisen im Handeln Nichthandeln und im Nichthandeln Handeln erblicken. Untätigkeit liegt für sie der Tätigkeit zugrunde, lenkt und unterstützt alle Handlungen, so daß sie mit dem Weltgesetz in Einklang sind.

Ziemlich genauso ist es bei den chinesischen Weisen. Im Reich des Himmels gab es zwei hauptsächliche Denkrichtungen mit unterschiedlichen Auffassungen von der besten Lebensführung. Auf der einen Seite standen die Konfuzianer. Ihres Erachtens nach muß man, um im Einklang mit dem Himmel zu handeln, getreulich sämtliche Anstandsregeln befolgen, die sich für die eigene Stellung im Leben ziemen. Wer ein Herrscher ist, folgt den dieser Stellung ziemenden Anstandsregeln. Wer ein Diener ist, folgt anderen Regeln. Man kann sich vorstellen, wie den Konfuzianern angesichts der Taoisten zumute war, die sich nicht im geringsten um Regeln und Vorschriften kümmerten. Sie suchten einfach die Unermeßlichkeit des Tao und verhielten sich dann spontan.

Eine Geschichte macht den Unterschied zwischen den zwei Richtungen anschaulich: Ein taoistischer Meister saß nackt in seiner Berghütte und meditierte. Da traten etliche konfuzianische Weltverbesserer durch die Tür seiner Hütte, nachdem sie vom Dorf den Berg hinaufgestiegen waren, um ihn über die Regeln geziemenden Benehmens zu belehren. Als sie den Weisen so nackt vor sich sitzen sahen, waren sie natürlich schockiert und fragten: »Wie kommst du dazu, ohne Hose in deiner Hütte zu sitzen?« Der Weise erwiderte: »Dieses ganze All ist meine Hütte. Diese kleine Hütte ist meine Hose. Wie kommt ihr Burschen dazu, euch in meiner Hose herumzutreiben?«

Wie die Eiche waren die taoistischen Meister völlig natürlich. Sie strebten danach, wie die Eiche und wie das Tao zu sein, das nach Lao Tzus Worten nichts tut und doch nichts ungetan läßt. Indem die Eiche in ihrer eigenen schlichten Natur verweilt, ist sie vom Tao erfüllt und dauert. Auch der

Weise handelt nicht; es ist die Kraft des Tao, die durch ihn handelt, ob er nun nach außen hin tätig oder untätig ist. Er wird einfach wie ein im Wind des Tao wehendes Blatt, außerstande zu sagen, ob er den Wind trägt oder der Wind ihn. Jede individuelle Anstrengung hemmt das Fließen dieser unendlichen Wirkkraft. Dank solcher Kraft reicht die bloße Gegenwart des Weisen aus, um in einer ganzen Region Harmonie und Gedeihen zu gewährleisten. Wenn ein Weiser tatsächlich einmal Rat erteilte, wie ein Königreich zu regieren sei, erklärte er stets, der König müßte nicht mehr tun, als nach dem Tao zu streben, und alles wäre gut. Wie Lao Tzu sagte, kann man ein ganzes Königreich regieren, ohne aus dem Zimmer zu gehen.

Bei aller scheinbaren Passivität und Abgeschiedenheit waren die Taoisten doch nicht verantwortungslos. Es war ihnen sehr um eine kluge Regierungskunst zu tun, und sie besaßen eine Kraft, Ereignissen zu gebieten, von der weltliche Menschen sich nicht träumen lassen. Durch ihre Versenkung in diese Kraft regierten in Chinas goldenem Zeitalter die großen alten Herrscher und Weisen-Könige, ohne zu regieren, und schufen Ordnung, ohne Anordnungen zu geben.

Mu

Abb. 32

Koan

Für den Buddhisten ist die Sprache *theoretisch* weder liebe-voll noch liebenswert und besitzt weder Göttlichkeit noch Offenbarungskraft. Sie ist einfach eine illusorische Macht, die uns an unsere verzerrte Sicht der Wirklichkeit fesselt. Doch in der *Praxis* legt uns der Buddhist dieses vermittels der Sprache dar. Während Buddhisten also der Sprache in der Theorie ablehnend gegenüberstehen, vergöttern sie in der Praxis die Worte weder, noch verachten sie sie; sie reiben sich an ihnen.

Der Zen-Buddhismus war tief vom chinesischen Taois-mus beeinflußt, dessen ehrwürdige Weise der Rede miß-trauten und sich letztlich doch ihrer Notwendigkeit beug-ten. »Wo finde ich einen Menschen, der die Worte vergißt«, fragte Chuang Tzu, »auf daß ich mit ihm reden kann?«[54] Und wie die Inder mit ihren Mantras benutzte Chuang Tzu scheinbar nutzlose Worte, um die Falle des begrifflichen Denkens zu bekämpfen, zu tadeln und zu zerbrechen.

Nun ist Zen eine Überlieferung, die den Anspruch er-hebt, jenseits aller Schriften zu sein, unabhängig von Wor-ten und Buchstaben – eine Überlieferung, die direkt auf des Menschen Geist zielt, so daß man in sein eigenes Wesen schaut und Buddhaschaft erlangt. Und doch ist es bei all diesem Reden über die Freiheit von Worten, Buchstaben und Schriften eine Überlieferung, in der die Sprache von höchster Wichtigkeit ist. Denn eben *in der* und *durch die Sprache* zielt der menschliche Geist auf sich selbst, und dies geschieht, wie schon gesagt, indem er sich an der Sprache reibt, vor allem durch das Koan genannte Zen-Rätsel.

Diese Rätsel entstanden im alltäglichen Klosterleben frü-her Zen-Gemeinden. Die allerersten Zen-Lehrer erkannten, daß das wirkliche Mark des Buddhismus nicht in Bänden voll philosophischer Grübeleien oder in erhabenen heiligen Schriften zu finden war, sondern in der Seele des Einzelnen in seinem Alltagsleben. In ihren Bergklöstern lebten die alten Meister in engem Kontakt mit ihren Schülern. Während sie zusammen im Garten arbeiteten, Mahlzeiten zubereiteten und sie verzehrten, fielen den Schülern Fragen ein, die mit der unmittelbaren Situation oder öfter noch mit irgendeinem abstrakten, philosophischen Problem zu tun hatten. Mit oftmals nicht mehr als einem kurzen Satz oder sogar nur einem einzigen Wort brachte der Meister sie auf eine höhere Ebene der Einsicht. Häufig stellte der Lehrer als Antwort eine Gegenfrage. Schließlich wurden diese Fragen, Antworten und Rätsel gesammelt, und sie werden im Zen bis auf den heutigen Tag gebraucht.

»Welche Farbe hat die Zahl Drei?« »Kann eine Maschine Zahnschmerzen haben?« »Wie kann man einen Dieb hängen, den es nicht gibt?« »Denken wir mit unseren Füßen?« Diese Fragen wurden gestellt, um andere zu verblüffen, vor den Kopf zu stoßen, reinzulegen oder gewissermaßen mit einem geistigen Tritt zu einer klareren Erkenntnis der Sprache und damit der Wirklichkeit zu bringen. Es sind jedoch keine Zen-Rätsel, sondern Probleme, ersonnen von einem westlichen Philosophen namens Ludwig Wittgenstein, dessen Methode zu philosophieren oft mit den Methoden des Zen verglichen worden ist.

Viele Philosophiestudenten verlassen, wenn sie mit Wittgenstein Bekanntschaft machen, die Universität und wenden sich dem Studium des Zen zu. Aber ungefähr genauso viele Zen-Schüler verlassen, wenn sie von Wittgenstein hören, das Kloster und fangen an, sich mit Philosophie zu beschäftigen. Sowohl Zen als auch Wittgenstein machen absichtlich vom Unsinn Gebrauch, genau wie Chuang Tzu von seinen nutzlosen Worten Gebrauch machte.

In seinen frühen Jahren unterteilte Wittgenstein die Sprache in Sinn und Unsinn. Sinnvolle Sprache sei ˙einfach solche, die Tatsachen über die Welt der Sinne feststellt. Doch er entdeckte, daß die Sprache einen Hang zum Unsinn hat. Viele Regale in Bibliotheken sind voll von Büchern, die sich damit beschäftigen, wie viele Engel auf einem Stecknadelkopf Platz haben, und mit anderen gewichtigen Fragen dieser Art. Die Sprache strebt gegen ihre eigenen Grenzen, indem sie solches zu sagen versucht, was in Wirklichkeit jenseits der Worte ist. Wir »stoßen gegen die Grenzen der Sprache«, sagt Wittgenstein, »aber die Tendenz, der Stoß *deutet auf etwas*. ... Ich kann nur sagen, daß ich diese menschliche Tendenz nicht herabsetze; ich ziehe den Hut davor.«[55]

Wie Chuang Tzu darlegte, wird dieser Hang der Sprache, über Dinge zu reden, über die sie im Grunde nicht reden kann, an den Themen der Philosophie und Religion besonders augenfällig. Wittgenstein räumt ein, daß es seine ganze Tendenz

und ich glaube die Tendenz aller Menschen, die jemals über Ethik oder Religion zu schreiben oder zu reden versuchten, war, gegen die Grenzen der Sprache anzurennen. Dieses Anrennen gegen die Mauern unserer Sprache ist vollkommen, absolut hoffnungslos. Insofern sie dem Wunsch entspringt, etwas über den letzten Sinn des Lebens, das absolute Gut, den absoluten Wert zu sagen, kann die Ethik keine Wissenschaft sein. Was sie sagt, fügt unserem Wissen in keiner Weise etwas hinzu. Aber es ist das Zeugnis einer Tendenz im menschlichen Geist, die ich persönlich nicht umhin kann, tief zu respektieren, und ich würde sie nicht um alles in der Welt lächerlich machen wollen.[56]

Wir versuchen ständig, die Sprache dahin zu verdrehen und zu verzerren, etwas zu leisten, was ihr eigentlich gar nicht zukommt. Wir reden über »Liebe«, »Glaube« und »Gott« – und doch haben diese Worte keine feste Bedeutung. Ein jeder gebraucht sie anders. Wenn jeder *die* Bedeutung des Wortes »Gott« kennt, warum müssen dann Tausende von Bänden für die Argumente der Theologen herhalten? Warum führen Protestanten und Katholiken in Irland Krieg gegeneinander? Anscheinend können wir uns nur mit jemandem unterhalten, der die Worte in der gleichen Weise wie wir gebraucht. Wenn jemand mit dem Laut »Gott« das gleiche Spiel spielt wie wir, dann können wir mitspielen.

132

Wittgenstein begriff, daß es nutzlos ist, nach *der* Bedeutung eines Wortes zu suchen. Er erklärte, die Bedeutung eines Wortes liege in seinem Gebrauch. Wir setzen die Bedeutung, die ein Wort haben soll, durch die Art fest, in der wir es gebrauchen. Eine Gemeinschaft bildet sich um Worte, die von allen Mitgliedern der Gemeinschaft in gleicher Weise gebraucht werden.

An dieser Stelle taucht ein Problem auf. Wenn die Bedeutung jedes Wortes von seinem Gebrauch abhängt, wenn jedes Wort mannigfache Bezugsmöglichkeiten hat, mit welcher Methode läßt sich das dann am besten zeigen? Wittgenstein meinte, die Behexung durch die Sprache ließe sich nicht überwinden, indem man einfach dasitzt und sich Vorträge anhört oder Bücher liest. Genau wie die Zen-Meister, die sich den tiefen Fragen ihrer Schüler direkt stellten, war Wittgenstein der Ansicht, daß die Philosophie etwas von Grund auf Persönliches an sich hat, etwas, das aufmerksamer Beschäftigung bedarf.

Die Methoden, deren sich Wittgenstein bediente, um seine Einblicke in die Sprache zu vermitteln, bestand in den von ihm so genannten Sprachspielen. Diese innersprachlich gespielten Spiele machen deutlich, daß wir ganz in Worten aufgehen und daß Worte in ganz unterschiedlicher Weise gebraucht werden. Wenn er also fragt: »Welche Farbe hat die Zahl Drei?« oder: »Kann eine Maschine Zahnschmerzen haben?«, dann zwingt er uns, mit dem Kopf gegen die Sprache zu stoßen, uns derart an ihr zu reiben, daß wir Worte so sehen wie nie zuvor – Auge in Auge. Indem wir die Sprache wirklich klar sehen, erkennen wir ihre Grenzen und stellen fest, daß viele unserer philosophischen und religiösen Verlegenheiten mehr mit der Sprache zu tun haben als mit der Wahrheit oder mit Gott. Das Ziel dieser Methode ist es nicht, philosophische und religiöse Verlegenheiten zu *lösen*, sondern sie durch das Aufzeigen ihrer Sprachlichkeit und Absurdität *aufzulösen*. Philosophische Verlegenheiten erscheinen so als sonderbare Krankheiten: »Es sind tiefe

Beunruhigungen; sie wurzeln so tief in uns wie die Formen unserer Sprache.«[57]

Wittgensteins sonderbare Fragen helfen uns erkennen, daß viele unserer eigenen Fragen genauso seltsam sind wie die Form eines berühmten buddhistischen Beispiels: »Ist das Haar einer Schildkröte weich oder hart?«

Wittgenstein begriff, daß hauptsächlich dann, wenn die Sprache Urlaub macht – wenn sie philosophisch oder religiös gebraucht wird –, Sinnfragen auftreten. Schließlich fragen wir nur selten nach, was es bedeutet, wenn jemand uns auffordert, das Geschirr zu spülen oder uns die Eiche im Hof anzuschauen. Und genau deshalb lenkt der Zen-Meister, nach dem Sinn von Zen gefragt, unsere Aufmerksamkeit auf schmutziges Geschirr und einen Kübel Wasser oder auf eine Eiche. Wir meinen, daß »Zen«, wie jedes andere Wort, einen *Gegenstand* haben muß, der ihm entspricht und der sich von schmutzigem Geschirr und Eichen unterscheidet. Aber das ist nur ein Streich, den uns die Sprache spielt. Es gibt kein *Ding*, das *Zen* heißt und anders wäre als schmutziges Geschirr und Eichen. Das ist so, als wollte man versuchen, die *Länge* zu finden. Es gibt keinen Stock ohne Länge, aber die Länge ist kein *Ding*. Und doch gebrauchen wir sie in Sätzen, die sich anhören, als sei sie ein Ding. Wir sagen: »Ein Stock hat Länge«, genau wie wir sagen: »Eine Kuh hat Ohren.«

Wie Wittgenstein macht Zen von bewußtem Unsinn Gebrauch, um sprachbedingte Vorstellungen zu durchbrechen. Anstatt ein logisches System von Begriffen zu errichten, in dem auf eindeutige Probleme eindeutige Antworten gegeben werden können, versucht Zen, über Logik und Systeme hinauszugehen. Genau wie Wittgenstein die philosophische Beunruhigung für eine Art Krankheit hielt, erklärt ein Zen-Ausspruch, das Verlangen,

Den ursprünglichen Geist, das wahre Wesen zu erkennen,
Das ist die große Krankheit des Zen.

Eines Tages trat ein Schüler in dem Wunsch, sein wahres Wesen zu erkennen, an den berühmten Zen-Lehrer Joshu heran und sprach: »Ein einziges Licht wird in Millionen Lichter unterteilt; was ist der Ursprung dieses einen Lichtes?« Ein Philosoph könnte ein ganzes Buch über dieses Problem schreiben, aber Joshu enthielt sich aller Worte und schleuderte einfach einen seiner Schuhe weg, womit er im Grunde erwiderte, daß der Unsinn in der Frage lag und nicht in seiner Antwort.

Während viele Religionen einen scharfen Trennungsstrich zwischen ernsten geistigen Dingen und dem Humor ziehen, ist im Zen das Lachen so etwas wie eine Tradition geworden. Wittgenstein sagte einmal, er könne sich eine gänzlich aus Witzen bestehende Religion vorstellen – und manchmal hat es den Anschein, als sei Zen wie ein Witz, den man entweder mitkriegt oder nicht. Ja, Zen-Meister blödeln manchmal derart herum, daß ihr Betragen fast schon schwachsinnig wirkt. Sie sind so etwas wie eine Mischung aus Trottel, Wahnsinnigem, Trickster, Hanswurst und Clown. Wenn man die Possen und Sprüche dieser Typen liest, hat man am Schluß oft den Eindruck von einer Art Zen-Zirkus.

Man nehme etwa Seppo, der immer drei Holzkugeln bei sich hatte. Wenn jemand ihn darum anging, den Sinn von Zen zu erfahren, jonglierte er einfach mit den Kugeln und rollte sie herum wie ein Bär in einem Zirkus. Dann war da Sekito, der philosophische Fragen mit der barschen Bemerkung abschnitt: »Halt den Mund! Bell doch nicht wie ein Hund!« Oder man denke an Tenryu, der, von seinem Schüler Gutei nach dem Weg zur Erleuchtung gefragt, einfach den Finger hob. In dem Moment wurde Gutei erleuchtet.

Und so geschah es, daß Gutei selber ein Zen-Meister wurde. Wenn ihm jemand eine besonders heikle Frage über Zen stellte, hob er seinen Finger hoch, aber immer dann, wenn man am wenigsten damit rechnete. Der Mann war wie ein lebendiger Blitz. Wenn seine Schüler ihn sahen, wußten sie, daß es jeden Augenblick donnern konnte. Aber er hielt immer dann seinen Finger hoch, wenn sie am wenigsten darauf gefaßt waren. Eines Tages begann ein Schüler, sein Finger-Zen nachzuahmen. Als Gutei dieser Unfug zu Ohren kam, packte er den Schüler und schnitt ihm mit einem Messer den Finger ab. Der Schüler rannte schreiend davon. Gutei rief ihm nach, und als der Schüler stehenblieb und den Kopf umwandte, erhob Gutei seinen eigenen Finger. In dem Moment erscholl dem Schüler der Donner und hörte nie mehr auf.

Dann war da der Meister Teng Yin Fong, der im Sterben lag. Er sprach zu den um sein Lager Versammelten, er hätte Mönche liegend und auch sitzend sterben sehen, aber hätte gern gewußt, ob schon einmal einer stehend gestorben wäre. Seine Freunde sagten, ja, einige Mönche wären im Stehen gestorben. »Und im Kopfstand?« fragte der Meister, stellte sich auf den Kopf und starb. Ein solcher Humor noch im Angesicht des Todes zeigt, daß dies nicht bloß Clowns waren, sondern Menschen, die ein hohes Maß geistiger Freiheit erreicht hatten.

Eines der Axiome des Buddhismus besagt, daß alle Wesen die Buddhanatur besitzen, und ein Koan handelt von dem Schüler, der Joshu fragte, ob ein Hund die Buddhanatur habe. Joshu schrie bloß: »Mu!« Wenn wir in einem japanischen Wörterbuch nachschlagen, erfahren wir, daß »mu« »nein« oder »nichts« bedeutet.

Dies wurde eines der berühmtesten Koans. Yasutani, ein moderner Zen-Lehrer, trug einem Schüler Mu auf und erklärte:

Wörtlich übersetzt bedeutet das »nein« oder »nicht«, aber die Bedeutung von Joshus Antwort liegt nicht hierin. Mu ist der Ausdruck des lebendigen, wirkenden, dynamischen Buddha-Wesens. Was Sie also tun sollten, besteht darin, daß Sie Geist und innerstes Wesen dieses Mu entdecken, nicht durch intellektuelle Analysen, sondern indem Sie in Ihrem tiefsten Sein danach forschen. Dann müssen Sie vor mir demonstrieren, konkret und anschaulich und ohne Rückhalt an begrifflichen Vorstellungen, Theorien und abstrakten Erklärungen, daß Sie Mu als lebendige Wahrheit begriffen haben. Denken Sie daran: Sie können Mu nicht mit Hilfe gewöhnlicher Kenntnisse begreifen; Sie müssen es mit Ihrem gesamten Sein unmittelbar erfassen.[58]

Nachdem er eine bestimmte Frist intensiver Meditation über Mu gesetzt bekommen hat, kann ein Schüler von dem Lehrer befragt werden, der ihn drängt: »Wieviel wiegt Mu?« »Wie alt ist Mu?« »Zeigen Sie mir Mu!« Der Schüler mag zögern, oder er kann eine zurechtgelegte oder abstrakte Antwort geben. Dies wird nur damit enden, daß der Lehrer den Schüler anweist, noch tiefer in Mu einzudringen, oder dem Schüler wird womöglich erklärt, daß Mu die einzige Schranke zur Erleuchtung ist.

Nach weiterem Üben kann der Schüler plötzlich die Erfahrung machen, daß er Mu überall sieht: in einer Schale Reis, dem Pfad durch den Garten, einem in den Teich springenden Frosch, den Bäumen, dem Himmel ... Alles, selbst ein einfaches Kratzen am Arm, wird zu nichts als Mu. Dies kommt einem nicht als intellektuelle Erkenntnis, sondern als überwältigende Erfahrung, in der jeder Gegenstand in seinem eigenen Sein strahlend lebendig erscheint. Mu hat die Wahrnehmung vertieft und wunderbar belebt, so daß die Behexung durch die Sprache und ihre Begriffe überwunden wird. Was die »nützliche« Sprache gegeben hat – Begriffe und Verwirrung –, nimmt die »nutzlose« Sprache weg.

So erstrahlt das Herz des Zen gerade in der Sprache. Die Methode besteht darin, sich das Rätsel innerlich Silbe für Silbe vorzusagen, auf jeder Silbe mit voller Aufmerksamkeit zu verweilen. Wenn das Rätsel lautet: »Der Berg im Osten läuft auf dem Wasser dahin«, so müßte man es sich innerlich in der Form vorsagen: »Der Berg im O-sten läuft auf dem Was-ser da-hin.« Katsuki Sekida erläutert die Auswirkungen eines solchen Rezitierens:

Wenn ein Wort oder Satz für eine bestimmte Frist innerlich festgehalten und nicht mit sonstigem Beiwerk vermischt wird, scheint er jeden Teil unseres Gehirns zu infiltrieren. ... Bei unserer normalen Lesegeschwindigkeit kommt es in der Regel nicht zu einer solchen Infiltration. Aber sie findet manchmal doch statt, wenn man das Werk eines großen Dichters liest, den man besonders bewundert, oder die Bibel, indem man bei jedem Wort verweilt und sich reichlich Zeit dafür nimmt. Bei einer solchen Gelegenheit liest man vielleicht Wort für Wort, sorgsam und mit großer Aufgeschlossenheit, und plötzlich wird einem die Stelle mit unendlichem Sinn aufgeladen erscheinen, fast als ob eine Offenbarung vom Himmel käme. Jeder, der je die Bibel mit hingebungsvoller Frömmigkeit gelesen hat, muß eine solche Erfahrung gemacht haben. Wir nennen diese Art zu lesen »Sprach-Samadhi«, und dies ist es, was wir erreichen müssen, wenn wir ein Zen-Koan rezitieren.[59]

Jetzt kommen wir zu dem wichtigen Unterschied zwischen Wittgensteins Methode des Philosophierens und der Methode des Zen. Schüler, die sich in Zen-Bedingungen hineinbegeben, stehen vor einer Situation, die einem großen Rätsel gleicht. Der Schüler muß seinen eigenen Weg finden, und der intellektuelle und emotionale Stillstand, den er unmittelbar vor dem Augenblick der Erleuchtung erlebt, wird durch intensive Meditation herbeigeführt. Die Meditation steht im Zentrum von Zen. Ohne sie hätte die Zen-Umgebung nicht die erwünschte Wirkung auf den Schüler. Als Gutei seinem Schüler den Finger abschnitt, tat er das erst, als dieser bereits an die Schwelle der Erleuchtung gelangt war. Es bedurfte nur noch eines letzten Schocks. Aber der Schüler war durch die Meditation zu jener hochgradigen Empfindsamkeit gebracht worden. Nichts Meditationsähnliches gibt es jedoch bei Wittgensteins Methode.

Weil es die Unvollkommenheit der Worte erkennt und den Humor betont, besitzt Zen ein integriertes System zur Vermeidung von Dogmatismus und nimmt sich selbst niemals zu ernst. Es ist erfrischend ikonoklastisch. Götterbilder werden zertrümmert, Holzstatuen des Buddha werden im Winter verbrannt, um Hände und Leiber zu erwärmen, heilige Schriften werden in Fetzen gerissen. Lehre, Überlieferung, Ritual, Selbst, Lehrer, Götter und sogar der Buddha werden rücksichtslos verspottet und ins Nichtsein gelacht.

Einer der heiligsten Augenblicke im Zen war der Zeitpunkt, zu dem es der Überlieferung nach gegründet wurde. Das ging so vor sich: Gautama Buddha war von seinen Jüngern umgeben. Um über seine Nachfolge zu entscheiden, unterzog er sie einer Prüfung. Er hielt einfach eine Blume hoch. Einer, und nur einer, seiner Schüler, Maha-Kashyapa, lächelte und zeigte damit, daß er den Dharma, die Lehre, verstanden hatte. Und in dieser stillen Weise wurde er von Generation zu Generation weitergegeben wie eine Blume, unabhängig von Worten, Buchstaben und Schriften.

Weil das Zen es sich zur Tradition gemacht hat, sich über sich selbst lustig zu machen, bleibt selbst diese heiligste Szene, die Gründung der Zen-Überlieferung, nicht unangetastet. Die schweigende Weitergabe der Lehre an Maha-Kashyapa wird vom Meister Mumon mit folgenden Worten lächerlich gemacht:

Der goldgesichtige Gautama dachte, er könne jeden betrügen. Er wollte seine klugen Zuhörer für dumm verkaufen und bot Hundefleisch als Hammel an. Und er selbst dachte, das sei wunderbar. Was wäre, wenn die ganze Zuhörerschaft gelacht hätte? Und wenn Maha-Kashyapa nicht gelächelt hätte, wie hätte er dann die Lehre vermitteln können? Wenn er sagt, die Verwirklichung könne vermittelt werden, so ist er wie der Schlauberger aus der Stadt, der den Landtölpel betrügt, und wenn er sagt, sie könne nicht vermittelt werden, warum anerkennt er dann Maha-Kashyapa?[60]

Und mit noch größerer Unehrbietigkeit wird der Buddha behandelt. Triffst du den Buddha unterwegs, rät uns Zen, töte ihn! Denn wenn du ihn nicht tötest, wirst du von ihm getötet werden. Wir müssen *gerade* unsere heiligsten Idole umbringen, wenn wir frei sein wollen. Wie alle anderen Äußerlichkeiten des Buddhismus muß auch der Buddha zerbrochen werden, wenn man ein wahrer Buddhist sein will.

Wie steht es dann mit der kosmischen Achse, die diesem Buch ja doch irgendwie heilig ist? »An der Spitze einer Fahnenstange«, lautet ein berühmtes Zen-Rätsel, »gebiert eine Kuh ein Kalb.« Ein Schüler kann darüber jahrelang meditieren, bevor er eine Antwort gibt, die von seinem Lehrer akzeptiert wird. Wenn er seinen Meister mit einer Entgegnung tatsächlich zufriedenstellt, wird vom Schüler als nächstes erwartet, daß er seine Auflösung des Rätsels vervollständigt, indem er aus einem Buch mit Tausenden von kurzen »krönenden Sätzen« einen einzigen auswählt. Dieses Buch kennen fast alle Zen-Schüler auswendig. Wenn der Lehrer mit dem ausgesuchten Satz zufrieden ist, bekommt der Schüler ein anderes Rätsel aufgegeben. Einige der Sätze, unter denen der Schüler wählen kann, um seine Arbeit am Koan zu vervollständigen, lauten:

Mit jedem Aufwerfen
Ist es jedesmal neu.

Kann es nicht geschluckt werden,
dann auch nicht ausgespuckt.

Die Götterschildkröte zieht ihren Schwanz nach.

Worte versagen.

Über die knospenlosen Zweige
Schwingt sich der goldene Phönix.
Um den schattenlosen Baum
Wandert der Jadeelefant.

Im überzeitlichen Frühjahr
Blüht der welke Baum.

Eine schwierige Wahl; und Zen fängt in Wahrheit erst an, wenn alle diese Wahlen und Wortspiele enden. Die Erleuchtung ist im Grunde nicht das Ziel oder der Gipfel des Zen; sie ist der Anfang. Wenn sich daher die Meister über Zen lustig machen, machen sie sich nur mit Begriffen über den

Abb. 33

Begriff von Zen lustig. Und Zen, was »es« auch sei, bleibt letztlich frei von Begriffen, Worten und Schriften.

Das Bild des kosmischen Baumes kommt auch in der Geschichte vom Erwachen des Buddha vor. Der Baum, unter dem das Große Wesen Erleuchtung erlangte, wird Bo-Baum genannt, der Baum des Erwachens. Da der zukünftige Buddha jedoch noch unerleuchtet war, konnte er sich nicht recht entscheiden, wo unter dem Baum er sich hinsetzen sollte. Da kam ein Feldarbeiter mit einer Last frisch gemähten Grases daher. Als er das Große Wesen sah und seine offenbare Aura der Heiligkeit bemerkte, gab er ihm einige Handvoll Gras, sich darauf zu setzen. Der zukünftige Buddha nahm das Gras und stand dabei an der Südseite des Baumes. Auf einmal sank die südliche Hälfte der Welt in die Hölle, während die nördliche Hälfte wie die gegenüberliegende Seite eines großen Rades den Himmel berührte. Also entschied der zukünftige Buddha, daß dies nicht die richtige Stelle sei, und ging zur Westseite des Baumes. Die westliche Hälfte der Welt sank in die Hölle, und die östliche Hälfte erhob sich wie die gegenüberliegende Seite eines großen Rades zum Himmel. Er ging dann zur Nordseite weiter – mit dem gleichen Ergebnis. Schließlich ging er ganz um den Baum herum zur Ostseite, so daß er ihn wie ein Elefant umwanderte. Auf eben dieser Ostseite des Baumes haben alle nachfolgenden Buddhas in der Lotushaltung gesessen, denn diese Stelle ist fest und beständig.

Da der zukünftige Buddha annahm, dies müsse die Stelle sein, breitete er das Gras aus, und es fiel zu Boden und bildete einen wunderschönen Sitz, schöner als jeder Kunsthandwerker ihn hätte gestalten können. Dann setzte er sich mit dem Entschluß nieder, sich nicht eher zu rühren, als bis er die höchste Weisheit erlangt hatte.

In dieser Legende ist die Welt wie ein großes Rad. In ihrem Mittelpunkt steht der Bo-Baum. Um das Mandala zu vervollständigen, geht der zukünftige Buddha um den Baum herum, wendet sich den *vier* Himmelsrichtungen zu und läßt sich schließlich auf der Ostseite nieder, im Zentrum des Mandalas.

Wir haben gesehen, daß jedes Mandala gleichbedeutend ist mit einer zweidimensionalen Darstellung des kosmischen Baumes. Unter diesem Baum also wird der Buddha erleuchtet.

Für jeden Zen-Schüler, der mit ähnlicher Entschlossenheit über das Koan meditiert, kommt der Augenblick der Erleuchtung, des Satori – und meistens schlagartig. Obwohl er vom allertrivialsten Ereignis ausgelöst sein kann – der Meditation über ein Rätsel, dem Erheben eines Fingers, dem Zurückschnellen eines Zweiges oder einem Eimer, dem der Boden herausfällt –, ist es, als wäre statt dessen der Boden aus dem Weltall herausgefallen, und der Schüler fließt in ein neues All, ganz genau wie das alte, nur jenseits aller Worte.

Haiku

Zen durchdringt viele Aspekte der japanischen Ästhetik und ganz besonders jene winzigste aller dichterischen Formen Japans, Haiku genannt. Das Genie der Japaner, so heißt es, entfaltet sich in kleinen Dingen. Wenn es auch nur siebzehn Silben umfaßt, kann ein einzelnes Haiku doch mehr dichterische Gewalt besitzen als ganze Bände voll schwächerer Verkunst. Wie bei den prägnanten Formeln Patañjalis, den Mantras und den Koans steht die innere Weite des Haiku in umgekehrtem Verhältnis zu seiner äußeren Form. Wie die Hütte in dem folgenden Haiku[61] können siebzehn Silben das ganze Universum enthalten:

> Dies Frühjahr in meiner kleinen Bambushütte
> ist nichts,
> ist alles.

Amerikanische Haiku-Dichter haben die Haiku-Tradition in dieser Richtung sogar noch weiter getrieben. Cor van den Heuvel hat ein Haiku von nur zwei Silben geschrieben, die

dennoch mit ihrer Weite eine ansonsten leere Seite ausfül-
len.[62] Es lautet einfach:

tundra

Um eine Welt in einem Haiku zu erschaffen, bedarf es einer
bestimmten dichterischen Vision. Wie der Geistesblitz der
vedischen Seher oder der durch das Koan erzeugte plötzliche Ausbruch der Erleuchtung ist jedes Haiku eine Erleuchtung im kleinen und offenbart seine Tiefe in einem plötzli-
chen, mitunter blendenden Augenblick dichterischer Einsicht. Ein wahrer Meister der Kunst erreicht diese Wirkung
zum Teil durch den traditionellen formalen Aufbau aus
meistens, wenn auch nicht immer, drei Zeilen. In der drei-
zeiligen Form gibt die erste Zeile das Thema an. Die zweite
Zeile enthält ein Gegenthema. Thema und Gegenthema
erzeugen so eine Polarität, ein fast elektrisches Ungleichge-
wicht. Diese Spannung wird durch die dritte Zeile über-
brückt, die die beiden in unerwarteter Weise zusammen-
bringt. Ein Beispiel dafür ist das folgende Gedicht:

> Dort sitzt der große Bronzebuddha;
> eine Schwalbe
> schießt plötzlich aus seinem Nasenloch hervor[63].

Das Thema der ersten Zeile ist das Inbild der Erleuchtung,
des Lebens jenseits der Schmerzen und Leiden, die diese
Welt ausmachen. Aber was finden wir in der zweiten Zeile?
Eine Schwalbe, die vollkommene Verkörperung dieser ver-
gänglichen Welt! Und so haben wir eine Polarität. Der
große Bronzebuddha – eine Schwalbe. Der Zustand vollkommener Erleuchtung; diese Welt endlosen Geborenwer-
dens, Leidens und Sterbens. Und doch besagt die höchste
Erkenntnis im Zen, daß diese Welt des Alltagslebens die
Erleuchtung ist – eine Erkenntnis, die so jäh kommt wie die
pfeilschnell hervorschießende Schwalbe.

Die enge Beziehung zwischen Zen und Haiku wird an der
Art anschaulich, in der das berühmteste aller Haiku zustande kam. Es lebte einmal ein überaus namhafter Dichter

namens Basho. Er führte in Japan ein sehr einfaches Leben, wanderte von Dorf zu Dorf und verfaßte seine Verse auf der Grundlage seiner alltäglichen Erfahrungen. Von Zeit zu Zeit hielt er sich in einem Zen-Kloster auf, und einmal, als er bei einem Meister namens Buccho lernte, nahm sich der Lehrer vor, das Zen des Dichters auf seine Tiefe zu prüfen. Er fragte Basho: »Na, wie geht's denn so?«

Basho erwiderte: »Nach dem Regen ist das Moos grüner.«

Darauf ließ Buccho eine weitere Frage los: »Bevor das Moos grüner ist, was ist da für ein Zen?«

Basho erwiderte: »Ein Frosch springt ins Wasser, platsch!«

Später setzte Basho eine Anfangszeile hinzu, um das Gedicht abzurunden, das sich in seiner endgültigen Form ungefähr so anhört:

> Der alte Teich.
> Ein Frosch springt hinein –
> platsch!

Es sind natürlich viele Worte zur Interpretation dieses Gedichtes geschrieben worden, aber vielleicht läßt man es am besten in Ruhe und läßt seinen Klang im stillen Schwingen dieser berühmten Zeilen von Buson widerhallen:

> Kurz vor dem Mittagsschlag
> Schlummert der Schmetterling
> Auf der großen Bronzeglocke.

Das Dröhnen der Mittagsglocke, die die Mönche zum Essen ruft, wird nicht erwähnt, nur angedeutet, wie der stille Donner in Busons Meisterwerk:

> Blitz!
> Das Geräusch von Regentropfen
> auf Bambus.[64]

Am Ende dieses Gedichtes lauschen wir dem Spiel der Regentropfen. Es ist jedoch ein falsches Ende. Wir haben vergessen, daß wir jeden Moment von einem Donnerschlag überrumpelt werden können, der so unerwartet losbrechen wird wie eine Glocke erdröhnt, ein Frosch ins Wasser platscht oder der Boden aus dem Weltall herausfällt.

Noch stiller sogar ist der Ton des Buddha, wie er die Blume hebt und dadurch das Wesen des Zen an Maha-Kashyapa weitergibt, worauf mit den folgenden Worten angespielt wird:

> Der Wirt war stumm.
> Der Gast war taub.
> Und still war auch die weiße Chrysantheme.[65]

Ist auch ein Koan oder ein Haiku nicht dasselbe wie ein Sutra oder ein Mantra, so erblicken wir im Zen doch die gleiche Tendenz des Geistes, immer stärker auf knappe, scheinbar nutzlose und unsinnige Ausdrucksformen zu setzen, um die Behexung durch die Sprache zu überwinden. Es ist eine Art geistiges Judo, in dem sich die Worte selbst werfen. Jedes Koan und Haiku ist ein kleiner Judomeister, der uns die Matte der Sprache unter den Füßen wegziehen kann. Wenn es ankommt, gibt es ein kurzes Aha-Erlebnis, wie wenn wir den Sinn eines Witzes verstehen. Für einen Augenblick öffnet sich etwas Weites in uns und schlägt auch genauso plötzlich wieder zu, wenn auch der ausufernde Sinn, wie Wasserkreise auf einem Teich, nachhallt und wir einen Blick in unsere Froschnatur werfen.

Wenn der Zen-Schüler tief in Mu eingeht oder der Yogi über Om meditiert, bleibt der unablässige innere Dialog sprachlos und dämmert die Ganzheit auf. Während die vedischen Seher das Wirkliche gerade im Herzen der Sprache finden, erscheint die Sprache im Buddhismus nur als ein Hinweisschild, das man letztlich hinter sich lassen muß. Der Unterschied ist der, daß die buddhistische Auffassung von Sprache enger ist. Der Buddhist kann infolge der Meditation über ein Koan Visionen haben, innere Töne hören und eine unermeßliche innere Stille erleben, aber er betrachtet diese inneren Erscheinungen nicht als Sprache. Der vedische Seher dagegen betrachtet solche Erfahrungen als die inneren Schichten der Sprache. Der Unterschied ist nur philosophisch, nicht wirklich.

Rückwärts auf einem Ochsen reitend
Ziehe ich in die Buddhahalle ein.

ZEN-AUSSPRUCH

Zen hat seine Wurzeln in China, wo geschriebene Worte Bilder von Dingen sind. So kommt die buddhistische Einstellung zu Symbolen vielleicht am besten in den »Zehn Bildern des Ochsen« zum Ausdruck, die zehn Stufen der Zen-Verwirklichung darstellen – zehn Beziehungen des Geistes zu Symbolen. Der Ochse stellt hier den Geist oder die Buddhanatur dar, der wie die heilige Kuh Indiens das Höchste symbolisiert, das es zu finden, zu bezwingen und schließlich zu vergessen gilt.

In diesem Prozeß muß der Suchende lernen, zwischen dem *Begriff* von der Buddhanatur und der Buddhanatur selbst zu unterscheiden. Er muß letztlich alles über den »Ochsen« vergessen. Traditionell zeigt das neunte der zehn Bilder in dieser Reihe einen Baum.

1. Die Suche nach dem Ochsen

Auf der Weide dieser Welt teile ich endlos das hohe Gras auf der Suche nach dem Ochsen.
Ich folge namenlosen Flüssen, verliere mich auf den verschlungenen Pfaden ferner Berge;
meine Kräfte gehen zu Ende, und meine Energie ist erschöpft, ich kann den Ochsen nicht finden.
Ich höre nur die Zikaden zirpen im nächtlichen Wald.

Kommentar: Der Ochse ist nie verlorengegangen. Wozu sollte man ihn dann suchen? Nur wegen der Trennung von meiner wahren Natur finde ich ihn nicht. In der Verwirrung der Sinne habe ich sogar seine Spur verloren. Fern von zu Hause sehe ich viele Kreuzungen, doch welcher Weg der

Abb. 34-1

richtige ist, weiß ich nicht. Gier und Furcht, Gut und Böse umstricken mich.

2. *Das Entdecken der Fußstapfen*
Am Flußufer, unter den Bäumen, entdecke ich Fußstapfen!
Sogar unter dem duftenden Gras sehe ich seine Spuren.
Tief in entlegenen Bergen sind sie zu finden.
Diese Fährte läßt sich so wenig verstecken wie die eigene himmelwärts gerichtete Nase.

Abb. 34-2

Kommentar: Wenn ich die Lehre verstehe, sehe ich die Fußstapfen des Ochsen. Dann lerne ich, daß ebenso, wie viele Gegenstände aus einem Metall gefertigt werden, auch Myriaden Wesen aus der Substanz des Selbst gemacht sind. Wenn ich nicht unterscheide, wie will ich dann das Wahre und das Unwahre erkennen? Noch habe ich das Tor nicht durchschritten, aber ich habe den Pfad entdeckt.

Abb. 34-3

3. Das Wahrnehmen des Ochsen
Ich höre den Gesang der Nachtigall.
Die Sonne ist warm, der Wind ist mild, die Weiden am Ufer
sind grün.
Hier kann sich kein Ochse verstecken!
Welcher Künstler vermag dieses schwere Haupt, diese herr-
lichen Hörner zu malen?

Kommentar: Wenn einer die Stimme hört, so kann er die
Quelle erspüren. Sobald die sechs Sinne verweht sind, ist das
Tor durchschritten. Wo man auch eintritt, sieht man den

150

得牛
四

Abb. 34-4

Kopf des Ochsen. Diese Einheit ist wie Salz im Wasser, wie Farbe in der Tinte. Nicht das kleinste Ding ist vom Selbst getrennt.

4. Das Einfangen des Ochsen
Ich bezwinge ihn in einem schrecklichen Kampf.
Sein großer Wille und seine Kraft sind unerschöpflich.
Er stürmt auf das hohe Plateau weit über den Wolkenne-
beln,
oder er steht in einer unzugänglichen Schlucht.

Abb. 34-5

Kommentar: Er verweilte lange Zeit im Wald, aber heute habe ich ihn eingefangen. Da es ihn leidenschaftlich ins Weite hinaus treibt, ist er nur schwer zu lenken. Er sehnt sich nach süßerem Gras und wandert davon. Sein Geist ist noch widerspenstig und ohne Zaum. Wenn ich ihn unterwerfen will, muß ich die Peitsche erheben.

5. Das Zähmen des Ochsen
Peitsche und Strick sind nötig,
sonst läuft er weg, eine staubige Straße hinab.
Hat man ihn gut erzogen, so wird er auf ganz natürliche Weise sanft.
Und dann gehorcht er seinem Meister ohne Leitseil.

Abb. 34-6

Kommentar: Wenn ein Gedanke aufsteigt, folgt der nächste. Wenn der erste Gedanke der Erleuchtung entspringt, so sind alle folgenden Gedanken wahr. Durch die Täuschung macht man alles unwahr. Täuschung wird nicht von Objektivität verursacht; sie ist das Ergebnis der Subjektivität. Halte den Nasenring fest, und erlaube nicht den geringsten Zweifel.

6. Das Heimreiten auf dem Ochsen
Ich besteige den Ochsen und reite langsam nach Hause zurück.
Die Stimme meiner Flöte klingt durch den Abend.
Ich dirigiere den endlosen Rhythmus, indem ich mit Schlä-

Abb. 34-7

gen der Hand die pulsierende Harmonie abmesse.
Braucht der noch Worte, der diesen Sinn versteht?

Kommentar: Der Kampf ist beendet; Gewinn und Verlust
sind einander gleich. Ich singe das Lied des Holzfällers vom
Dorfe und spiele die Weisen der Kinder. Rittlings auf dem
Ochsen beobachte ich die Wolken über mir. Ich gehe
vorwärts, und nichts ruft mich zurück.

7. Der Ochse verschwindet

Rittlings auf dem Ochsen erreiche ich mein Heim.
Ich bin heiter. Es gibt keinen Ochsen mehr.
Die Dämmerung ist hereingebrochen. In glückseliger Ruhe

Abb. 34-8

habe ich in meiner strohgedeckten Hütte Peitsche und Seil zurückgelassen.

Kommentar: Alles ist *ein* Gesetz, nicht zwei. Wir machen uns den Ochsen nur vorübergehend zum Gegenstand. Das ist wie die Beziehung zwischen Hase und Falle, zwischen Fisch und Netz. Es ist wie Gold und Schlacke oder wie der Mond, der hinter einer Wolke hervorkommt. Ein Weg klaren Lichtes führt durch die unendliche Zeit.

8. Ochse und Selbst verschwinden
Peitsche, Seil, Mensch und Ochse – alle verschmelzen zu Nichts.

Dieser Himmel ist so unermeßlich, daß keine Botschaft ihn beflecken kann.

Wie könnte eine Schneeflocke im wütenden Feuer bestehen?

Hier sind die Fußstapfen der Patriarchen.

Kommentar: Die Mittelmäßigkeit ist dahin. Der Geist ist von jeder Begrenzung gereinigt. Ich suche keinen Erleuchtungszustand, noch halte ich mich dort auf, wo es keine Erleuchtung gibt. Da ich in keinem dieser Zustände verweile, können Augen mich nicht sehen. Wenn Hunderte von Vögeln meinen Weg mit Blumen bestreuten, so wäre solches Lob bedeutungslos.

9. Das Erreichen der Quelle

Zur Quelle zurückgekehrt. Aber die Schritte waren umsonst.

Besser man wäre blind und taub gewesen von Anfang an.

Im wahren Heim wohnen, unbekümmert um das Draußen –

der Fluß strömt geruhsam, und die Blumen sind rot.

Kommentar: Vom Anfang an ist die Wahrheit deutlich. In der Stille ruhend betrachte ich die Formen der Sammlung und Auflösung. Einer, der nicht der »Form« verhaftet ist, muß nicht »umgeformt« werden. Das Wasser ist grün, der Berg ist blau, und ich sehe das, was entstehen läßt, und das was zerstört.

返本^九還源

Abb. 34-9A,

獨照

Abb. 34-9B

Abb. 34-10

10. In der Welt
Barfuß und mit nackter Brust mische ich mich unter die
Menschen der Welt.
Meine Kleider sind zerfetzt und staubbedeckt, und ich bin
völlig glückselig.
Ich brauche keine Magie, um mein Leben zu verlängern;
jetzt, vor mir, werden die toten Bäume lebendig.

Kommentar: Wenn ich innerhalb meines Tores bin, wissen tausend Weise nicht von mir. Die Schönheit meines Gartens ist unsichtbar. Warum sollte man die Fußstapfen der Patriarchen suchen? Ich gehe auf den Marktplatz mit meiner Weinflasche und komme heim mit meinem Stock. Ich besuche die Weinschenke und den Markt, und jeder, den ich anschaue, wird erleuchtet.[66]

The Tyger.

Tyger Tyger, burning bright,
In the forests of the night;
What immortal hand or eye,
Could frame thy fearful symmetry?

In what distant deeps or skies,
Burnt the fire of thine eyes?
On what wings dare he aspire?
What the hand, dare seize the fire?

And what shoulder, & what art,
Could twist the sinews of thy heart?
And when thy heart began to beat,
What dread hand? & what dread feet?

What the hammer? what the chain,
In what furnace was thy brain?
What the anvil? what dread grasp,
Dare its deadly terrors clasp?

When the stars threw down their spears
And water'd heaven with their tears:
Did he smile his work to see?
Did he who made the Lamb make thee?

Tyger Tyger burning bright,
In the forests of the night:
What immortal hand or eye,
Dare frame thy fearful symmetry?

Abb. 35

Tyger

23. Mai 1810, das Goldene Wort gefunden.

WILLIAM BLAKE[67]

Stellen Sie sich einmal eine Welt vor, flacher als eine Flun-
der, ein Pfannkuchen oder sogar diese Seite – das Reich von
Flächenland.[68] Stellen Sie sich vor, Sie sind ein Kreis in
Flächenland, ein Wesen, das in einer zweidimensionalen
Welt lebt, und plötzlich tritt Ihnen etwas gegenüber, das Sie
noch nie zuvor gesehen haben – eine leibhaftige junge
Kugel. Sicher, Sie sind weit herumgekommen. Aber nie so
zuvor haben Sie die üppige Wölbung dieser Kugel gesehen,
die Sie niemals wirklich erleben können, bis sie aus Flächenland hinaus in das Reich der drei Dimensionen emporgeho-
ben werden, bis Sie auf einmal selbst zu einer vollständigen
Kugel werden. An dieser Stelle jedoch widerfährt Ihnen eine
Art Aschenputtelschicksal. Sie mögen wohl auf einem
prächtigen Ball tanzen, aber es wird Ihnen klar, daß Sie
irgendwann in das bescheidene Dasein Ihrer früheren zweidimensionalen Fläche zurückkehren müssen. Wie wollen
Sie irgend jemandem daheim bloß davon erzählen? Ihre
Geschichte wird so unbegreiflich wie unbeschreiblich sein.
Wenn Sie den Bewohnern von Flächenland von einem Reich
erzählen, das OBEN ist, werden die sich Norden darunter
vorstellen. »Nach oben, nicht nach Norden!« werden Sie
wiederholen und vergeblich mit Ihrer Hand deuten, denn
zu Ihrer Enttäuschung vermag diese nur, nach Norden zu
zeigen.

Es ist hoffnungslos; Flächenländern ist es unmöglich,
OBEN zu verstehen. Sie sind enttäuscht. Wenn Sie Glück
haben, werden sie Sie als jemanden bewundern, der Sachen
erzählt, die zu hoch für sie sind, aber wahrscheinlicher ist,

daß sie nur die Augenbrauen hochziehen und sich denken, daß Sie sie für dumm verkaufen wollen.

Die Flächenländer spielen ein anderes Sprachspiel als Sie. Sie spielen in drei Dimensionen und jene nur in zwei. Wenn in Sprachspielen eine solche Änderung eintritt, ändert sich damit die *Bedeutung* des Wortschatzes. OBEN wird für Sie etwas anderes als für die anderen. Wittgenstein sagte, es gebe unzählige Sprachspiele, vergleichbar verschiedenen Weisen, zu trommeln oder zu malen, zu singen oder zu tanzen. Und es ist schwer, einen Strauß-Walzer mit jemandem zu tanzen, der darauf besteht, daß es ein Twostep sein soll.

Einige Sprachspiele sind zeitweise nützlicher und angemessener als andere. Beten, einen Bericht schreiben, Lügen, Witzereißen – all dies hat seine Zeit und seinen Ort. Und doch können wir über das Witzereißen beten, über das Beten witzeln, über das Schreiben eines Berichts übers Witzeln übers Beten lügen usw. Nehmen wir an, wir wollten Raum und Zeit messen. Die Mathematik wäre hierzu *vielleicht* eine nützlichere und angemessenere Sprache als die Konversationssprache. Der griechische Philosoph Zenon von Elea, ein Schüler des Parmenides, war ein Erfinder von Rätseln. Eines davon, über Achilles und die Schildkröte, veranschaulicht dieses Problem.

Achilles und die Schildkröte wollen um die Wette laufen. Dies findet, wir erinnern uns, im alten Griechenland statt, einer sportlichen Gesellschaft, in der jedoch aerobische Übungen unbekannt waren und Läufer nicht joggten, sondern tatsächlich liefen – sei es auch mit Reptilien um die Wette. Jedenfalls ist Achilles ein schneller Läufer; er läuft zehnmal so schnell wie die Schildkröte. Und er ist ein fairer Sportler, fair genug, um der Schildkröte hundert Meter Vorsprung zu geben. Und doch wird Achilles, Zenon zufolge, die Schildkröte niemals einholen können.

Das Wettrennen geht los. Achilles läuft hundert Meter, aber die Schildkröte hat bereits ein Zehntel dieser Strecke zurückgelegt und hat daher zehn Meter Vorsprung. Achilles läuft darauf diese zehn Meter. Aber jetzt ist die Schildkröte einen weiteren Meter gelaufen. Achilles läuft diesen einen Meter. Inzwischen aber ist die Schildkröte einen Zehntelmeter weiter gelaufen. Bis Achilles diese Strecke zurückgelegt hat, hat die Schildkröte wieder einen Hundertstelmeter hinter sich gebracht. Und so geht die Geschichte ad infinitum weiter. Achilles wird die Schildkröte niemals ganz einholen, obwohl er ihr immer näher kommt. So scheint es jedenfalls in der gewöhnlichen Sprache.

Nehmen wir an, wir bedienten uns der mathematischen Sprache, um die von der Schildkröte zurückgelegte Strecke auszudrücken. Wir können sie in Bruchform schreiben:
$10 + 1 + \frac{1}{10} + \frac{1}{100} + \frac{1}{1000} + \frac{1}{10000} + \frac{1}{100000} \ldots$
oder in Dezimalform:
$10 + 1 + 0{,}1 + 0{,}01 + 0{,}001 + 0{,}0001 + 0{,}00001 \ldots$
was addiert ergibt:
$11{,}11111 \ldots$
oder eleganter ausgedrückt $11{,}\overline{1}$ Meter.

$0{,}\overline{1}$ ist gleichbedeutend mit $\frac{1}{9}$. Die Schildkröte wird also genau $11\frac{1}{9}$ Meter laufen, bevor sie von Achilles überholt wird. Weil es mit der mathematischen Sprache so gut gelingt, solche Dinge zu messen, ist sie allgemein gebräuchlich. Sie löst Rätsel und andere Probleme. Wir schicken Menschen zum Mond, und sie landen genau am Zielort. Allerdings übt die Mathematik, wie jede andere Sprache, eine gewisse Tyrannei über uns aus. Denn im Akt des Messens werden wir selbst gemessen.

Man schaue sich das Gemälde »Newton« von dem Dichter und Kupferstecher William Blake an. Die Kraft und Schönheit von Newtons Körperbau werden vom Akt des Messens entstellt; Rumpf und Glieder werden ihm zur Parodie eben der Figur, die er gerade abzirkelt. Seine Glieder machen einen verspannten, eckigen Eindruck. Seine geschmeidige Stärke schrumpft auf die kargen Dimensionen der Fläche zusammen, die er vermißt. Er ist wie eine Kugel, eine dreidimensionale Erscheinung, die auf die zwei Dimensionen von Flächenland zusammengezogen wird. Er ist in letzter Analyse wie der Stein, auf dem er sitzt, ein versteinertes Menschsein, und die Aufgabe des Dichters ist es, diesen Stein zum Sprechen göttlicher Worte zu bringen.

Blake war so etwas wie ein vierdimensionaler Mensch – ein Visionär, der in seiner Jugend das Antlitz Gottes gegen das Fenster seines Hauses gepreßt sah. Im Alter von acht oder zehn Jahren, als er die freien Wiesen und Hecken in der Nähe seines Elternhauses durchstreifte, erblickte er einen Baum voller Engel. An einem anderen taufrischen Sommermorgen sah er Schnitter bei der Arbeit, die von engelhaften Wesen umschwebt waren. Kein Wunder, daß er so heftig gegen die rein dreidimensionale, mechanische Weltanschauung aufbegehrte, die durch die Newtonsche Physik verbreitet worden war und die bis zum Auftreten Einsteins im 20. Jahrhundert in der Physik maßgebend war. Blakes Vision des Universums und seine Kritik der klassischen Physik Newtons hat viel mit Einsteins Erkenntnissen und dessen Revision des Newtonschen Modells des Universums gemeinsam. Blakes Kritik ist wesentlich eine Vorwegnahme der Vision der Relativitätsphysik, vor allem im Hinblick auf die Natur des Raum-Zeit-Kontinuums.

Die Newtonsche Sicht der Dinge fing nicht mit Newton an. Der griechische Philosoph Demokrit wurde um 460 v. Chr. im thrakischen Abdera geboren. Er erreichte ein hohes Alter und gestaltete die Theorien seines Lehrers Leukippos in aller Ausführlichkeit aus – nicht ahnend, daß eben diese Theorien zur Tyrannei des Messens über den Menschen beitragen würden, die Blakes »Newton« darstellt. Demokrit glaubte, das Unendliche brächte Atome zum Vorschein, die sich von ihm abspalteten und so eine Wirbelbewegung entstehen ließen. In diesem Wirbel schwärmten die Atome wie die Bienen umher, vermischten sich untereinander und brächten schließlich die Welt hervor. Die Atome, die winzigsten, unteilbaren Einheiten der

Abb. 36

Materie, wären träge und passiv und sprächen nur auf geistige Kräfte an, die völlig von ihnen getrennt wären.

Einer solchen Anschauung, in der der Geist unversöhnlich von der Materie abgeschnitten ist, gelang mit einem Schlag die völlige Entmythologisierung der Natur. Nicht länger kann Zeus die Eiche und der Donner, Apollon der Lorbeer, Neptun der Beherrscher des Meeres *sein*. Nicht länger sind die Stimmen der Wassernymphen in Bächen, Quellen und Brunnen zu vernehmen. »Wir haben im heiligen Hain das Licht in den Zweigen aufgebraucht«, sagt Annie Dillard, »und es auf den Höhen und an den Ufern heiliger Flüsse erstickt.« Diese Entzauberung der Welt wurde im Abendland mit der jüdisch-christlichen Vorstellung eines Gottes weitergetrieben, der ganz und gar über der Schöpfung steht, so daß René Descartes im siebzehnten Jahrhundert ohne weiteres den Gedanken eines Dualismus von Geist und Stoff verbreiten konnte – eine Abspaltung unserer selbst von uns selbst, die wiederum Newtons Ansichten ermöglichte. Denn nach Newtons Modell besteht das Universum aus träger Materie, die völlig von der Menschheit, und von der Gottheit, getrennt ist. Das Universum war für Newton eine ungeheure Maschine, die von oben durch einen Gott beherrscht wird, aber von ihm getrennt ist. Die Gesetze dieses Universums zu entdecken, hieß zugleich, die ewigen, unwandelbaren Gesetze Gottes zu entdecken.

Im Jahre 1666, so erzählt man sich, machte Isaac Newton gerade ein Nickerchen unter einem Apfelbaum (keinem Bo), als er recht unsanft von einem Apfel geweckt wurde, der ihm auf den Kopf fiel. Dadurch begann er, über die Schwerkraft nachzudenken, und stellte Gleichungen auf, die ihre Wirkung zwischen zwei Körpern ausdrücken, nicht nur zwischen der Erde und einem Apfel, sondern auch zwischen der Erde und dem Mond wie auch anderen Himmelskörpern. Sein Werk bildete die Grundlage der klassischen Physik, der mechanistischen Weltanschauung, die im Bereich der Wissenschaft erst Anfang dieses Jahrhunderts ernsthaft in Frage gestellt wurde, als Einsteins Erkenntnisse einer ganzheitlicheren, organischeren und subtileren Beschreibung von Naturvorgängen Bahn brachen.

Genau wie Demokrit schwebten Newton atomare, unzerstörbare bewegliche Materieteilchen in einem dreidimensionalen Raum vor, der im wesentlichen unverändert bleibt und so unbeirrt dahinfließt wie die Uhrzeit aus der Vergangenheit durch die Gegenwart in die Zukunft. Alles Geschehen in einem solchen Universum wird durch die Bewegung unveränderlicher Materieteilchen bewirkt, die sich durch die Schwerkraft gegenseitig anziehen.

Die Newtonsche Messung beruht auf der Integrität der Masse, die bei ihrer Bewegung durch den Raum nicht beeinträchtigt wird, und auf dem absoluten Raum. Dies ist ein Raum, in dem sich Objekte nicht abhängig von der Richtung, in der sie sich bewegen, verändern. Außerdem beruht Newtons Messung auf invariablen Maßstäben, die ihrerseits von einem Beobachter abhängen, dessen Wahrnehmung bei der Durchführung solcher Messungen konstant bleibt. Mit anderen Worten, die Messung in der klassischen Physik beruht weitgehend auf Vorstellungen von Raum und Zeit, die ihrer Erfahrung im Alltagsleben entsprechen, und ein solches Meßsystem erweist sich als überaus erfolgreich. Es kann die Planeten- und die Wärmebewegung erklären. Unwandelbar gedacht, sind Raum und Zeit die *Behältnisse* von ebenso festen physischen Partikeln. Raum und Zeit bilden eine Bühne, auf der sich diese Partikel, gelenkt von Gottes Hand, nach den vorhersagbaren Wirkungen der Schwerkraft bewegen.

Stellen wir uns aber einmal vor, daß ein Tisch, den wir vom Eßzimmer in die Küche tragen, sich ausdehnt. Und stellen wir uns außerdem vor, daß wir selbst uns beim Gang in die Küche ausdehnen und alles andere mit. Wenn wir ein Lineal mitnehmen, um die Dinge zu messen, dehnt sich das Lineal genauso aus wie der Tisch, und der Tisch hat folglich genau die gleichen Maße wie zuvor. In einem solchen Fall könnten wir unmöglich wissen, daß wir uns ausgedehnt hätten oder irgend etwas anderes. Wenn wir jedoch irgendwie aus diesem ganzen Bild heraustreten könnten, wie wir es tun, wenn wir sagen: »Stellen wir uns vor . . .«, dann könnten wir sehen, was wirklich geschieht – wenigstens von *unserem* Standpunkt aus. Wir könnten sehen, daß der Maßstab, das Lineal, das so fest zu bleiben scheint, und sogar der Tisch, den es mißt, tatsächlich sehr veränderlich sind.

Im Jahre 1905 zog Albert Einstein dem Newtonschen Tisch den Boden unter den Beinen weg, als er Zeit, Raum, Materie und Energie etwa in gleicher Weise zu sehen begann wie der Kreis, der Flächenland verlassen und sich in eine neue Welt ausgedehnt hatte. Einstein überwand Newtons Begriff der absoluten Zeit, eines stetigen Zeitstromes, der unverändert aus der Vergangenheit in die Zukunft floß. Einstein erklärte, daß der Zeitsinn, ebenso wie der Geschmacks- oder der Gesichtssinn, eine Wahrnehmungskategorie sei. Und das ist noch nicht alles. Zeit und Raum sind nicht mehr zwei getrennte, absolute Größen, sondern in einem vierdimensionalen Raum-Zeit-Kontinuum miteinander verbunden. In Einsteins neuer Sprache der Relativitätstheorie können wir nicht vom Raum sprechen, ohne die Zeit einzubeziehen, und umgekehrt. Die Raum-Zeit-Sprache ist diejenige Sprache, die ein bestimmter Beobachter gebraucht, um zu beschreiben, was er aus einer bestimmten Perspektive sieht. Ein Beobachter kann zwei Ereignisse gleichzeitig geschehen sehen, während ein anderer Beobachter, der sich im Verhältnis zu den Ereignissen mit einer anderen Geschwindigkeit fortbewegt, sie zu verschiedenen Zeiten geschehen sieht.

Nun stellen wir uns vor, wir sitzen in einem Bahnhof. Ein Zug fährt durch. Der Mann, den wir durch das Fenster des Speisewagens erblicken, schneidet gerade den dampfenden Hawaii-Toast auf seinem Teller. Aus unserer Perspektive rast der Hawaii-Toast mit 100 Stundenkilometern dahin. Für den Mann im Speisewagen liegt er ruhig da.

Das Licht von der Sonne erreicht uns in acht Minuten. Der nächste Stern ist vier Lichtjahre entfernt. Wenn wir das Licht der Galaxien in unseren mächtigen Teleskopen bündeln, schauen wir in die Vergangenheit, denn in Wirklichkeit sehen wir die Galaxien so, wie sie vor Jahrmillionen waren. Da jede Wahrnehmung vom Beobachter abhängt, ist ein allgemeingültiges Bild des Universums, wie es in diesem Augenblick ist, der Relativitätsphysik zufolge unmöglich.

Wie Raum und Zeit, so erscheinen auch Materie und Energie nicht mehr als isolierte Größen. In Einsteins Gleichung $E = mc^2$ ist Masse nichts anderes als ein Energieknoten. Dadurch läßt sich ein Atomkrieg gleichsam als ein Laufknoten in einem Seil begreifen, an dessen Enden zwei oder mehr Staaten Tauziehen spielen.

Außerdem sind Raum-Zeit und Materie-Energie nicht getrennt, sondern vereinigt. Das Wesen der Raum-Zeit hängt von der Verteilung der Materie ab. In der Nähe eines massiven Körpers wie etwa eines Planeten oder eines Sterns wird die umgebende Raum-Zeit gekrümmt, so daß sie also in verschiedenen Bereichen des Universums variabel ist.

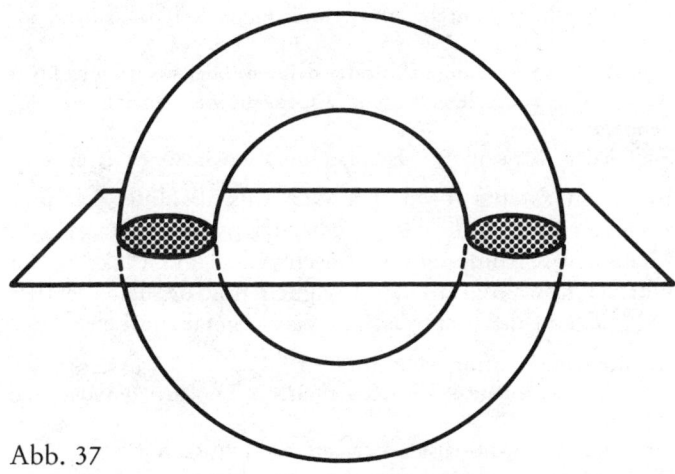

Abb. 37

Wie können Raum und Zeit, oder Materie und Energie, eine Sache sein anstatt zwei? Betrachten sie das Verhältnis eines Wulstrings zu Flächenland. Ein Beobachter im zweidimensionalen Flächenland sieht nur zwei Kreise, während ein Beobachter in drei Dimensionen nur einen einzigen Wulstring erblickt.

Genau so eine einheitliche, nur eben dichterische Vision war es, die Blake zu seiner Kritik an Newton veranlaßte. Newtons exakte Messung und starre Begriffe von Raum, Zeit, Materie und Energie erschienen Blake als große Übel. Und der Dichter nahm Einsteins Revision der klassischen Physik vorweg, wenn auch in der Sprache der Dichtung und nicht der Physik. Ja, Blake leistete eine Kritik an Newtons Sprache.

Für Blake ist alle Zeit in jedem Augenblick gegenwärtig. Er verkündet: »Ich seh Vergangenheit, Gegenwart & Zukunft in eins / Vor mir.«[69] Oder er sieht in göttlicher Schau die sieben Augen Gottes, die von sich sagen:

… denn ob wir gleich tief drinnen
In der gepflügten Furche sitzen, weinenden Krumen lauschend, bis wir
Den Raum beliebig einziehn oder dehnen, oder ob wir uns hoch
Aufschwingen auf des Morgens Wagen, die Zeit einziehend oder dehnend,
Weiß jeder: Wir sind Eine Familie, Ein Mensch, allzeit gesegnet.[70]

In diesen Zitaten lösen sich Newtons absolute Zeit und absoluter Raum auf, indem sie nach dem Willen des ewigen Menschen schrumpfen oder anschwellen. Für Blake ist die Uhrzeit unwahre, aus der Ewigkeit und der leuchtenden Zeitlosigkeit der dichterischen Vision gefallene Zeit.

… Momente & Minuten & Stunden
Und Tage & Monate & Jahre & Zeitalter & Epochen, wundersame Bauten;
Und jeder Moment hat ein Bett aus Gold zu sanfter Ruh,
(Ein Moment ist gleich einem Pulsen der Arterie),
Und zwischen zwei Momenten steht stets eine Tochter Beulahs,
Die Schläfer auf ihren Betten mit mütterlicher Sorge zu speisen.
Und jede Minute hat ein azurnes Zeit mit seidnen Schleiern:
Und jede Stunde hat ein strahlend goldnes Tor, kunstvoll gehauen:
Und jede Tag & Nacht hat Messingwände & demantne Tore,
Funkelnd wie edle Steine & geziert mit ziemenden Zeichen:
Und jeder Monat eine silbergepflasterte Terrasse, hochgebaut:
Und jedes Jahr unverletzliche Schranken mit hohen Türmen:
Und um jede Epoche sind tief Gräben gezogen mit Brücken aus Silber & Gold:
Und jede Siebenzeit ist umringt von einem lohenden Feuer.
Eine Siebenzeit aber beträgt zweihundert Jahre.
Jedes hat seine Wache: Moment, Minute, Stunde, Tag, Monat & Jahr – jedes.[71]

Hier verfestigt sich die Ewigkeit zu mechanischen, unmenschlichen, bewehrten und getrennten Einheiten. Doch es gibt ebenso viele Tore und Brücken, wie es Schranken und Gräben gibt, und sie öffnen sich in eine humane Ewigkeit, die hinter dem Schleier der Zeit tanzt. Von den Gefallenen betrachtet, ist diese Uhr undurchsichtig, aber mit der Gabe des Dichterblicks betrachtet, öffnet sie sich in die Zeitlosigkeit und ist für Zeit und Ewigkeit gleichermaßen durchlässig. Blake sagt vom gefallenen Menschen:

Zeiten auf Zeiten teilte er & maß
Raum für Raum in seinem neunfachen Dunkel,
Ungesehen, ungekannt.[72]

Der Raum wird zugleich mit der Zeit gemessen. In den folgenden Zeilen erklärt Blake Newtons starre Materie für nichts anderes als die verfestigte *Energie* der Einbildungskraft, genau wie Einstein alle Materie als Energie ansah. Die Stelle ist ein Gespräch mit »Sieben Engeln«. Einer von diesen teilt uns mit:

Doch die von Satans Tyrannei, zuerst im Blut des Kriegs & Opfers & sodann
In Ketten der Gefangenschaft, Verbundenen sind formlose Felsen,
Wahrn sich nur Satans Mathematische Heiligkeit, Länge, Breite & Höhe,
Nennen die Menschliche Einbildungskraft, die Göttliche Schau & Erfüllung,
In der der Mensch ewig lebt, Wahnsinn & Blasphemie wider ihre
Eigenen Qualitäten, welche Diener der Menschheit sind, nicht Götter oder Herren.
Drum unterscheide Zustände von Individuen in solchen Zuständen.
Zustände ändern sich, doch individuelle Identitäten ändern sich nicht, noch enden sie.[73]

Der Raum bewahrt sich seine Identität nur mittels feststehender mathematischer Koordinaten, mit denen er gemessen wird. Aber eines der Axiome der Einsteinschen Relativitätstheorie lautet, daß es eine unendliche Anzahl von Koordinaten – oder, wie Blake lieber sagt, »Zuständen« – gibt, mit denen gemessen werden kann. Wir leben somit nicht innerhalb der Grenzen einer physischen Welt, sondern innerhalb der Grenzen unserer Wahrnehmung von ihr, insbesondere in ihrer Vermittlung durch die Koordinaten der Sprache.

Am Ende der Dichtung *Jerusalem,* das unten noch ausführlich zitiert wird, setzen die »Vier Lebendigen, Wagen der Unfaßbaren Göttlichen Menschheit«, während sie Raum und Zeit nach Belieben schaffen und auflösen, eine erschreckende Helle und Energie frei: »in dramatisch visionären Formen, die hell / Von ihren Zungen wallten in donnernder Majestät, in Visionen / In neuen Weiten«. Einsteins $E = mc^2$ findet sich hier in dichterischer Ausdrucksweise, die Umwandlung von Energie und Form mit Lichtgeschwindigkeit, einer Geschwindigkeit, bei der Unterscheidungen zwischen Zeit und Raum vergehen.

Blakes Vision wich jedoch von der Einsteins in wenigstens einer wichtigen Hinsicht ab. Einstein sah seine Theorien als Ergänzungen zu denen Newtons an. Für ihn hatte nicht Newton unrecht und er recht – beide hatten recht in ihrem jeweils eigenen Kontext. Für Blake jedoch hatte Newton völlig unrecht – und trotz Blakes Nähe zur neuen Physik hätte ihm sicher vor solchen Begriffen wie »Quantenmechanik« und sogar »Physik« gegraust. Ihm ging es um Qualität, nicht um Quantität, und daher nahm er hinsichtlich der beiden eine Entweder-oder-Haltung ein. Er erkannte nicht, daß der menschliche Geist die Fähigkeit zu durchdringender Analyse und Überlegung im einen Moment und zu tiefer Intuition im nächsten besitzt.

Blakes Einsteinsche Welt ist eine Welt der visionären *Rede,* der Rede, die auch die vedischen Barden als donnernd und hell bezeichneten. Blake *sah* diese Rede. Und wenn diese visionäre Rede entspringt, entsteht die Welt. Dies gleicht der biblischen Vision des Johannes:

> Im Anfang war das Wort,
> und das Wort war bei Gott,
> und Gott war das Wort.

Wenn das Wort gemessen wird, dann auch die Welt und die Menschheit. Blakes Kritik an Newton ist im wesentlichen eine Kritik der quantitativen Sprache, Logik, Vernunft und »Mathematischen Heiligkeit«. Während der Vernunftkult des achtzehnten Jahrhunderts objektive Sinneserfahrung und Vernunft als die gültigen Werkzeuge der Erkenntnis ansah, wandte Blake dagegen ein, daß die Intuition oder Einbildungskraft eine genauso sichere Führerin sei. Der absolute Raum, die absolute Zeit und das gesamte Newton-sche Universum, die für Blake Geist und Leib der Menschen entstellten, wurden durch nicht mehr und nicht weniger als die Sprache willentlich hervorgebracht und als allgemein gültig anerkannt. Der Sturz der Menschheit aus ewiger Freude in Irrtum und Sünde ist nichts anderes als das Zerbrechen des ewigen WORTES in Worte.

Wie die Dichtung der vedischen Seher Indiens ist Blakes Dichtung zum Großteil eine Beschreibung der Sprache. Ein Blake-Experte geht so weit zu sagen, daß »alles, was Blake über den Menschen, das Universum, die Gesellschaft, die Einbildungskraft und die Sinne sagt – ja alles, was er über-haupt über irgend etwas sagt –, übersetzbar ist in eine Deutung der Sprache, der Worte, des Dichterberufs, der Dichtung«.[74] Und wir finden in Blakes Dichtung die vier Sprachebenen wieder – von der ewigen Stille bis hin zu artikulierten Silben –, von denen die vedischen Seher ge-sprochen haben.

Die Sprache der Ewigkeit

Wenn wir von *ewiger Stille* sprechen, grenzen wir sie nor-malerweise vom *unendlichen Raum* ab. Wie Newton neigen wir dazu, Zeit und Raum in gesonderte Kategorien aufzu-spalten. In Blakes Dichtung jedoch wird von der Ewigkeit als einem *Ort* gesprochen und hat sie eine räumliche, wenn auch unendliche Ausdehnung. Die Ewigkeit ist somit eine Art zeitlose Landschaft. Für Blake wie für Einstein ist die

Raum-Zeit ein Kontinuum. Ewigkeit ist nicht die endlose Dauer der Zeit, sondern die Abwesenheit von Zeit.

Blake sagt uns nicht viel über diese Sprachebene. Allerdings schreibt er:

Wenn in der Ewigkeit Mensch mit Mensch Zwiesprach hält, gehen sie
Ein in den Busen des je andern (welche Welten der Freude sind)
In gegenseitigem Austausch.[75]

Dies erinnert an die Freundschaft unter den vedischen Sehern aufgrund ihrer Fähigkeit, den besten, reinsten, ursprünglichen Kern des WORTES zu sehen. Wir müssen begreifen, daß Blake ein Visionär war, kein Heiliger. Ihm war es um jene Ebene der Sprache zu tun, auf der sich Formlosigkeit zu Form ausbildet um die Sprache der Vision.

Die Sprache des Ton-Licht-Kontinuums

Sprache und Welt gehen aus einem leuchtenden, donnernden Kessel hervor, in dem Worte und Welten geschmiedet werden. In diesem feurigen Licht wird die gefallene Sprache erlöst. Die vedischen Seher sprachen davon, daß die vier Weltgegenden und die gesamte Raum-Zeit dem WORT entsprungen seien. Blake schreibt von der Umkehrung dieses Vorgangs, der Apokalypse, wenn die Welt sich in ein vierfaches Mandala der Wiedereinswerdung zusammenzieht.

Die Vier Lebendigen, Wagen der Unfaßbaren Göttlichen Menschheit,
Dehnen sich aus im schönen Paradies. Sie sind die Vier Flüsse des Paradieses
Und die Vier Gesichter der Menschheit, stirnend wider die Vier Enden
Des Himmels, vorwärtsstoßend, unaufhaltsam vorwärts von Ewigkeit zu Ewigkeit.

Und sie berieten sich zusammen in dramatisch visionären Formen, die hell
Von ihren Zungen wallten in donnernder Majestät, in Visionen,
In neuen Weiten, Urtypen von Gedächtnis und Verstand erschaffend,
Den Raum und auch die Zeit, getreu den göttlichen Wundern
Menschlicher Einbildungskraft in den ganzen ungeheuren Drei Regionen
Von Kindes-, Mannes-, Greisenalter; & das allgewaltige unergründliche Non Ens
Des Todes erschien in schrecklichen oder trefflichen Regenerationen, je
Nach dem Thema des Gesprächs; & jedes Wort & jedes Zeichen
War Mensch je nach Dehnung oder Zusammenziehung, Lichtdurch-
Oder -undurchlässigkeit der Nervenfasern: so war das Schwanken von Zeit & Raum,
Die da gemäß den Wahrnehmungsorganen schwanken; & schritten
In der Ewigkeit hin & her als Ein Mensch, in jedem jeden spiegelnd & klar
Gesehn & sehend nach Fug & Ordnung. Und von seinem Heiligen Ort
Hörte ich Jehova schrecklich sprechen & sah die Worte des beidseitigen Göttlichen Bundes
Auf Wagen aus Gold und Juwelen, mit Lebenden, sternhell & flammend
In jeder Farbe, Löwe, Tiger, Pferd, Elefant, Adler, Taube, Fliege, Wurm.[76]

Dies ist eindeutig die Sprache der Vision, des Ton-Licht-Kontinuums, in dem vier Urschöpfungsmächte sich in »visionären Formen« beraten, die »hell« und »donnernd« sind. Donner, Ton, Name und Vision, Licht, Form werden in der Blitzsprache vereint, die, was sie nennt, *erschafft*, anstatt es bloß zu beschreiben, mitzuteilen oder darauf zu verweisen. Und doch war jedes Wort und jedes Zeichen Mensch. Der Zeit-Raum schwankt je nach der Reinheit des menschlichen Nervensystems und seinen Wahrnehmungsorganen.

Die vierfache Gestalt der Vision bildet ein heiliges Rund, ein Mandala, in dem die Seele ein Zentrum finden kann. In der Dichtung *Jerusalem* symbolisiert Blake diese Wieder-einswerdung durch die Wiedervereinigung des Menschen (den er Albion nennt) mit seiner inneren, liebenden, sorgen-den und intuitiven Natur (die er Jerusalem nennt). Albion und Jerusalem müssen sich vereinigen. Indem sie in der Persönlichkeit stark werden, bringen die intuitiven Qualitä-ten ein außerordentliches Gefühl der Ganzheit mit sich. Dieses offenbart sich oft in Träumen und Visionen, die bestimmte unveränderliche Strukturelemente enthalten. Wie wir oben festgestellt haben, erscheint das Mandala als ein entweder viergeteilter oder einem Quadrat einbeschrie-bener Kreis. Oft steht in seinem Mittelpunkt der kosmische Baum. Blake hat mit seinen Worten bis jetzt ein Quadrat gezeichnet – die Vier Zoas.

In derselben Dichtung, die in der Quaternität endet, finden wir das Allerheiligste, das Zentrum des Mandalas. Die kosmische Achse erscheint nicht als Baum, sondern als die Jungfrau Jerusalem.

Ich sehe deine Form, o lieblich mild Jerusalem, beschwingt mit sechs Schwingen
Im undurchsichtigen Busen des Schläfers, in lieblicher Dreifalt
Von Kopf & Herz & Lenden, drei Welten der Liebe & Schönheit.
Mit Perlentoren spiegelt deine helle Stirn, Heiligkeit dem Herrn,
Ewigkeit; darunter deine zart gerippten & mit gefiedert Gold,
Azur & Purpur gewandeten azurnen Schwingen federleichten Flaums
Von deinen weißen Schultern schattend, Reinheit in Heiligkeit!
Sodann, mit sanftem Karmesin des feuerstrahlenden Rubins gefie-dert,
In den Azur ausgreifend, Schwingen, die wie ein Baldachin
Sich spannen über dein unsterblich Haupt, dem Ewigkeit ein-wohnt.[77]

Jerusalem, die Liebliche, die intuitive Kraft der Menschheit, steht da wie eine himmlische Säule. Über ihr spannt sich der azurene Baldachin ihres Gefieders. Und in dessen Mitte glänzt ihr unsterbliches Haupt, dem Ewigkeit einwohnt. Die Symbolik des Scheitelchakras, die uns inzwischen so geläufig ist, fällt ins Auge. Und hierauf folgt, einige Zeilen später, eine Vision vom Baum des Lebens und dem Fluß des Lebens und einer göttlichen Säule. In diesem vierten Kapitel der Dichtung vervollständigt Blake somit das Mandala.

Dies ist allerdings die Sprache des Ton-Licht-Kontinuums, und diese Vision malt ihr klingendes Bild. In demselben Abschnitt, der uns den Lebensbaum und die göttliche Säule entwirft, heißt es vom Schmuck Jerusalems:

Da lassen Silberglocken um die lebendigen Knie erquickende Töne der Liebe & Harmonie erklingen.[78]

Es hat den Anschein, als hätten wir dieses Bild in diesem Buch schon zuvor gemalt bekommen. Ein Meister in der Führung von Pinsel und Tusche hat bereits eine Vision gestaltet, die ganz aus gefiederten Schwingen besteht, mit klingenden Glocken, die die zentrale Säule der Anbetung krönen.

Ironischerweise war es eben diese Vision, der kosmische Baum, der Newton verfolgte. Zu Eingang seiner Erörterung der Gravitation bringt Newton als erste Hypothese die Ansicht vor, das Zentrum des Weltsystems sei unbeweglich, und er entwirft ein Bild der diese Achse umkreisenden Himmelskörper.

Der Unterschied ist, daß Blakes zentrale Figur in dem ihr gemäßen Klima gedeiht, dem Reich der visionären Sprache, während Newton diese Form quantifiziert und sie dem physischen statt dem intuitiven Kosmos zuschlägt.

Die Atome des Demokrit
Und Newtons Lichtpartikel klein
Sind Sand am Strand des Roten Meers,
Wo Israels Zelt' stehn mit hellem Schein.[79]

Während Newtons atomistische Lichtpartikel von äußeren Kräften in Bewegung gesetzt werden, ist Blakes inneres

Licht an sich und von sich aus schöpferisch, verleiht Dingen Form und setzt sie in Bewegung. Newtons atomistische Lichtpartikel sind bloße Sandkörner, die nur dann schimmern, wenn sie von einem äußeren Licht angestrahlt werden – im Vergleich zu den Zelten Israels, dem inneren Licht, das aus sich heraus scheint.

Durch die Kraft der Sprache erschufen die Barden von alters alle Formen, einfach indem sie sie benannten.

Die alten Dichter beseelten alle sinnlichen Gegenstände mit Göttern oder Genien, nannten sie mit den Namen und schmückten sie mit den Eigenschaften von Wäldern, Flüssen, Bergen, Seen, Städten, Völkerschaften und was immer ihre erweiterten und zahlreichen Sinne gewahren konnten.

Und besonders erkundeten sie den Genius jeder Stadt und jedes Landes und stellten sie unter ihre geistige Gottheit.

Bis sich ein System ausgebildet hatte, von dem einige Vorteil zogen, die das Volk verknechteten, indem sie versuchten, den geistigen Gottheiten Gestalt zu geben oder sie von ihren Gegenständen zu abstrahieren: so begann das Priestertum.

Es entlehnte die Formen der Verehrung poetischen Erzählungen.

Und zuletzt verkündeten sie, daß die Götter solches befohlen hätten.

So vergaßen die Menschen, daß alle Gottheiten in der menschlichen Brust wohnen.[80]

Die alten Dichter sprechen im Name-Form-Kontinuum. So werden im Akt des Sprechens oder Rufens sinnliche Gegenstände erschaffen und benannt und sind dann göttlich. Das dichterische Universum der Einheit von Name und Form hält das Subjekt, den Namen, die Gottheit und das Objekt zusammen – sie alle sind eine einige Erfahrung. Aber wenn das erhellende Wort stürzt, zerbricht es – Subjekt, Objekt und Gottheit werden voneinander getrennt. Das Objekt ist jetzt tote Newtonsche Materie. Der Name ist nur ein Wort. Das Subjekt, wenn nicht mit dichterischer Schau begabt, braucht den Priester, um alles wieder zusammenzufügen.

Und so werden alle Götter in Kirchen und Tempeln erblickt anstatt in der menschlichen Brust, wo das menschliche Herz schlägt. Und:

> Jede kürzere Zeit als ein Pulsen der Arterie
> Ist in Frist & Wert sechstausend Jahren gleich,
> Denn in dieser Frist geschieht des Dichters Werk; und alle großen
> Ereignisse der Zeit entspringen & werden ersonnen in solcher Frist,
> In einem Moment, einem Pulsen der Arterie.[81]

Die Kunst des Dichters wird im Pulsschlag einer Arterie vollbracht, in einem Geistesblitz dichterischer Vision.

Auf dieser Sprachebene, der Ebene des Ton-Licht-Kontinuums, findet Blakes Erfahrung ihre Erfüllung. Denn hier ist die Erfahrung völlig unschuldig. Die Erfahrung überschattet die Unschuld nicht. Der Bilderstrom überschattet die Ewigkeit nicht.

Das Ganze gleicht der Yoga-Technik des Samyama, in der der Gegenstand der Aufmerksamkeit im Licht des Ewigen erblickt wird. Auf dieser Ebene ist jede Erfahrung in ihrer Individualität und ihrer Universalität voll. Jedes Lied der Erfahrung ist ein Lied der Unschuld.

Die Sprache der Gedanken

Normalerweise gewahren wir die leuchtenden Formen der Ewigkeit erst dann, wenn sie zu blassen Schattenformen der Gedanken geworden und in Formen der Anbetung institutionalisiert worden sind. Dies ist die Domäne des Priesters, nicht die des Dichters. Gestürzt und zerbrochen, wird das Wort zu Gedanken:

> Finster, in schweigendem Treiben umlaufend:
> Unsichtbar in quälenden Leidenschaften:
> Ein unerkanntes und greuliches Treiben,
> Ein sich selbst bespiegelnder Schatten,
> In gewaltige Werke vertieft.[82]

Die Sprache der Worte

Schließlich kommt noch die englische Sprache, die Blake den »rohen Sockel« nannte, das Medium, durch das Dichter und WORT den Leser erwecken müssen. Obwohl Blake englisch schreibt, entzieht er sich der diskursiven Monotonie der Prosa, besonders der mathematischen Sprache Newtons. Blake läßt Vernunft und Logik fahren und bietet uns eine Abfolge von Bildern in verworrener Syntax dar.

Die Vernunft als die rationale Fähigkeit zu logischem Beweis war für Blake die Antithese zu Kunst und Einbildungskraft; sie war die eigentliche Verkörperung des WORTES in seiner gefallenen, zerbrochenen Form. Seine Dichtung ist nichts Geringeres als ein Krieg gegen die Sprache von Philosophie und Wissenschaft, deren Herkunft bis auf die Griechen zurückreicht.

Die Methode des griechischen Philosophen Zenon beruhte ganz und gar auf Logik. Wenn Zenons Gegner den Standpunkt vertrat, Achilles würde die Schildkröte nach wenigen Metern überholen, legte Zenon ganz einfach die logischen Schritte seines Beweises dar und gewann die Debatte jedesmal. Zuletzt mußte sein Gegner den eigenen Standpunkt aufgeben, obgleich Achilles in einem wirklichen Wettlauf jedesmal gewonnen hätte. Die Logik siegt in diesem Fall nur in der Debatte, sie gibt Zenon recht, obwohl er augenscheinlich im Unrecht ist.

Zenons Einfluß war jedoch groß. Die frühen Dialoge Platons haben die gleiche Form. Sokrates läßt seine Freunde zu irgendeinem Thema einen Standpunkt vertreten; dann befragt er sie ganz logisch und bringt sie so schließlich dazu, ihren ursprünglichen Standpunkt aufzugeben, weil er mit dem logischen Ergebnis des Dialogs unvereinbar ist.

Thrasymachos etwa wird von Sokrates im *Staat* nach dem Wesen der Gerechtigkeit gefragt. Er antwortet, die Gerechtigkeit sei immer zum Vorteil des Stärkeren. Sokrates bringt seinen Gegner in einem logischen Kreuzverhör dazu, seine eigene Aussage zu widerlegen und zuzugeben, daß die Wissenschaft nicht auf ihren eigenen Vorteil bedacht ist und daß alle Herrschaftsformen Wissenschaften sind. Daher kann der Herrscher, der der Stärkere ist, nicht auf seinen eigenen Vorteil bedacht sein.

Platons Schüler Aristoteles systematisierte die Logik weiter und beeinflußte dadurch die gesamte abendländische Denktradition von Grund auf. Zweitausend Jahre lang galt nun die Logik nicht mehr als eine Debattiertechnik, ein Spiel, das oft dazu benutzt wurde, etwas zu beweisen anstatt etwas zu entdecken.

Eine solche Sprache ist der Sturz der ewigen, keiner Reihenfolge verhafteten Syntax des WORTES, der Absturz der visionären Formen in bloße Begriffe – in Worte, die fein säuberlich in ihre ordentliche zeit- und raumgebundene grammatische Abfolge in einer Zeile auf einer Seite eingepaßt sind. Blake erlöst das WORT, indem er die normalen Ordnungen des Englischen aufbricht. Er stimmt eine neue Sprache an, um die von der Newtonschen Sprache geschaffene entmenschlichte Welt zu vernichten. Blake verkündet:

Ich laß nicht ab von meinem großen Werk!
Die Ewigen Welten zu öffnen, die unsterblichen Augen
des Menschen
Einwärts zu öffnen in die Welten des Denkens, die sich
im Busen Gottes
Allzeit ausdehnende Ewigkeit, die menschliche
Einbildungskraft.[83]

Um die »Ewigen Welten« zu öffnen, um die Behexung durch die Sprache zu brechen und Raum und Zeit in Ewigkeit zu wandeln, wechselt Blake die Tempora seiner Verben und schafft eine verwickelte Syntax und eine chaotische Ordnung der Ereignisse, die unser normales, lineares, sprachgebundenes Bild der Welt abschütteln. Er gebraucht Paradoxon und Metapher, um den dreidimensionalen Verstand zu betäuben, und er wartet mit wunderschönen Wortbildern für das Reich der visionären Sprache auf.

Die Aufmerksamkeit des Lesers ist ebenso wichtig wie die des Dichters. Denn Blake zufolge ist »jedes Wort & jedes Zeichen / ... Mensch je nach Dehnung oder Zusammenziehung, Lichtdurch- / Oder -undurchlässigkeit« unserer »Nervenfasern«. Seine Dichtung entfaltet sich gemäß der Reinheit, die das Nervensystem des Lesers hat.

Wenn der Betrachter mit seiner Einbildungskraft in diese Bilder eingehen könnte, indem er mit dem feurigen Wagen seines kontemplativen Denkens auf sie zuhielte, wenn er in Noahs Regenbogen oder in seinen Busen eingehen oder sich eines dieser Wunderbilder, das ihn ständig anfleht, von sterblichen Dingen zu lassen (wie er wohl wissen muß), zum Freund & Gefährten machen könnte, dann erstünde er aus seinem Grabe, dann begegnete er dem Herrn in der Luft, & dann wäre er glücklich.[84]

Dann sähe er, daß die Sintflut und die Apokalypse und Christus und Buddha und der kosmische Baum uns in Worten gegenwärtig sind als wörtliche Gegenwart. Wenn wir Religion spielen, wird uns Kopf und Herz für einen Moment aller weltlichen Bilder entleert, während wir Welten aus Engeln, Göttern und Heilanden entwerfen. Wir ersetzen eine Gruppe von Bildern durch eine andere, die emotional stark aufgeladen ist und von unserer Gesellschaft und unserem Dogma bekräftigt wird. Wir müssen jedoch tief in diese Worte und Bilder hineinschauen, wenn sie nicht unsere Herren werden sollen. Es ist unsere *Beziehung* zu dem Symbol, dem WORT, die wichtig ist. Wie die vedischen Seher kundtun, offenbart sich die Göttin des WORTES denen, die sie lieben. Solche Liebende werden zu Sehern des WORTES. Unter denen, die nur Worte sehen, herrscht Streit und Tod. Worte werden Waffen.

Dagegen erklärt die Mundaka-Upanishad:

> Als Bogen Om, als Pfeil Seele,
> Als Ziel Brahman bezeichnet wird;
> In ihm, nicht lässig, zielnehmend,
> Dringt man ein, wie der Pfeil im Ziel.[85]

Am 22. November 1802 brachte Blake ähnliche Zeilen zu
Papier:

> . . . die Sonne war heiß
> Von den Pfeilen des Denkens & dem Bogen meines
>   Geists – ·
> Meine Sehne schnaubet vor Ingrimm kühn,
> Meine Pfeile in goldenen Garben glühn.[86]

Abb. 38

Häufig besitzt bei Blake die innere Erhellung die gleiche
goldene Strahlkraft, die in indischen Mandalas durch den
zentralen Punkt versinnbildlicht und Hiranyagarbha genannt wird – das »Goldene Ei«. In strikt geometrischen
Mandalas wie den Yantras wird dieses Goldene Ei durch
den Punkt in der Mitte dargestellt, gleichsam das Schwarze
der Zielscheibe.

Weniger häufig erscheint der Punkt als eine goldene
Ellipse oder Eiform vor einem leeren Hintergrund.

Diesem in der Leere leuchtenden Goldenen Keim entspringt die gesamte Schöpfung. Weil dieser Mutterschoß
alle Wesen trägt, wird er *dhāraṇī* genannt, »die Tragende«
(und hier haben wir einen weiteren Verwandten des alten

183

indogermanischen Eichennamens). Es heißt, seine Nachgeburt sei der Berg Meru und in seinem Zentrum stehe fest wie eine Eiche ein majestätischer Baum. Dieses Goldene Ei ist die innerste Manifestation der formlosen, farblosen, unsichtbaren Ewigkeit, die subtilste Ebene des Ton-Licht-Kontinuums.

Blakes Vorgehensweise ist eher revolutionär, kritisch und zerstörerisch als schöpferisch. Die Erlösung der gefallenen Menschheit, die Offenbarung der Unschuld und der Aufgang der Ewigkeit erfordern wie im Christentum nichts Geringeres als eine Apokalypse – die in der feurigen Schmiede der visionären Formen stattfindet, im Kessel des inneren WORTES, golden und grollend. Dieses grollende Gold zerstört, um Licht zu schaffen und den Dichter mit seinen Strahlen zu umhüllen.

> Wie ein uferloses Meer
> Weiten sich mehr & mehr
> Meine Augen, bis daß sie
> Alle Himmel umfassen,
> Bis die Lichtedelsteine,
> Himmlische im hellen Scheine,
> Mir als Ein Mensch erschienen,
> Der mit gütiger Miene
> Mir die Glieder umhüllte
> Und mit Goldstrahlen füllte,
> Allen Lehm, allen Schlamm
> Gleichwie Schlacke wegnahm.
> Sanft verzehret vor Lust
> In der sonnhellen Brust
> Ruht' ich. Sanft lächelt' er
> Und sprach mild zu mir her:
> Meine Herd ist's, sieh zu,
> Goldgehörnter Bock, du,
> Der mir eben erwacht
> Auf den Flanken der Nacht.
> Auf den Bergen ringsum
> Tönt das tiefe Gebrumm

Abb. 39

> Von dem Löwen & Bär,
> Tiefem Schlund, lautem Meer.
> Meine Herd schützen sie,
> Goldgehörnter Bock, sieh![87]

Der Dichter wird nicht nur in Licht gebadet, er wird darin verzehrt.

Und welches fremdartige Tier ist zugleich golden, strahlend und verzehrend?

Tiger, Tiger, hell entfacht
In den Wäldern finstrer Nacht!
Welch unsterblich Aug und Hand
Dein entsetzlich Maß erfand?[88]

Der Zorn von Blakes dichterischer Vision ist der »Tyger«. ist der verzehrende Zorn der göttlichen, feurigen Schmiede der Apokalypse, in der alle Worte durch Licht und alle Welten durch Flammen gereinigt werden. In Indien heißt es von der Göttin Durga, der Schrecklichen, die jeden Herbst das Blut von achthundert ihr zu Ehren geschlachteten Ziegen trinkt, es sei schwer, ihr zu nahen. Schwer nahbar ist sie, weil sie in einer ihrer wildesten Formen die kurkumagelbe, lohende Göttin des Feuers ist. Und sie ist die Tigerin, deren orangegelber Pelz flammt, wenn sie auf Beutefang geht. Um sie darzustellen, malt man ein Tiger-Mandala, ganz ähnlich wie Blake einen Tiger mit Worten malt. Zur Illustration seines berühmten Gedichtes malte er auch das Bild eines Tigers (siehe Seite 160), der einem Lamm sehr ähnlich sieht. Die Wildheit des Blakeschen Stils geht letztlich in die Unschuld des Lammes über. Wie Blake in die Worte einging, in die Flamme des WORTES, so gehen wir jetzt in die Flamme des Mandalas ein. Der ruhende Punkt im Zentrum ist licht, gelb wie Lotuspollen, der Keim der Welten; und wir gehen in ihn ein, um in einer anderen Welt wieder ans Licht zu kommen.

Kiva

Abb. 40

Gelb wie Maispollen steigen die Flammen auf, heftig werden sie durch das Rauchloch emporgesogen. Der Rauch erhebt sich über die Bäume, wird von einem höheren Luftstrom erfaßt und hinweggetrieben. In der kalten, mondlosen Nacht funkeln die Galaxien über einem wolkenlosen Himmel. Um das Feuer herum ist der Raum erfüllt von dem stechenden Duft brennender Fichtenzweige. Gesichter baden in der Wärme des glühenden Lichtes, und jemand namens Spinnenweib singt dieses Lied:

Das dunkle fahlblaue Licht geht im Norden auf,
ein gelbes Licht erhebt sich im Osten.
Dann kommen wir aus den Blumen der Erde hervor,
um ein langes Leben der Freude zu empfangen.
Wir nennen uns Schmetterlingsmädchen.

Beide, männlich und weiblich, beten nach Osten,
machen die ehrerbietige Bewegung vor der Sonne, unserem Schöpfer,
Glocken klingen in der Luft,
tönen voll Freude durch das Land,
ihr freudiges Echo hallt wider von überall.

Demütig bitte ich meinen Vater,
den Vollkommenen, Taiowa, unseren Vater,
den Vollkommenen, der dieses schöne Leben geschaffen hat,
der sich uns durch das gelbe Licht zeigt,
uns vollkommenes Licht zu geben zur Zeit des roten Lichtes.

Der Vollkommene entwarf den vollkommenen Plan,
er gab uns eine lange Lebensspanne
und schuf das Lied, um Freude in unser Leben zu pflanzen.
Auf diesem Pfad des Glücks erfüllen wir, die Schmetterlingsmädchen,
seine Wünsche, indem wir unseren Vater, die Sonne, grüßen.

Das Lied hallt mit Freude von unserem Schöpfer zurück,
und wir von der Erde wiederholen es vor unserem Schöpfer.
Mit dem Erscheinen des gelben Lichtes
wiederholt und wiederholt sich immer wieder das freudige Echo,
Hall und Widerhall für kommende Zeiten.[89]

Dies ist das Lied, das Spinnenweib den ersten Menschen in
der Ersten Welt vorsang. Diese ersten Menschen waren sehr
entfernte Vorfahren der Hopi-Indianer des amerikanischen
Südwestens. Der Name »Hopi« selbst bedeutet »gut in jeder
Hinsicht« – moralisch, ausgeglichen, nicht aggressiv, bescheiden und friedlich. Und genau so hat diese stille Ak-
kerbaugesellschaft, umgeben von feindlichen Nomadenstämmen, auch gelebt. Ihre Sicht der Welt, die schon im Bau
ihrer Sprache angelegt ist, hat viel mit der Art gemeinsam, in
der die moderne Physik die Dinge sieht.

Während Physiker, die indogermanische Sprachen spre-
chen, eine neue Sprache erfinden mußten, um über solche
Dinge wie das Raum-Zeit-Kontinuum zu reden, können die
Hopi nicht vom Raum sprechen oder auch nur daran den-

ken, ohne von der Zeit zu sprechen. Die Hopi-Sprache mit ihrer Tendenz, eine Raum-Zeit zu implizieren, ist eng mit der Vorstellung der Hopi von der kosmischen Achse verbunden.

Unsere Sprache basiert auf Namen und Dingen. Wir sagen: »Das Licht blitzte.« In diesem Satz ist »Licht« ein Substantiv und »blitzte« natürlich ein Verb im Imperfekt. So reden wir anhand von Substantiven über Dinge und anhand von Verben über das, was mit ihnen geschieht. Und wir gebrauchen die Tempora der Vergangenheit, der Gegenwart und der Zukunft. Die Hopi-Sprache dagegen behandelt, ähnlich der modernen Physik und der buddhistischen Philosophie, die Erscheinungen als *Ereignisse* oder *Geschehnisse* anstatt als *Dinge*. Im Hopi gibt es daher eine Vorliebe für Verben. Anstatt zu sagen: »Das Licht blitzte«, beschreiben sie es einfach als ein Ereignis und sagen: »*Rehpi!*« – »Blitz!«

Wie kommen Ereignisse zustande – das Anbrechen des Tages, die allmähliche Bildung von Wolken, das Fallen von Regen und das Wachsen der Pflanzen? Die Hopi sagen, daß Ereignisse vorbereitet werden und tief aus dem Herzen aller Dinge hervorgehen, dem Herzen der Natur, der Menschen, der Pflanzen und Tiere. Dieses Herz ist nicht das leibliche Organ, sondern ein subjektiver, innerer Bereich. Man stellt es sich als eine vertikale, schwingende innere Achse vor. Bevor Ereignisse in der objektiven Welt der Sinne stattfinden, wohnen sie zusammen mit Gedanken und Wünschen in diesem Herzen. Daher spielen Gedanken und Wünsche im Hopi-Universum eine sehr große Rolle. Sie sind das wirkungsvollste, frühzeitigste und subtilste Mittel, um Ereignisse vorzubereiten.

Nehmen wir z. B. an, daß die Bewohner eines Hopi-Dorfes sich für ihren Mais Regen wünschen. Dann denken sie nicht nur so nebenher: »O jemine, ich wollte, es würde regnen!« Damit der Regen kommt, muß er vorbereitet werden. Jedermann wird darin einbezogen.

Zur Vorbereitung können Tanzen und Singen oder andere gemeinschaftliche Tätigkeiten wie etwa zeremonielles Rauchen gehören. Solche Handlungen helfen, Denken und Wünsche zu sammeln, so daß sie als ganz reale Kräfte wirken können, die die Frucht, die Wolken und den Regen beeinflussen. Denn eine Wolke ist nicht etwas, das dem menschlichen Geist äußerlich wäre. Sie ist ein Ereignis, das sich immer in einem Zustand des Späterwerdens oder Wachsens, der Wandlung, befindet. Der Wolkenprozeß, das Bewölken, tritt in jedem Augenblick neu zutage. Bevor die Bewölkung auf der objektiven Ebene der Sinne erscheint, wohnt sie mit Wünschen und Gedanken im Herzen aller Dinge. Somit kann intensives, konzentriertes Denken das Bewölken beeinflussen.

Je intensiver der Gedanke oder Wunsch, desto wirksamer wird die Vorbereitung sein. Öffentliche Ankündigungen und Zeremonien sammeln das Denken, aber der allerwirksamste Verstärker ist das Gebet oder die Meditation. Um wahrhaft wirkungsvoll zu sein, muß ein Gedanke »bestimmt, lebhaft bewußt und mit stark gefühlten, guten Intentionen geladen sein und für lange Zeit stetig festgehalten werden«.[90] Er muß still, aber springlebendig sein, kraftvoll, genau wie Dhruva in der vedischen Tradition ein Gedanke ist, der stillsteht, oder Dharana in der yogischen Tradition einer, der so ruhig ist wie eine Eiche.

Der ruhende Punkt des Hopi-Universums ist die subjektive schwingende Achse. Hier ist die Vorbereitung am intensivsten, sie ist der beste Ort, um Ereignisse mit größtmöglicher Kraft zu hegen, heranzuziehen und fortdauern zu lassen.

Wie bereiten die Hopi den Tag vor? Zunächst einmal gibt es für sie keine getrennten Tage wie für uns. Wir denken an zehn Tage etwa wie an zehn verschiedene Menschen. Wenn wir versuchen, den elften Tag zu beeinflussen, dann haben wir es quasi mit jemand völlig Neuem zu tun. Für die Hopi jedoch gibt es nur einen Tag, ein Tagen, vergleichbar einem

Menschen, der jeden Morgen wiederkommt. Wenn wir ihn in der Gegenwart anständig behandeln, wird er freundlich sein, wenn er wiederkommt. So gibt es auch keine getrennten Tage, die einer nach dem anderen kommen, sondern nur ein einziges »Tagen«, einen Prozeß, der wie eine Pflanze fortwährend dem Herzen aller Dinge entwächst.

Alle Ereignisse entwachsen diesem Zentrum je nach der Intensität der Vorbereitung. Das Ereignen ist das Schwanken in einem Energiefeld. Durch intensives Denken kann das Feld derart beeinflußt werden, daß das Wachsen eines bestimmten Ereignisses ein besonders starker Bereich in dem Feld wird. Die Stärkung eines solchen Bereiches, seine Vorbereitung und Pflege, erfolgt durch unzählige kleine, wiederholte Handlungen, sei es Gebet, Tanz oder irgendeine andere Form von Ritual. Nach unserer Denkweise ist eine solche Wiederholung Energieverschwendung, ein Zerstreuen der Kraft in einzelne Momente, die niemals wiederkehren. Für die Hopi jedoch ist alles ein Wachsen und Späterwerden. Kein Moment und keine Bewegung gehen verloren. Wiederholte Handlungen sind nicht vergeudete, sondern akkumulierte Kraft. Sie erregen die Energie in einem Feld, so daß sie sich immer mehr aufbaut. So fällt der Regen aus den Wolken, veranlaßt durch einen stundenlang andauernden zeremoniellen Tanz, der aus zahllosen Stakkato-Tanzschritten besteht. Jeder Schritt und jede Wiederholung des damit einhergehenden Gesanges ist ein Aufspeichern von Kraft, um das Wachstum eines Ereignisses zu beschleunigen. Demnach denken und verhalten sich die Hopi ganz ähnlich wie die moderne Physik mit ihrer Sicht einer Welt, in der die Kraft kumulativ ist und nur durch Beschleunigung gemessen werden kann.

Ein anderes Merkmal der Hopi-Weltanschauung und -Sprache, das Ähnlichkeiten mit der Sprache der modernen Physik aufweist, ist die Erfahrung der Raum-Zeit. Nehmen wir an, Sie sängen in einem Hopi-Dorf ein Lied. Nehmen wir weiterhin an, ein anderer sänge ein Lied in demselben

Dorf, aber hundert Jahre vorher. In unserer Ausdrucksweise würden wir sagen, daß die zwei Ereignisse, das Singen der beiden Lieder, »am selben Ort« stattfanden.

Die Hopi sehen es jedoch anders – mehr in Übereinstimmung mit Einsteins Relativitätstheorie. Denn wie Einstein können sie nicht vom Raum sprechen, ohne zugleich die Zeit einzubeziehen. Für sie befindet sich das Lied, das vor hundert Jahren gesungen wurde, tatsächlich an einem anderen Ort, nicht nur in einer anderen Zeit. Die Raum-Zeit ist nicht zwei, sondern eines. Alle Ereignisse sind Raum-Zeit-Ereignisse. Und da das hundert Jahre alte Ereignis in zeitlicher Ferne stattfand, fand es auch in räumlicher Ferne statt. Die Vergangenheit existiert weit entfernt im Raum.

Aber wie steht es mit Ereignissen in der ganz, ganz fernen mythischen Vergangenheit? Liegen sie nicht in einer ganz, ganz großen räumlichen Entfernung? Der subjektive Bereich ist die innere vertikale, schwingende Achse, das Herz aller Ereignisse, bevor sie stattfinden. Von ihm ausgehend, erstreckt sich in alle Richtungen das objektive Universum der Ereignisse. Es erstreckt sich so weit in alle Richtungen wie ein unendlicher Kreis, der einen Baum umgibt. Das Hopi-Universum ist ein fortwährendes zeiträumliches *Weg-wachsen* von dieser zentralen Achse. Wie die Wissenschaftler uns sagen, blicken wir, wenn wir in die Galaxien hinausschauen, in die ganz ferne Vergangenheit.

Ganz weit draußen am äußersten Umkreis des Hopi-Universums liegen die Ereignisse, die im Halbdunkel der mythischen Vergangenheit stattfanden. Dieser Zeit-Raum ist so weit entfernt, daß wir uns paradoxerweise nach innen wenden müssen, um ihn klar zu sehen. Indem wir die vertikale subjektive Achse entlangfahren, können wir ihn im einzelnen erleben. Auf diese Weise verschmelzen die äußeren Grenzen des objektiven Universums mit der inneren vertikalen Achse und mit dem Mythos. Wenn wir den Zeit-Ort der alten Mythen kennenlernen wollen, müssen wir subjektiv an dieser vertikalen Achse entlangreisen. Der

Zeit-Ort des Mythos auf dieser Achse liegt unmittelbar unter der Oberfläche der jetzigen Erde oder unmittelbar darüber.

Unter unserer Erde liegt eine Welt, die unserer eigenen sehr gleicht; dort lebten die Hopi in der mythischen Vergangenheit. Von dort aus gesehen, ist unsere Erde der Himmel. Um von dort nach hier zu gelangen, muß man zur Kuppel jenes Himmels aufsteigen und sie durchstoßen, genau wie der Himmel *unserer* Erde von Helden durchstoßen worden ist, die darüber eine andere himmlische Welt gefunden haben. Es gibt mehrere übereinander gelagerte Welten, und der Weg, um von einer zur nächsten zu gelangen, liegt im Innern.

Die Kiva ist die unterirdische Zeremonienkammer der Hopi. Ihr höchster Punkt ragt über den Erdboden hinaus, etwa wie ein Ameisenhügel. In der Kiva geschieht es, daß die Hopi zum Zeit-Ort des Mythos reisen. Oben in der Kiva ist eine Dachöffnung, zugleich Rauchloch, durch die keine Birke, sondern eine Leiter ragt. Kiva heißt wörtlich »die Welt unten«.

Ein kleines Loch im Boden, neben der zentralen Feuerstelle, führt zu der Welt hinab, die die Hopi vor dieser bewohnten. Die Leiter durch das Rauchloch führt zur Kuppel unseres Himmels und dem Land darüber.

Die Hopi benutzen zwei Labyrinthsymbole, um die Struktur der Kiva, der Erde und der menschlichen Gestalt darzustellen. Der vertikale Strich im Zentrum des Musters links ist die Leiter der Kiva. Er ist auch die Schwingungsachse der Erde und der menschlichen Gestalt. Er ist so etwas wie ein Faden, der durch ein Labyrinth führt. Wie wir alle wissen, können sich Spinnen sehr geschickt an einem fast unsichtbaren vertikalen Faden entlangbewegen. Und am Anfang der Geschichte der Hopi saßen wir in der Kiva um das Feuer herum. Die Flammen wurden durch das Rauchloch zu den Galaxien emporgesogen. Im Innern sang Spinnenweib den ersten Menschen das Schöpfungslied vor. Steigen wir also in die Kiva, und reisen wir an der vertikalen Achse zurück zu einem Zeit-Ort weit unterhalb unserer jetzigen Erde, in eine Zeit, bevor das Spinnenweib erschaffen ward, nach Tokpela, der Ersten Welt.

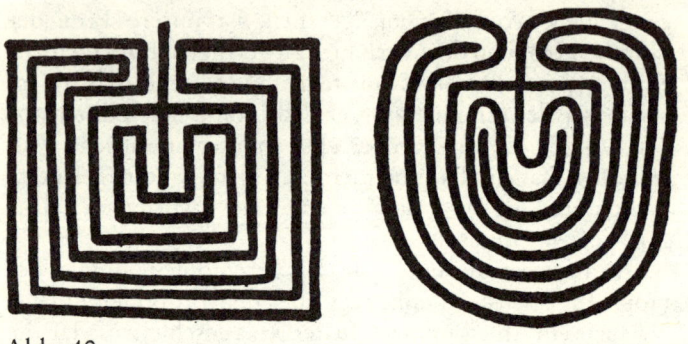

Abb. 40

Tokpela: Die Erste Welt

Die Erste Welt war Tokpela, der endlose Raum.

Aber zuerst, so sagen sie, gab es nur den Schöpfer Taiowa. Alles andere war endloser Raum. Es gab keinen Anfang und kein Ende, keine Zeit, keine Form, kein Leben. Nur eine unermeßliche Leere, die Anfang und Ende, Zeit, Form und Leben im Geiste Taiowas, des Schöpfers, hatte.

Dann erdachte er, der Unendliche, sich das Endliche. Zuerst schuf er Sótuknang, um es zu offenbaren, und er sprach zu ihm: »Ich habe dich geschaffen, die erste Kraft und das erste Instrument, als eine Person, damit du meinen Plan eines Lebens im endlosen Raum ausführst. Ich bin dein Oheim, du bist meine Neffe. Geh nun und leg diese Welten in der richtigen Ordnung an, damit sie harmonisch miteinander wirken, so wie es mein Plan will.«

Sótuknang tat, was ihm befohlen war. Aus dem endlosen Raum sammelte er all das, was sich als feste Substanz offenbaren sollte, formte es und ordnete es zu neun allumfassenden Reichen: Eines für Taiowa, den Schöpfer, eines für sich selbst und sieben Welten für das Leben, das da kommen sollte. Nachdem er dies vollendet hatte, ging Sótuknang zu Taiowa und fragte: »Stimmt dies mit deinem Plan überein?«

»Es ist sehr gut«, sagte Taiowa. »Nun möchte ich, daß du das gleiche mit den Wassern machst. Teile die Wasser unter allen diesen Welten aus und füge sie auf jeder Welt gleichmäßig auf ihre Oberflächen.«

Da sammelte Sótuknang all das aus dem endlosen Raum, was sich als Wasser offenbaren sollte und ordnete es so auf den Welten an, daß diese zur Hälfte aus Festem und zur Hälfte aus Wasser bestanden. Nun ging er zu Taiowa und sprach: »Ich möchte, daß du mein Werk ansiehst und sagst, ob es dir gefällt.«

»Es ist sehr gut«, sagte Taiowa. »Als Nächstes nun, versetze die Kräfte der Luft um alle Welten in friedliche Bewegung.«

Dies tat Sótuknang. Aus dem endlosen Raum sammelte er all das, was sich als die Luft offenbaren sollte, machte daraus große Kräfte und legte sie in sanften, geordneten Bewegungen um jede Welt.

Taiowa war erfreut. »Du hast ein großes Werk entsprechend meinem Plan vollbracht, Neffe. Du hast die Welten geschaffen und sie mit Festem, mit Wassern und Winden sich offenbaren lassen, und du hast sie an die rechten Orte gesetzt. Aber deine Arbeit ist noch nicht beendet. Nun mußt du das Leben und seine Bewegung erschaffen, um die vier Teile, Túwaqachi, meines allumfassenden Planes zu vollenden.«

Das Spinnenweib und die Zwillinge

Sótuknang ging zu der Welt, in der das war, was Tokpela, die Erste Welt, werden sollte, und daraus schuf er sie, die auf dieser Erde bleiben und sein Helfer sein sollte. Ihr Name war Kokyangwuti, Spinnenweib.

Als sie zum Leben erwacht war und ihren Namen empfangen hatte, fragte sie: »Warum bin ich hier?«

»Schau dich um«, sprach Sótuknang. »Hier ist die Erde, die wir geschaffen haben. Sie hat Form und Substanz, Richtung und Zeit, einen Anfang und ein Ende. Aber es gibt kein Leben auf ihr. Wir sehen keine freudige Bewegung. Wir hören keinen freudigen Klang. Was ist Leben ohne Klang und Bewegung? Deshalb ist dir die Macht gegeben, uns zu helfen, dieses Leben zu erschaffen. Es ist dir das Wissen, die Weisheit und die Liebe gegeben, alle Wesen, die du erschaffen wirst, damit zu segnen. Deshalb bist du hier.«

Seinen Anordnungen folgend nahm Spinnenweib etwas Erde, mischte sie mit etwas túchvala, Speichel, und formte aus ihr zwei Wesen. Dann bedeckte sie diese mit einem Umhang, der aus einer weißen Substanz bestand und die schöpferische Weisheit selbst war, und sang über ihnen das Lied der Schöpfung. Als sie die beiden Wesen aufdeckte, da setzten sich Zwillinge auf und fragten: »Wer sind wir? Warum sind wir hier?«

Zu dem rechten von den beiden sagte Spinnenweib: »Du bist Pöqánghoya, und du sollst helfen, diese Welt in Ordnung zu halten, wenn erst Leben auf ihr ist. Geh nun um die ganze Welt und leg deine Hände auf die Erde, damit sie sich ganz verfestigt. Dies ist deine Aufgabe.«

Dann sagte Spinnenweib zu dem linken Zwilling: »Du bist Palöngawhoya, und du sollst helfen, diese Welt in Ordnung zu halten, wenn erst Leben auf ihr ist. Und dies ist deine Aufgabe: Geh über die ganze Welt und sende einen Ton aus, so daß er durch das ganze Land gehört wird. Wenn dies gehört wird, dann wirst du auch ›Echo‹ genannt werden, weil alle Töne Echos des Schöpfers sind.«

Pöqánghoya reiste über die ganze Erde und verdichtete die höheren Gegenden zu Bergen. Die tieferen Gegenden machte er fest und doch weich genug, um von den Wesen genutzt zu werden, die darauf leben sollten und die sie ihre Mutter nennen würden.

Palöngawhoya reiste über die ganze Erde und ließ seinen Ruf erklingen, so wie er geheißen worden war. All die Schwingungszentren von Pol zu Pol, entlang der Erdachse, ließen seinen Ruf wiedertönen; die ganze Erde zitterte, das Universum bebte im Gleichklang. So machte er aus der ganzen Welt ein Instrument der Klänge, aus den Klängen ein Instrument zum Überbringen der Botschaften, aus denen das Lob für den Schöpfer aller Dinge widerhallte.

»Dies ist deine Stimme, Oheim«, sagte Sótuknang zu Taiowa. »Alles ist auf deinen Klang eingestimmt.«

»Es ist sehr gut«, sagte Taiowa.

Nachdem sie ihre Aufgaben ausgeführt hatten, wurde Pöqánghoya zum Nordpol und Palöngawhoya zum Südpol der Weltachse gesandt, und beiden wurde befohlen, die Welt von dort im richtigen Umlauf zu halten. Pöqánghoya war auch die Macht gegeben, die Erde in einer festen, stabilen Form zu halten. Palöngawhoya war die Macht gegeben, die Luft in einer sanften geordneten Bewegung zu halten, und es war ihm aufgetragen, seinen Ruf zur Freude oder als Warnung durch die Schwingungszentren der Erde zu schicken.

»Dies werden in künftigen Zeiten eure Pflichten sein«, sagte Spinnenweib.

Dann schuf sie aus Erde Bäume, Büsche, Pflanzen, Blumen, alle Arten von Samenträgern und Nußträgern, um die Erde zu umkleiden, und gab jedem ein Leben und einen Namen. In der gleichen Weise schuf sie alle Arten von Vögeln und Tieren, indem sie sie aus Erde formte, sie mit ihrem Umhang aus weißer Substanz bedeckte und über ihnen sang. Einige setzte sie neben sich zu ihrer Rechten und einige zu ihrer Linken, andere vor und hinter sich, um anzuzeigen, daß sie sich in alle vier Richtungen der Welt ausbreiten und dort leben sollten.

Sótuknang war glücklich, als er sah, wie schön alles war – das Land, die Pflanzen, die Vögel und Tiere und die Macht, die in all ihnen wirkte. Freudig sagte er zu Taiowa: »Komm und sieh, wie unsere Welt nun ausschaut!«

»Sie ist sehr gut«, sagte Taiowa. »Sie ist nun bereit für das menschliche Leben, für den letzten Schritt, der meinen Plan vollendet.«

Die Erschaffung des Menschen

Also sammelte Spinnenweib Erde, diesmal von vier Farben, gelb, rot, weiß und schwarz und mischte sie mit túchvala, der Feuchtigkeit ihres Mundes. Sie formte die Erde und bedeckte sie mit ihrem Umhang aus weißer Substanz, der die schöpferische Weisheit selbst war.

Wie schon vorher sang sie darüber das Schöpfungslied, und als sie die Gestalten aufdeckte, waren es menschliche Wesen nach dem Ebenbild Sótuknangs. Dann schuf sie vier Wesen nach ihrer eigenen Gestalt. Das waren die wúti, die weiblichen Gefährten für die ersten vier männlichen Wesen.

Als Spinnenweib sie aufdeckte, wurden die Gestalten lebendig. Dies war die Zeit des fahlblauen Lichts, Qöyangnuptu, der erste

Abschnitt der Schöpfungsdämmerung, der zuerst das Geheimnis der Schöpfung des Mannes enthüllte.

Bald erwachten sie und begannen sich zu bewegen, aber ihre Stirn war noch feucht, und sie hatten eine weiche Stelle am Kopf. Dies war die Zeit des gelben Lichts, Síkangnuqa, der zweite Abschnitt der Schöpfungsdämmerung, als der Atem des Lebens in den Menschen kam.

Nach kurzer Zeit erschien die Sonne über dem Horizont, trocknete ihre feuchte Stirn und härtete den weichen Fleck an ihrem Kopf.

Dies war die Zeit des roten Lichts, Tálawva, der dritte Abschnitt der Schöpfungsdämmerung, als der Mensch vollkommen geformt und gefestigt, stolz dem Schöpfer gegenübertrat.

»Das ist die Sonne«, sprach Spinnenweib. »Ihr begegnet eurem Vater, dem Schöpfer, zum erstenmal. Ihr müßt die drei Abschnitte eurer Erschaffung immer in Erinnerung halten und beachten. Die Zeit der drei Lichter, das dunkle fahlblaue, das gelbe und das rote enthüllen nacheinander das Geheimnis, den Atem des Lebens und die Wärme der Liebe. Diese enthalten den Plan des Schöpfers für euer Leben, wie es über euch im Schöpfungslied gesungen wurde«, [welches sie ihnen dann vorsang.]

Die ersten Menschen der Ersten Welt antworteten ihr nicht; sie konnten nicht sprechen. Etwas mußte getan werden. Da Spinnenweib ihre Macht von Sótuknang empfangen hatte, mußte sie ihn rufen und fragen, was sie tun sollte. Deshalb rief sie Palöngawhoya und sagte: »Ruf deinen Oheim. Wir brauchen ihn sofort.«

Palöngawhoya, der Echozwilling, sandte seinen Ruf entlang der Weltachse aus zu den Schwingungszentren der Erde, die seine Botschaft durch das ganze Weltall ertönen ließen. »Sótuknang, unser Oheim, komme sofort! Wir brauchen dich!«

Und sofort, mit dem Geräusch eines mächtigen Windes, erschien Sótuknang vor ihnen. »Hier bin ich. Warum braucht ihr mich so dringend?«

Spinnenweib erklärte: »Wie du mir befohlen hast, habe ich diese ersten Menschen geschaffen. Sie sind vollendet und fest geformt. Sie sind in der rechten Weise gefärbt; sie haben Leben; sie haben Bewegung. Aber sie können nicht reden. Das ist die rechte Sache, die ihnen noch fehlt. Deshalb möchte ich, daß du ihnen die Rede gibst und auch die Weisheit und die Macht, sich fortzupflanzen, damit sie ihr Leben genießen können und dem Schöpfer Dank aussprechen.«

Also gab Sótuknang ihnen die Rede, eine unterschiedliche Sprache für jede Farbe, im Hinblick auf ihre Verschiedenheit. Er gab ihnen die Weisheit und die Macht, sich fortzupflanzen und sich zu vermehren.

Dann sprach er zu ihnen: »Zu all diesem habe ich euch die Welt gegeben, um darauf zu leben und glücklich zu sein. Es gibt nur eines, was ich von euch fordere. Habt immer Ehrfurcht vor dem Schöpfer; Weisheit, Harmonie und Ehrfurcht für die Liebe eures Schöpfers, der euch gemacht hat. Mögen diese Eigenschaften wachsen und niemals unter euch vergessen werden, solange ihr lebt.«

So zogen die ersten Menschen nach allen Richtungen davon, waren glücklich und begannen sich zu vermehren.

Die Natur des Menschen

Mit der ursprünglichen Weisheit, die ihnen verliehen war, verstanden sie, daß die Erde eine lebende Wesenheit war, wie sie selbst. Sie war ihre Mutter; sie waren aus ihrem Fleisch gemacht; sie tranken an ihrer Brust. Denn ihre Milch war das Gras, auf dem alle Tiere weideten und der Mais, der als besondere Speise für den Menschen geschaffen worden war. Aber die Maispflanze war auch eine lebende Wesenheit mit einem Körper, der in Vielem dem des Menschen glich, und die Menschen bildeten aus seinem Fleisch ihr eigenes.

Daher war auch der Mais ihre Mutter. So erkannten sie ihre Mutter in zwei Erscheinungen, die oft gleichbedeutend waren – die Mutter Erde und die Maismutter.

In ihrer Weisheit erkannten sie auch ihren Vater in zwei Erscheinungen. Er war die Sonne, der Sonnengott ihres Weltalls. Bis er ihnen zur Zeit des roten Lichtes erschienen war, zur Stunde Tálawva, waren sie nicht voll gefestigt und geformt. Doch war die Sonne nur das Gesicht, durch das Taiowa, ihr Schöpfer, schaute.

Diese allumfassenden Wesenheiten waren ihre wirklichen Eltern, die menschlichen Eltern aber waren nur die Werkzeuge, durch die sie ihre Macht verwirklichten. Bis auf den heutigen Tag erinnern sich ihre Nachkommen daran.

Wenn ein Kind zur Welt gekommen war, wurde seine Maismutter neben es gelegt. Das Kind und die Maismutter blieben zwanzig Tage in einem dunklen Raum, denn wenn auch der neugeborene Körper schon zu dieser Welt gehörte, so stand das Kind immer noch unter dem Schutz seiner allumfassenden Eltern. War das Kind in der Nacht geboren, so wurden früh am nächsten Morgen auf jede der vier Wände und auf die Decke des Raumes Linien aus Maismehl gemalt. War es während des Tages geboren worden, so wurden die Linien am folgenden Morgen angebracht. Diese Linien bedeuteten, daß auf der Erde sowohl eine geistige, als auch eine weltliche Heimat für das Kind vorbereitet worden war.

Am ersten Tag wurde das Kind mit Wasser gewaschen, in dem Zedernzweige ausgekocht worden waren. Dann wurde es mit feinem Maismehl eingerieben und so den ganzen Tag gelassen. Am nächsten Tag wurde das Kind gereinigt und mit Zedernasche abgerieben, um die Haare und den Schleim zu entfernen. Dies wurde an drei Tagen wiederholt. Vom fünften bis zum zwanzigsten Tag wurde es immer für einen Tag gewaschen und mit Maismehl abgerieben und dann vier Tage lang mit Zedernasche bedeckt. Während dieser Zeit trank die Mutter jeden Tag ein bißchen Zedernwasser.

Am fünften Tag wurde das Haar des Kindes und der Mutter gewaschen und eine Maismehllinie von jeder Wand und der Decke abgekratzt. Das Abgekratzte wurde dann an den geweihten Ort gebracht, wo auch die Nabelschnur niedergelegt worden war. Jeden fünften Tag wurde eine weitere Maismehllinie von den Wänden und der Decke entfernt und an diesen Ort gebracht.

Neunzehn Tage lang war nun das Haus dunkel gehalten worden, so daß das Kind kein Licht gesehen hatte. Früh am Morgen des zwanzigsten Tages, noch bei Dunkelheit, kamen nun alle Tanten des Kindes zum Haus, jede mit einer Maismutter in der Rechten, und jede wollte Patentante des Kindes werden. Zuerst wurde das Kind gebadet. Dann hielt die Mutter das Kind auf ihrem linken Arm, nahm die Maismutter auf, die neben dem Kind gelegen hatte und fuhr viermal damit über das Kind, vom Nabel bis zum Kopf.

Beim erstenmal gab sie dem Kind einen Namen, beim zweitenmal wünschte sie ihm ein langes Leben und beim drittenmal ein gesundes Leben. Wenn das Kind ein Junge war, wünschte sie ihm beim viertenmal ein fruchtbringendes Arbeitsleben, und war es ein Mädchen, so sollte es eine gute Frau und Mutter werden.

Jede der Tanten tat das gleiche und gab dem Kind einen Namen, entweder vom Klan der Mutter oder des Vaters der Tante. Dann wurde das Kind seiner Mutter zurückgegeben. Das gelbe Licht zeigte sich nun bereits im Osten. Die Mutter, das Kind im linken Arm und die Maismutter in der rechten Hand, verließ nun das Haus und lief, begleitet von ihrer eigenen Mutter, nach Osten. Dann hielten sie an, schauten ostwärts und beteten still, wobei sie Prisen von Maismehl in Richtung der aufgehenden Sonne warfen.

Sobald die Sonne sich vom Horizont gelöst hatte, trat die Mutter vor, hielt das Kind der Sonne entgegen und sagte: »Vater Sonne, dies ist dein Kind.« Sie wiederholte dies, fuhr mit der Maismutter über den Körper des Kindes, so wie sie es zuvor bei der Namensgebung getan hatte, und wünschte ihm, daß es alt genug würde, um eine Krücke als Stütze zu brauchen, als Beweis dafür, daß es den Gesetzen des Schöpfers gehorcht hatte. Nachdem die Mutter dies beendet hatte, tat die Großmutter das gleiche. Dann bezeichneten die beiden den Weg dieses neuen Lebens, indem sie Maismehl auf die Sonne zu verstreuten.

Das Kind gehörte nun seiner Familie und der Erde. Mutter und Großmutter trugen es zurück nach Hause, wo seine Tanten warteten.

Der Dorfausrufer verkündete seine Geburt und ein Fest wurde zu seinen Ehren gehalten. Mehrere Jahre lang wurde das Kind mit den verschiedenen Namen, die ihm gegeben worden waren, gerufen. Den Namen, der der vorherrschende zu sein schien, bekam es dann, und die Tante, die ihm diesen Namen gegeben hatte, wurde seine Patin. Die Maismutter aber blieb seine geistige Mutter.

Sieben oder acht Jahre lang führte es das normale Leben eines Kindes. Dann kam seine erste Einführung in einen Ritualbund, und es begann zu lernen, daß, obwohl es menschliche Eltern hatte, seine wirklichen Eltern die allumfassenden Wesen waren, die es durch seine menschlichen Eltern geschaffen hatten – seine Mutter Erde, aus deren Fleisch alle geboren sind und sein Vater Sonne, der Sonnengott, der dem ganzen Weltall sein Licht gibt. Es lernte, daß sein Leben zwei Gesichtspunkte hatte. Es war Mitglied einer irdischen Familie und eines Stammesklans, und es war Bürger des großen Weltalls, dem es gemäß seinem sich entwickelnden Verstand wachsende Treue schuldete.

Die ersten Menschen verstanden also das Geheimnis ihrer Elternschaft. In ihrer ursprünglichen Weisheit verstanden sie auch ihre eigene Beschaffenheit – die Natur des Menschen selbst.

Die lebendigen Körper von Mensch und Erde waren von gleicher Art. Durch jeden lief eine Achse. Die Achse des Menschen war seine Wirbelsäule, die das Gleichgewicht bei seinen Bewegungen herstellte. Auf dieser Achse lagen Schwingungszentren, welche den Urklang des Lebens durch das ganze Universum widerschallen ließen oder warnten, wenn etwas nicht gut war.

Das erste dieser Zentren lag beim Menschen am Scheitel. Hier war bei seiner Erschaffung die weiche Stelle, kópavi, die »offene Tür«, gewesen, durch die er das Leben empfing und mit seinem Schöpfer verbunden war. Bei jedem Atemzug hatte sich die Stelle auf und ab bewegt – in sanfter Schwingung vereint mit dem Schöpfer. Zur Zeit des roten Lichts, Tálawva, dem letzten Abschnitt seiner Erschaffung, wurde die Stelle hart und die Tür schloß sich. Sie blieb geschlossen bis zum Tod, um sich dann zu öffnen, damit das Leben gehen konnte wie es gekommen war.

Gleich darunter lag das zweite Zentrum, das Organ, mit dem der Mensch ganz allein denken lernte, das Gehirn. Seine irdische Fähigkeit ermöglichte es dem Menschen, über seine Handlungen und Werke auf der Erde nachzudenken. Und je mehr er begriff, daß diese Handlungen und Werke dem Plan des Schöpfers gemäß sein sollten, um so mehr verstand er den wahren Zweck dieses denkenden Organs: Es sollte helfen, die Schöpfung zu vollenden.

Das dritte Zentrum lag in der Kehle, wo die Öffnungen von Nase und Mund verbunden sind, durch welche der Mensch den Atem des Lebens empfing. Dort lagen die Schwingungsorgane, die es ihm ermöglichten, den Atem als Klang zurückzugeben. Dieser Urklang war – genau wie der Klang von den Schwingungszentren des Erdenkörpers – in Harmonie mit der allumfassenden Schwingung der ganzen Schöpfung. Der andere Zweck dieser schwingenden Organe war es, ganz neue, verschiedenartige Klänge zu erzeugen: so hatten die Erdenmenschen Sprache und Gesang. Doch als sie die ursprüngliche Aufgabe dieses schwingenden Zentrums verstanden, gebrauchten sie es, um dem Schöpfer Lob zu sprechen und zu singen.

Das vierte der Zentren war das Herz. Es war auch ein schwingendes Organ; es war im Takt mit den Schwingungen des Lebens selbst. Mit dem Herzen fühlten die Menschen das Gute, den tiefsten Sinn des Lebens. Sie hatten *ein* Herz. Doch es gab manche, die böse Gefühle in sich einließen: von ihnen sagte man, sie hätten zwei Herzen.

Das letzte der wichtigen Zentren des Menschen lag über seinem Nabel und war das Organ, das manche Menschen nun das Sonnengeflecht nennen. Wie dieser Name anzeigt, ist es der Thron des Schöpfers im Menschen selbst. Von hier aus steuert er alle seine Funktionen.

Die ersten Menschen kannten keine Krankheit. Niemand wurde an Körper oder Kopf krank, bevor das Übel die Welt betrat. Ein Medizinmann konnte damals, da er wußte, wie der Mensch beschaffen war, durch Prüfung dieser Punkte feststellen, was mit einem Menschen nicht in Ordnung war. Zuerst legte er seine Hände auf sie: auf den Scheitel, oberhalb der Augen, auf die Kehle, die Brust und den Bauch. Die Hände des Medizinmanns waren seherische Werkzeuge. Sie konnten die Vibrationen eines jeden Zentrums spüren und sagen, in welchem das Leben am stärksten oder am schwächsten pulsierte. Zuweilen bestand das Problem nur in Bauchschmerzen durch ungekochtes Essen oder in einer Erkältung im Kopf. Aber manchmal kam es auch von außen, angezogen durch des Menschen eigene üble Gedanken, oder von jenen eines Zwieherzers. In diesem Falle nahm der Medizinmann aus seinem Medizinbeutel einen kleinen Kristall mit einem Durchmesser von etwa vier Zentimetern, hielt ihn in die Sonne, um ihn wirkungsfähig zu machen, und dann schaute er durch ihn auf jeden der Punkte. Auf diese Weise konnte er die Ursache der Krankheit sehen und oftmals geradezu das Gesicht des Zwieherzers, der die Krankheit verursacht hatte. Es gäbe nichts Zauberhaftes an dem Kristall, haben die Medizinmänner immer versichert. Ein einfacher Mensch konnte nichts sehen, wenn er hindurchschaute. Der Kristall verlegte lediglich die Vision jenes Zentrums im Medizinmann nach außen, das seine Augen lenkte und das er zu diesem Zweck in sich entwickelt hatte.

In dieser Weise verstanden sich die ersten Menschen, und dies war die Erste Welt, auf der sie lebten. Ihr Name war Tokpela, Endloser Raum. Ihre Richtung war der Westen, ihre Farbe war sikyangpu, gelb, ihr Mineral sikyásvu, Gold. Von symbolischer Bedeutung auf ihr waren káto'ya, die Schlange mit dem großen Kopf, wisoko, der fettfressende Vogel, und muha, die kleine vierblättrige Pflanze. Die ersten Menschen waren auf ihr rein und glücklich.

Tokpa: Die Zweite Welt

So vermehrten sich die ersten Menschen, verbreiteten sich über das Land und waren glücklich. Obwohl sie verschiedene Hautfarben hatten und verschiedene Sprachen besaßen, fühlten sie sich als ein Volk und verstanden sich, ohne miteinander zu sprechen. Genauso war es mit den Vögeln und den Tieren. Sie alle saugten an der Brust ihrer Mutter Erde, die ihnen ihre Milch aus Gras, Samen, Früchten und Mais gab, und sie alle, Menschen und Tiere, fühlten sich als Einheit.

Doch mit der Zeit gab es einzelne, die das Gebot Sótuknangs und Spinnenweibs, ihrem Schöpfer Ehrfurcht zu zollen, vergaßen.

Mehr und mehr benutzten sie die Schwingungszentren ihrer Körper allein für irdische Zwecke und vergaßen, daß es ihr eigentlicher Sinn war, den Schöpfungsplan auszuführen.

Dann kam Lavaíhoya, der Schwätzer, zu ihnen. Er kam in Gestalt des Vogels, der Mochni genannt wird (ein Vogel, ähnlich der Spottdrossel), und je mehr er redete, desto mehr überzeugte er sie von den Unterschieden, die zwischen ihnen bestanden: von dem Unterschied zwischen Mensch und Tier und von den Unterschieden zwischen den Menschen selbst, aufgrund ihrer Hautfarben, ihrer Sprachen und ihres Glaubens an den Plan des Schöpfers.

Zu jener Zeit geschah es, daß sich die Tiere von den Menschen abwandten. Der Schutzgeist der Tiere legte seine Hände auf ihre Hinterbeine gerade unterhalb des Schwanzes und machte sie dadurch wild, so daß sie in Angst vor den Menschen flüchteten. Man kann diesen leicht öligen Fleck heute bei den Hirschen und den Gabelböcken auf den Hinterbeinen sehen, wenn sie beim Weglaufen ihren Schwanz hochheben.

Auf die gleiche Weise begannen sich die Menschen zu trennen und voneinander wegzuziehen, erst jene von unterschiedlicher Rasse und Sprache, dann die, die sich an den Plan der Schöpfung erinnerten, und die, die sich nicht erinnerten.

Dann kam zu ihnen ein hübsches Wesen, Káto'ya, in Gestalt einer Schlange mit einem großen Kopf. Sie führte die Menschen noch weiter voneinander und von ihrer alten Weisheit weg. Sie vertrauten sich nicht mehr und brachten falsche Anklagen gegeneinander vor, bis sie wild und kriegerisch wurden und sich gegenseitig bekämpften.

Die ganze Zeit fuhr Mochni fort zu schwätzen und Káto'ya wurde immer verführerischer. Es gab keine Ruhe und keinen Frieden.

Aber unter all den Menschen verschiedener Rasse und Sprache gab es in jeder Gruppe doch ein paar, die noch nach den Gesetzen der Schöpfung lebten. Zu ihnen kam Sótuknang. Er kam mit dem Geräusch eines mächtigen Windes und erschien plötzlich vor ihnen. Er sagte: »Ich habe die Dinge beobachtet. Es steht nicht gut. Es steht so schlecht, daß ich mit meinem Oheim Taiowa darüber gesprochen habe. Wir haben beschlossen, daß diese Welt zerstört und eine andere geschaffen werden muß, damit ihr Menschen von neuem beginnen könnt. Ihr seid diejenigen, die wir ausgewählt haben.«

Sie hörten aufmerksam auf seine Unterweisungen.

Sótuknang sprach: »Ihr werdet an einen bestimmten Ort gehen. Euer kópavi, das Schwingungszentrum auf dem Scheitel, wird euch führen. Die innere Weisheit wird euch das Sehvermögen für eine bestimmte Wolke geben, der ihr am Tage folgen werdet, und für einen bestimmten Stern, dem ihr in der Nacht folgen werdet. Nehmt nichts mit. Eure Reise wird erst zu Ende sein, wenn die Wolke und der Stern anhalten.«

Auf diese Weise verschwanden überall auf der Welt die auserwählten Menschen aus ihren Häusern und Familien und begannen bei Tag der Wolke und bei Nacht dem Stern zu folgen. Viele andere Menschen fragten sie, wohin sie gingen, und wenn sie es ihnen sagten, dann lachten sie. »Wir sehen weder eine Wolke, noch einen Stern«, sagten sie. Das war so, weil sie das innere Sehvermögen durch das kópavi oben auf dem Kopf verloren hatten; die Tür war für sie verschlossen. Doch es gab noch ein paar, die trotzdem mitkamen, weil sie den Menschen glaubten, die die Wolke und den Stern sahen. Das war richtig.

Nach vielen Tagen und Nächten kamen die ersten von ihnen an dem bestimmten Ort an. Bald kamen andere und fragten: »Was macht ihr denn hier?« Und sie antworteten: »Uns wurde von Sótuknang geheißen, hierherzukommen.« Die anderen Menschen sagten: »Auch wir sind durch den Dunst und den Stern hierher geführt worden!« Sie waren alle guter Dinge, weil sie alle der gleichen Gesinnung waren und sich gegenseitig verstanden, obwohl sie von verschiedenen Rassen waren und verschiedene Sprachen redeten.

Als die letzten ankamen, erschien Sótuknang. »Nun, ihr seid alle hier, ihr Menschen, die ich ausgewählt habe, von der Zerstörung dieser Welt verschont zu bleiben. Jetzt kommt mit.«

Er führte sie zu einem großen Hügel, wo das Ameisenvolk lebte, stampfte auf und befahl dem Ameisenvolk, sein Heim zu öffnen. Nachdem oben auf dem Hügel eine Öffnung entstanden war, sprach Sótuknang zu den Menschen: »Nun werdet ihr in die Ameisenkiva hinabsteigen, wo ihr in Sicherheit sein werdet, wenn ich die Welt zerstöre. Während ihr hier seid, sollt ihr etwas von diesen Ameisen lernen. Sie sind fleißig, sie sammeln im Sommer Nahrung für den Winter. Sie haben es kühl, wenn es warm ist und warm, wenn es kalt ist. Sie leben friedlich miteinander. Sie folgen dem Plan des Schöpfers.«

Also gingen die Menschen hinunter zu dem Ameisenvolk, und nachdem sie sich alle in Sicherheit niedergelassen hatten, befahl Taiowa Sótuknang, die Welt zu zerstören. Sótuknang zerstörte sie durch Feuer, weil ihre Führer vom Feuerklan gewesen waren. Er ließ Feuer auf sie regnen, er öffnete die Vulkane. Feuer kam von oben und unten und von überall, bis die Erde, das Wasser, die Luft und alles nur noch ein Element war: Feuer; und nichts blieb übrig außer denen, die sicher waren im Schoß der Erde.

Dies war das Ende von Tokpela, der Ersten Welt.

Aufstieg in die Zweite Welt

Während dies alles geschah, lebten die Menschen glücklich unter der Erde zusammen mit dem Ameisenvolk. Seine Heimstätten waren geradeso wie die Heimstätten der Menschen, die nun auf der Erdoberfläche zerstört wurden. Da gab es Räume, in denen man lebte, und Räume, in denen man Nahrungsmittel lagerte. Licht, um etwas zu sehen, gab es auch. Die kleinen Kristallstückchen im Sand des Ameisenhügels hatten das Licht der Sonne aufgenommen, und indem sie ihren inneren Gesichtssinn benutzten, das Zentrum hinter ihren Augen, konnten die Menschen im wieder ausgestrahlten Licht sehr gut sehen.

Nur eins machte ihnen Sorgen. Die Nahrungsmittel wurden allmählich knapp. Sótuknang hatte nicht lange gebraucht, um die Welt zu zerstören; auch würde es nicht lange dauern, bis er wieder eine neue Welt erschaffen hatte. Doch es dauerte lange Zeit, bis die Erste Welt abgekühlt war, so daß die Zweite Welt geschaffen werden konnte. Deshalb wurden die Nahrungsmittel nun knapp.

»Gebt uns nicht so viel von euren Nahrungsmitteln, für die ihr so hart gearbeitet habt, um sie zu sammeln und zu lagern«, sagten die Menschen.

»Ja, aber ihr seid unsere Gäste«, antworteten ihnen die Ameisen. »Was wir haben, gehört euch.« So fuhr das Ameisenvolk fort, sich selbst die Nahrung wegzunehmen, um seine Gäste zu versorgen. Von Tag zu Tag schnallten sie ihre Gürtel enger und enger, und das ist der Grund, warum die Ameisen heute so dünne Taillen haben.

Endlich war das, was einmal die Erste Welt gewesen war, abgekühlt. Sótuknang reinigte sie. Dann begann er die Zweite Welt zu erschaffen. Er änderte sie vollständig, schuf Land, wo Wasser gewesen war, und Wasser, wo Land gewesen war, so daß die Menschen bei ihrem Aufstieg durch nichts mehr an die frühere, schlechte Welt erinnert würden.

Als alles fertig war, kam er auf das Dach der Ameisenkiva, stampfte darauf und ließ seinen Ruf erklingen. Sofort stieg der Ameisenhäuptling zur Öffnung hinauf und rollte die núta beiseite. »Yung-ai! Komm herein! Du bist willkommen!« rief er.

Sótuknang sprach zuerst zu dem Ameisenvolk: »Ich danke euch, daß ihr euer Teil getan habt, um diese Menschen zu retten. Es wird euch niemals vergessen werden. Die Zeit wird kommen, wenn wieder eine Welt zerstört werden muß, und wenn dann die schlechten Menschen erkennen, daß wieder eine Welt zerstört werden wird, so werden sie vor euren Hügeln sitzen und um Hilfe schreien. Nun, nachdem ihr eure Pflicht erfüllt habt, könnt ihr in diese Zweite Welt, die ich geschaffen habe, einziehen und euren Platz als Ameisen einnehmen.«

Dann wandte sich Sótuknang an die Menschen: »Steigt nun auf in diese Zweite Welt, die ich geschaffen habe. Sie ist schön, wenn auch nicht ganz so schön wie die Erste Welt. Sie wird euch gefallen.

Vermehrt euch und seid glücklich. Aber erinnert euch an euren Schöpfer und an die Gesetze, die er euch gegeben hat. Wenn ich euch frohe Lobpreisungen an ihn singen höre, dann weiß ich, daß ihr meine Kinder seid, und ihr werdet mir in euren Herzen nahe sein.«

So zogen die Menschen in die Zweite Welt ein. Ihr Name war Tokpa (Dunkle Mitternacht). Ihre Richtung war Süden, ihre Farbe blau und ihr Mineral qöchásiva, Silber. Häuptlinge auf ihr waren salavi, die Fichte, kwáhu, der Adler und kolíchiyaw, das Stinktier.

Es war ein großes Land, und die Menschen vermehrten sich schnell; sie verbreiteten sich nach allen Richtungen, sogar bis zur anderen Seite der Welt.

Das machte nichts, denn sie standen sich im Geiste nahe und konnten durch das Zentrum am Scheitel ihres Kopfes jeden sehen und zu jedem sprechen. Weil diese Tür immer noch offen war, fühlten sie sich Sótuknang sehr nahe und sangen frohe Loblieder zu ihrem Schöpfer Taiowa.

Sie genossen aber nicht mehr den Vorzug, zusammen mit den Tieren zu leben, denn die Tiere waren wild und hielten sich fern. Von den Tieren getrennt, befaßten sich die Menschen mit ihren eigenen Angelegenheiten. Sie bauten Häuser und dann Dörfer mit Wegen dazwischen. Sie stellten Dinge mit ihren Händen her und sammelten Nahrungsmittel wie das Ameisenvolk. Sie begannen miteinander zu handeln und zu tauschen.

Und da begannen die Schwierigkeiten. Alles, was sie brauchten, gab es auf dieser Zweiten Welt, aber sie fingen an, mehr haben zu wollen. Mehr und mehr handelten sie mit Dingen, die sie nicht brauchten, und je mehr Güter sie erhielten, desto mehr wollten sie haben. Dies war sehr ernst, denn sie merkten nicht, daß sie sich Schritt für Schritt von dem guten Leben entfernten, das ihnen gegeben worden war. Sie vergaßen einfach, die frohen Lobpreisungen zu ihrem Schöpfer zu singen, und bald begannen sie Loblieder auf ihre Waren zu singen, die sie tauschten und horteten. Es dauerte nicht lange, bis geschah, was geschehen mußte. Die Menschen gerieten miteinander in Streit, und die Kämpfe und Kriege zwischen den Dörfern begannen.

Es gab immer noch ein paar Menschen in jedem Dorf, die das Lied der Schöpfung sangen. Aber die bösen Leute lachten sie aus, bis sie es nur noch in ihrem Herzen singen konnten. Trotzdem hörte es Sótuknang durch ihre Zentren und die Zentren der Erde. Eines Tages plötzlich erschien er vor ihnen.

»Spinnenweib berichtet mir, daß euer Lebensfaden in dieser Welt ausläuft«, sagte er. »Das ist schlimm. Der Spinnenklan war euer Führer, und ihr habt gute Fortschritte gemacht, bis diese Dinge geschahen. Nun haben mein Oheim Taiowa und ich beschlossen, daß wir etwas dagegen unternehmen müssen. Wir werden diese Zweite Welt zerstören, sobald wir euch Menschen, die ihr noch immer das Lied in eurem Herzen singt, an einen sicheren Ort gebracht haben.«

Also rief nun Sótuknang, wie in der Ersten Welt, das Ameisenvolk an, daß es seine unterirdische Welt für die ausgewählten Menschen öffnete.

Als sie sicher unter der Erde waren, befahl Sótuknang den beiden Zwillingen, Pöqánghoya und Palöngawhoya, ihre Posten an dem Nord- und Südende der Weltachse zu verlassen, wo sie aufgestellt worden waren, um die Erde im richtigen Umlauf zu halten.

Die Zwillinge hatten kaum ihre Posten verlassen, als die Welt, die niemand mehr überwachte, aus dem Gleichgewicht kam, wie trunken umhertaumelte und sich zweimal überschlug. Berge stürzten mit großem Klatschen in die Meere, Meere und Seen überfluteten das Land, und als die Welt durch den kalten leblosen Raum wirbelte, gefror sie zu festem Eis.

Das war das Ende von Tokpa, der Zweiten Welt.

Aufstieg in die Dritte Welt

Viele Jahre lang waren die Elemente, aus denen die Zweite Welt bestanden hatte, zu einem leblosen und bewegungslosen Klumpen Eis gefroren. Aber die Menschen lebten warm und glücklich bei dem Ameisenvolk in der unterirdischen Welt. Sie gingen sparsam mit den Lebensmitteln um, aber dennoch wurden die Taillen der Ameisen schmaler. Sie webten Schärpen und Decken miteinander und erzählten sich Geschichten.

Schließlich schickte Sótuknang Pöqánghoya und Palöngawhoya zurück auf ihre Posten an den Polen der Weltachse. Mit einer großen Erschütterung und dem Splittern des Eises begann der Planet sich wieder zu drehen. Als sich die Erde wieder ruhig um die eigene Achse drehte und sich stetig auf ihrer Himmelsbahn bewegte, begann das Eis zu schmelzen, und die Erde wurde wieder warm genug für das Leben.

Sótuknang begann die Dritte Welt zu erschaffen: er ordnete Länder und Meere an, bepflanzte Berge und Ebenen mit der ihnen entsprechenden Vegetation und schuf alle Lebensformen.

Als die Erde zur Besiedlung geeignet war, näherte er sich wie zuvor in der angemessenen Weise der Ameisenkiva und sprach: »Öffnet die Tür. Es ist Zeit für euch, heraufzusteigen.«

Und wiederum gab er, nachdem die núta zurückgerollt worden war, den Menschen seine Anweisungen: »Ich habe euch gerettet, damit ihr auf dieser neuen Welt wieder eingesetzt werden könnt. Aber ihr müßt euch immer an diese beiden Dinge erinnern, die ich euch nun sage: erstens, achtet mich und euch gegenseitig, und zweitens, singt in Eintracht miteinander von den Gipfeln der Berge. Wenn ich euch keine Lobpreisungen mehr für euren Schöpfer singen höre, weiß ich, daß ihr zum Bösen zurückgekehrt seid.«

So kletterten die Menschen die Leiter aus der Ameisenkiva herauf und zogen in die Dritte Welt ein.

Kuskurza: Die Dritte Welt

Ihr Name war Kuskurza, ihre Richtung Osten, ihre Farbe rot. Die Häuptlinge auf ihr waren das Mineral palásiva, Kupfer, die Pflanze píva, Tabak, der Vogel angwusi, die Krähe, und das Tier chöövio,, die Antilope (Gabelbock).

Wiederum breiteten sich auf ihr die Menschen aus, vermehrten sich und schritten weiter fort auf dem Weg des Lebens. In der Ersten Welt hatten sie einfach mit den Tieren gelebt. In der Zweiten Welt hatten sie die Handfertigkeiten, Häuser und Dörfer entwickelt. In der Dritten Welt vermehrten sie sich nun so stark und machten so schnell Fortschritte, daß sie große Städte, Staaten und eine ganze Kultur schufen. Dies erschwerte es ihnen, in Übereinstimmung mit dem Plan des Schöpfers zu bleiben und Loblieder auf Taiowa und Sótuknang zu singen. Immer mehr von ihnen wurden ganz von ihren eigenen irdischen Plänen in Anspruch genommen.

Einige bewahrten natürlich die Weisheit, die ihnen bei ihrem Aufstieg geschenkt worden war. Aus dieser Weisheit heraus verstanden sie, daß es um so schwieriger werden würde, je weiter sie auf dem Weg des Lebens vorwärtsschritten und je mehr sie sich entwickelten. Denn um ihnen immer wieder einen Neubeginn zu ermöglichen, war ihre Welt so oft zerstört worden. Sie waren besonders besorgt, weil so viele Menschen ihre Fortpflanzungsfähigkeit auf eine schlimme Weise ausnutzten. Da gab es eine Frau, die in der ganzen Welt durch ihre Schlechtigkeit bekannt wurde, weil sie dadurch so viele Menschen verdarb. Sie prahlte sogar damit, daß so viele Männer ihr für ihre Gunst Türkishalsbänder geschenkt hätten, daß sie die Bänder um eine Leiter winden könnte, die bis ans Ende der Weltachse reichte. Da sangen die Menschen ihre Preislieder auf den Schöpfer länger und lauter auf den Gipfeln der Berge.

Die anderen Menschen hörten sie kaum. Unter der Führerschaft des Bogenklans begannen sie ihre Zeugungsfähigkeit in einer veränderten, bösen und zerstörerischen Weise zu gebrauchen. Vielleicht wurde dies durch jene böse Frau veranlaßt. Jedenfalls machten einige von ihnen ein pátuwvota, ein Schild aus Fell, und mit Hilfe ihrer Zeugungskraft ließen sie es durch die Luft fliegen. Viele Menschen folgen darauf zu einer großen Stadt, griffen sie an und kehrten so schnell zurück, daß niemand wußte, woher sie gekommen waren.

Bald machten viele Städte und Länder solche pátuwvotas und flogen damit, um sich gegenseitig anzugreifen. So kamen die Verderbnis und der Krieg in die Dritte Welt, genauso, wie sie in die anderen Welten gekommen waren.

Diesmal kam Sótuknang zu Spinnenweib und sagte: »Es hat keinen Zweck, jetzt noch zu warten, bis der Lebensfaden ausläuft. Es muß etwas getan werden, bevor auch noch die Menschen mit dem Lied im Herzen verdorben oder getötet werden. Es wird schwierig sein für sie, unter der überall ablaufenden Zerstörung sich an dem fernen Ende der Welt zu sammeln, das ich dafür bestimmt habe. Aber ich will ihnen helfen. Dann wirst du sie retten, wenn ich die Welt mit Wasser zerstöre.«

»Wie soll ich sie retten?« fragte Spinnenweib.

»Wenn du dort hinkommst, dann schau dich um«, befahl Sótuknang. »Du wirst dort hohe Pflanzen mit hohlen Stengeln sehen. Hau sie ab und stecke die Menschen hinein. Dann werde ich dir sagen, was du weiter tun sollst.«

Spinnenweib tat, was ihr geheißen worden war. Sie hieb die hohlen Schilfrohrhalme ab, und als die Menschen zu ihr kamen, steckte sie sie hinein, zusammen mit etwas Wasser und hurúsuki, Teig von weißem Maismehl, als Speise, und verschloß sie dann. Nachdem alle Menschen so versorgt waren, erschien Sótuknang.

»Nun geh auch du hinein und paß auf sie auf, und ich werde euch einschließen«, sagte er. »Dann werde ich die Welt zerstören.«

Da ließ er die Wasser der Erde frei. Wellen, höher als Berge, rollten über das Land. Kontinente brachen auseinander und versanken im Meer. Und weiter fiel der Regen, rollten die Wogen.

Die Menschen, die in den Schilfhalmen eingeschlossen waren, hörten das gewaltige Rauschen der Gewässer. Sie fühlten, wie sie hoch in die Luft geschleudert wurden und dann wieder hinunter ins Wasser fielen. Dann war alles ruhig, und sie wußten, daß sie schwammen. Lange, lange Zeit hindurch schwammen sie – so lange, daß sie glaubten, es käme nie ein Ende – und immer noch schwammen sie.

Allmählich verlangsamte sich ihre Bewegung und hörte schließlich ganz auf. Spinnenweib brach die Schilfrohre auf, faßte die Menschen an den Köpfen und zog sie heraus. »Bringt alles an Speise, was noch übrig ist, mit heraus«, befahl sie.

Die Menschen brachten ihr hurúsuki mit heraus; es war noch immer die gleiche Menge, obwohl sie die ganze Zeit davon gegessen hatten. Als sie sich umschauten, sahen sie ein kleines Stückchen Land, das einmal der Gipfel eines ihrer höchsten Berge gewesen war. Alles andere, soweit sie sehen konnten, war Wasser.

»Es muß irgendwo etwas trockenes Land geben, wo wir hingehen können«, sagten sie. »Wo ist die neue Vierte Welt, die Sótuknang für uns geschaffen hat?« Sie sandten viele Arten von Vögeln aus, einen nach dem anderen, daß sie übers Wasser flögen und das Land suchten.

Aber sie kamen alle müde zurück, ohne irgendwo ein Zeichen von Land gesehen zu haben. Darauf pflanzten sie einen Schilfhalm, der hoch zum Himmel empor wuchs. Daran kletterten sie hinauf und starrten über das Wasser hin, aber kein Zeichen von Land war zu entdecken.

Dann erschien Sótuknang bei Spinnenweib und sagte: »Ihr müßt weiterreisen. Eure Weisheit wird euch führen. Die Tür auf eurem Scheitel ist offen.«

Also veranlaßte Spinnenweib die Menschen, aus den hohlen Schilfrohren, mit denen sie gekommen waren, runde flache Boote zu bauen und hineinzusteigen. Wieder vertrauten sie sich dem Wasser an, und ihre innere Weisheit führte sie. Lange Zeit trieben sie mit dem Wind und der Strömung des Wassers dahin, bis sie zu einer anderen Felseninsel kamen.

»Sie ist größer als die andere, aber nicht groß genug«, sagten sie, schauten sich um und meinten ein schwaches rumpelndes Geräusch zu hören.

»Nein, sie ist nicht groß genug«, sagte Spinnenweib.

Also reisten die Menschen in ihren Schilfrohrbooten weiter in Richtung der aufgehenden Sonne. Nach einiger Zeit sagten sie: »Da ist wieder das schwache rumpelnde Geräusch, das wir gehört haben. Wir müssen bald wieder Land sehen.«

So war es auch. Ein großes Land schien es zu sein, mit Gras und Bäumen und Blumen, die ihren müden Augen wunderschön vorkamen. Dort hielten sie sich lange Zeit auf, und einige Menschen wollten bleiben, aber Spinnenweib sagte: »Nein, das ist noch nicht das rechte Land. Ihr müßt weiter.«

Sie verließen ihre Boote und wanderten zu Fuß ostwärts über die Insel zur Küste. Hier fanden sie wieder die hohlen Pflanzen, wie Schilf oder Bambus, und fällten sie. Von Spinnenweib angeleitet, legten sie einige dieser Stämme in einer Reihe nebeneinander und obendrauf quer dazu nochmal eine Reihe und banden das Ganze mit Halmen und Ranken zusammen.

So entstand ein Floß, groß genug für eine oder mehrere Familien. Als genug Flöße hergestellt worden waren, ließ Spinnenweib sie Paddel machen.

»Ihr müßt von nun an bergauf, und ihr müßt euren Weg selber finden, wie Sótuknang es euch gesagt hat; je weiter ihr kommt, desto schwerer wird es.«

Nach einer langen, anstrengenden Fahrt, immer noch nach Osten und ein bißchen nach Norden, hörten die Menschen wieder das schwache rumpelnde Geräusch und sahen Land. Eine Familie und ein Klan nach dem anderen landeten mit großer Freude. Das Land war lang, breit und schön. Das Erdreich war fruchtbar und eben, bedeckt mit Bäumen und Pflanzen, Samenträgern und Nußträgern, die sie reichlich mit Speise versorgten. Die Menschen waren glücklich und blieben jahrelang da.

»Nein, das ist nicht die Vierte Welt«, sagte ihnen Spinnenweib immer wieder. »Es ist hier viel zu einfach und angenehm für euch, ihr würdet bald wieder auf schlechte Wege geraten. Ihr müßt weiterziehen. Haben wir euch nicht gesagt, daß der Weg immer schwerer und länger wird?«

Widerwillig zogen die Menschen zu Fuß weiter nach Osten zur fernen Küste. Wieder stellten sie Boote und Paddel her. Als sie zum Aufbruch bereit waren, sprach Spinnenweib: »Nun habe ich alles getan, was mir aufgetragen war, für euch zu tun. Ihr müßt jetzt allein weitergehen und den Ort eures Aufstiegs finden. Haltet nur eure Türen offen, und eure Geister werden euch führen.«

»Vielen Dank, Spinnenweib, für all das, was du an uns getan hast«, sagten sie traurig. »Wir wollen uns immer daran erinnern.«

Allein stachen sie in See, fuhren in Richtung Osten und ein wenig nach Norden und paddelten schwer Tag und Nacht, viele Tage lang, und es war, als ob sie bergauf führen.

Endlich sahen sie Land. Es erhob sich hoch über das Wasser und erstreckte sich von Nord nach Süd, soweit sie schauen konnten. »Ein weites, mächtiges Land«, sagte ihnen ihre innere Stimme. »Die Vierte Welt!« riefen sie einander zu.

Als sie näher kamen, erhob sich die Küste höher und höher zu einer steilen Wand von Bergen. Es schien keinen Platz zum Landen zu geben. »Laßt uns weiter nach Norden fahren! Dort werden wir den Ort unseres Aufstiegs finden«, sagten einige. Sie fuhren weiter nach Norden, aber die Berge wurden immer höher und steiler.

»Nein, laßt uns nach Süden fahren! Dort werden wir den Ort unseres Aufstiegs finden!« schrien andere. Also kehrten sie um nach Süden und fuhren viele Tage lang. Aber auch hier wurde die Bergwand immer höher.

Da die Menschen nicht mehr wußten, was sie tun sollten, hörten sie auf zu paddeln, öffneten die Tür auf dem Scheitel und ließen sich führen. Fast sofort glättete sich das Wasser, und sie fühlten, wie ihre Flöße von einer sanften Strömung erfaßt wurden. Bald landeten sie und sprangen fröhlich auf einen Sandstrand. »Die Vierte Welt!« riefen sie. »Wir haben den Ort unseres Aufstiegs endlich erreicht.«

Bald kamen auch die anderen an, und nachdem sie sich alle versammelt hatten, erschien Sótuknang vor ihnen. »Nun, ich sehe, ihr seid alle da. Das ist gut. Das ist der Ort, den ich für euch vorbereitet habe. Schaut nun zurück auf den Weg, den ihr gekommen seid.«

Da blickten die Menschen nach Westen und Süden, und sie konnten alle die Inseln aus dem Wasser herausragen sehen, auf denen sie sich ausgeruht hatten.

»Das sind die Fußspuren eurer Reise«, fuhr Sótuknang fort. »Die Gipfel der hohen Berge aus der Dritten Welt, die ich zerstört habe. Seht nun!«

Als die Menschen schauten, tauchte die am nächsten gelegene Insel unter, dann die folgende und die übernächste, bis alle verschwunden waren, und sie nur noch Wasser sehen konnten.

»Seht«, sagte Sótuknang, »ich habe sogar die Fußspuren eures Aufstiegs weggewaschen, die Trittsteine, die ich für euch gelassen hatte. Auf dem Grund der Meere liegen all die stolzen Städte, die fliegenden pátuwvotas und die weltlichen Schätze, die durch das Böse verdorben wurden, und jene Menschen, die keine Zeit fanden, von den Gipfeln der Berge die Preislieder für ihren Schöpfer zu singen. Aber der Tag wird kommen, falls ihr die Erinnerung an euren Aufstieg und seine Bedeutung bewahrt, an dem diese Trittsteine wieder auftauchen werden, um zu beweisen, daß ihr die Wahrheit sprecht.«

Dies war das Ende der Dritten Welt, Kuskurza – ein alter Name, dessen Bedeutung man heute nicht mehr kennt.

Túwaqachi: Die Vierte Welt

»Noch etwas muß ich euch sagen, bevor ich euch verlasse«, sprach Sótuknang zu den Menschen, als sie an dem Ort ihres Aufstiegs, der Küste der heutigen Vierten Welt, standen. Und dies ist es, was er sagte:

»Der Name dieser Vierten Welt ist Túwaqachi, Vollständige Welt. Ihr werdet herausfinden, warum. Sie ist nicht so schön und bequem wie die vorangegangenen Welten. Sie hat Höhe und Tiefe, Hitze und Kälte, Schönheit und Unfruchtbarkeit; es gibt alles, und ihr könnt wählen. Was ihr wählt wird entscheidend dafür sein, ob ihr diesmal auf ihr den Schöpfungsplan ausführen könnt oder ob die Welt wieder zerstört werden muß. Nun werdet ihr euch trennen und verschiedene Wege gehen, um die ganze Erde für den Schöpfer in Anspruch zu nehmen. Jede Gruppe wird ihrem eigenen Stern folgen, bis er anhält. Dort werdet ihr euch niederlassen. Nun muß ich gehen, aber ihr werdet von den entsprechenden Gottheiten, von euren guten Geistern, Hilfe bekommen. Behaltet nur eure Türen offen und erinnert euch immer an das, was ich euch gesagt habe. Das ist alles.«

Dann verschwand er.

Die Menschen begannen langsam von der Küste weg ins Landesinnere zu wandern, als sie plötzlich wieder das leise rumpelnde Geräusch hörten. Als sie umherschauten, sahen sie einen stattlichen Mann und fragten: »Bist du es, der diese Geräusche gemacht hat, die wir hörten?«

»Ja, ich habe sie gemacht, damit ihr den Weg hierher findet. Erkennt ihr mich nicht? Ich heiße Másaw und bin der Verwalter, der Wächter und Beschützer dieses Landes.«

Nun erkannten die Menschen Másaw. Er war zum Verwalter der Dritten Welt gemacht worden, hatte sich aber zu wichtig genommen und seine Demut Gott gegenüber verloren. Da er aber ein Geist war, so konnte er nicht sterben, und deshalb nahm ihm Taiowa sein Amt fort und machte ihn zur Gottheit des Todes und der Unterwelt. Diese Aufgabe dort unten war nicht so angenehm wie oben. Dann, als die Dritte Welt zerstört wurde, beschloß Taiowa, ihm nochmals eine Gelegenheit zu geben, so wie er sie den Menschen gegeben hatte und machte ihn zum Verwalter, der die Vierte Welt bewachen und beschützen sollte.

Er war das erste Wesen, dem die Menschen hier begegneten, und sie verhielten sich sehr achtungsvoll ihm gegenüber. »Gibst du uns die Erlaubnis, hier in diesem Land zu leben?« fragten sie.

»Ja, ich gebe euch diese Erlaubnis als Beschützer dieses Landes.«

»Wirst du auch unser Führer sein?« fragten darauf die Menschen.

»Nein«, erwiderte Másaw. »Ein größerer als ich hat euch einen Plan gegeben, den ihr zunächst erfüllen müßt. Als die früheren Teile der Welt unter das Wasser gestoßen wurden, wurde das neue Land in der Mitte heraufgedrückt, um das Rückgrat der Erde zu werden. Ihr steht nun auf seiner atvila (Westabhang). Aber ihr habt noch nicht eure Wanderungen gemacht. Ihr seid noch nicht eurem Stern zu dem Ort gefolgt, an dem ihr wieder zusammentreffen und euch niederlassen werdet. Dies müßt ihr tun, bevor ich euer Führer werden kann. Kommt ihr aber wieder auf Abwege, dann werde ich euch die Erde wegnehmen, denn ich bin ihr Verwalter, Wächter und Beschützer. Im Norden werdet ihr Kälte und Eis finden. Das ist die Hintertür dieses Landes, und die, die möglicherweise durch diese Hintertür kommen, würden es ohne meine Erlaubnis betreten. Also geht und nehmt das Land mit meiner Erlaubnis in Besitz.«

Als Másaw verschwunden war, teilten sich die Menschen in Gruppen und Klane auf und begannen ihre Wanderungen.

»Mögen wir uns wiederbegegnen!« riefen sie einander zu.

So also begann alles auf dieser, unserer gegenwärtigen Vierten Welt. Wie wir wissen, ist ihr Name Túwaqachi, Vollständige Welt. Ihre Richtung ist Nord, ihre Farbe sikyangpu, gelbweiß. Häuptlinge auf ihr sind der Baum kneumapee, der Wacholder, der Vogel mongwau, die Eule, das Tier tohopka, der Silberlöwe und das gemischte Mineral sikyápala.

Wo die Menschen auf ihren Wanderungen hinkamen – bis ans Ende der Welt und wieder zurück – und was sie getan haben, um den Plan der Schöpfung auszuführen – vom Ort des Anfangs bis auf die heutige Zeit – das wird nun als nächstes von den Klanen selbst erzählt – in der Reihenfolge, wie sie ankamen.[91]

Abb. 41

Cante Hondo

Musik, die so innig gehört wird,
Daß du sie nicht mehr hörst, weil du selbst die Musik bist,
Solange sie forttönt.

T. S. ELIOT

Das Wort ist der am Rande des Wassers gepflanzte Baum, den der
Vater ohne einen Mittler gezeugt hat, mit Früchten beladen,
prächtig gedeihend, hoch, mit stattlichem Astwerk. ... Von eben
diesem Baum schlug Adam die Frucht aus, um darauf seinem
Gegner zum Opfer zu fallen. Christus ist der Baum des Lebens,
der Teufel der Baum des Todes.

ASTERIOS SOPHISTES

Vor der Ankunft des weißen Mannes und dem Verschwinden des Büffels waren die Schwarzfuß-Indianer Montanas
ein Jägerstamm, dessen leibliches Wohl von den großen
Herden abhing, die über die Prärien schweiften. Die Büffel
wurden von einem Mann im Büffelfell und mit einem
Büffelkopfputz auf zu einer Steilwand gelockt. Unterdessen
erschreckten andere Krieger die Tiere in der Nachhut der
Herde, bis sie in panischer Flucht lospreschten und die
ganze Herde über den Rand des Abgrunds in den Tod
drängten.

In einem Jahr, so berichtet eine Schwarzfußsage, lief das
Ganze nicht so glatt ab. Die Büffel wurden zur Steilwand
getrieben, aber sie sprangen nicht. Sie brachen lediglich nach
rechts oder links aus und entkamen in die Prärie. Die
Schwarzfüße waren ohne Fleisch und kurz vor dem Ver-
hungern.

Da sah eine junge Frau des Stammes beim Wasserholen in
aller Morgenfrühe eine ganze Büffelherde direkt oberhalb
der Steilwand auf der Prärie grasen. Halb zum Scherz rief sie

aus: »Wenn ihr nur über die Steilwand springen wolltet, so würde ich einen von euch heiraten!« Und vor ihren Augen strauchelten die Büffel und stürzten sich zu Tode. Nur ein einziger großer Bulle überlebte. Er trat an die schöne junge Squaw heran und sagte: »Komm mit!«

»Nein, nein«, widersetzte sie sich und versuchte zu fliehen.

Er aber erinnerte sie an ihr Versprechen, einen von ihnen zu heiraten, wenn sie nur springen wollten. Und so wurde sie des Büffels Braut, und dieser trug sie auf die Prärie hinaus.

Als nun die andern des Stammes mit dem Abhäuten der Büffel und dem Zerschneiden des Fleisches fertig waren, konnten sie die junge Frau nicht finden. Ihr Vater griff zu Pfeil und Bogen und zog auf die große Prärie hinaus, um sie zu finden.

Nachdem er ein gutes Stück Wegs gegangen war, gelangte er an eine Büffelsuhle – ein Wasserloch, wo die Herden hinkommen, um zu trinken und sich im Schlamm zu wälzen. In der Ferne erblickte er eine Herde, aber da er von seiner Wanderung müde war, setzte er sich nieder und überlegte, was zu tun sei. Während er so grübelte, ließ sich ein anmutiger schwarzweißer Vogel, eine Elster, neben ihm auf dem Boden nieder.

Der Vater sprach zu dem Vogel: »Hilf mir, wenn du kannst. Du hast Flügel und kannst flink umherfliegen. Schau nach meiner Tochter aus, und wenn du sie siehst, sag ihr, ihr Vater hält sich in der Nähe der Suhle auf.«

Die Elster flog zu der Herde hin und erblickte die junge Frau. Sie flatterte in ihrer Nähe zu Boden und sagte: »Dein Vater wartet an der Suhle auf dich.«

»Sprich nicht so laut«, warnte die junge Frau. »Mein Büffelmann schläft ganz in der Nähe. Fliege zurück, und sage meinem Vater, daß er warten soll.«

Bald erwachte der große Bulle und hatte Durst. Er sprach zu seiner Frau: »Geh mir Wasser holen.«

Die junge Frau freute sich über diese Worte, nahm ein Horn vom Kopf des Büffels ab und ging zu der Suhle. Als sie dort ankam, warnte sie ihren Vater: »Du hättest nicht kommen sollen. Sie werden dich töten.«

»Ich bin gekommen, dich heimzuholen«, erwiderte er. »Rasch, laß uns eilen!«

»Nein, nicht jetzt!« rief sie. »Sie werden uns nachjagen und uns töten. Warte, bis sie schlafen, dann wollen wir uns davonstehlen.«

Mit dem Horn voll Wasser ging sie zu dem großen Bullen zurück. Er trank etwas davon und rief sogleich: »Da ist jemand an der Suhle!« Er begann zu brüllen und zu schnauben und die Erde mit seinen scharfen schwarzen Hufen aufzuscharren. Da sprangen alle Bullen auf, schwenkten die Hörner, brüllten laut und stürmten zur Suhle. Als sie den Mann entdeckten, zertrampelten sie ihn und zerrissen ihn mit ihren Hörnern und zertrampelten ihn sodann ein weiteres Mal, bis nichts mehr von ihm übrig war.

Das Mädchen jammerte: »Oh, Vater, Vater!« und sank tränenüberströmt zu Boden.

»Aha!« brüllte der große Bulle. »Du weinst, weil dein Vater tot ist. Vielleicht weißt du jetzt, wie uns zumute ist. Wir haben mit ansehen müssen, wie unsere Väter, Mütter, Schwestern, Brüder und viele andere, die uns lieb waren, von deinem Stamm geschlachtet wurden. Ich werde mich daher deiner erbarmen. Wenn du deinen Vater ins Leben zurückbringen kannst, werde ich euch beiden gestatten, zu eurem Stamm zurückzukehren.«

Da sah die junge Frau die Elster und flehte sie an: »Hilf mir, bitte! Versuche, einen der Knochen meines Vaters zu finden.«

Die Elster suchte und pickte in dem ganzen Schlamm herum, bis sie schließlich einen Wirbel vom Rückgrat fand. Den brachte sie der jungen Frau.

Diese legte den Knochen auf die Erde, breitete ihren Umhang darüber und sang ein magisches Lied. Als sie die

Decke wegzog, lag da der ganze Körper ihres Vater, aber er war noch tot. Sie deckte den Körper wieder zu und sang abermals das Lied. Als sie die Decke zum zweitenmal wegzog, atmete ihr Vater und stand auf. Die Büffel staunten, und die Elster freute sich.

»Du hast deinen Vater von den Toten zurückgebracht«, sagte der Bulle. »Deine heilige Kraft ist sehr groß. Bevor ihr geht, werden wir euch unseren Tanz und Gesang lehren. Diese müßt ihr behalten. Denn mit ihnen werdet ihr die Büffel, die euer Stamm tötet, wieder zum Leben erwecken können.«

Dann tanzte und sang die ganze Herde den feierlichen Büffeltanz, und der Vater und seine Tochter gaben genau acht. Als sie zu ihrem Stamm zurückkehrten, brachten sie allen bei, was sie gelernt hatten.[92]

Nun ist die Auferstehung aus den Knochen, und aus dem Wort, unter Jäger- und Nomadenstämmen auf der ganzen Welt ein weitverbreitetes Motiv. Die Schamanen Sibiriens z. B. haben als Teil ihrer Einweihung oft den Traum oder die Vision, auf ein Skelett reduziert zu werden. Im Traum oder in der Vision kommen die Geister der verstorbenen Schamanen und nagen das Fleisch ab, bis nur noch die weißen Knochen übrig sind und in übernatürlichem Licht glänzen. Der junge Eingeweihte wird dann als Schamane wiedergeboren und hat keine Angst mehr vor dem Tod. Im tibetischen Buddhismus und selbst im Christentum üben sich Mönche in einer Betrachtung, in der sie sich geistig auf den Zustand eines Skeletts reduzieren, um den illusorischen Charakter des Lebens zu erfahren. Bei Buddhisten und Christen gleichermaßen hat diese Übung eine Grundlage in ihren jeweiligen heiligen Schriften. Die biblische Schilderung findet sich in der berühmten Vision Ezechiels:

Die Hand des Herrn kam über mich, und der Herr führte mich im Geiste hinaus und ließ mich nieder inmitten der Ebene, und diese war voller Gebeine ... Da sprach er zu mir: Menschensohn, können wohl diese Gebeine wieder lebendig werden? Ich aber

222

antwortete: O Herr, mein Gott, du weißt es. Nun sprach er zu mir: Weissage über diese Gebeine und sprich zu ihnen: Ihr dürren Gebeine, höret das Wort des Herrn! So spricht Gott der Herr zu diesen Gebeinen: Siehe, ich bringe Lebensodem in euch, damit ihr wieder lebendig werdet.... und ihr werdet erkennen, daß ich der Herr bin. Da weissagte ich, wie mir befohlen war; und als ich weissagte, siehe, da entstand ein Rauschen, und die Gebeine rückten eines ans andre. Und als ich hinschaute, siehe, da bekamen sie Sehnen, und es wuchs Fleisch an ihnen.[93]

In gleicher Weise findet T. S. Eliot, der größte metaphysische Dichter des zwanzigsten Jahrhunderts, der sich mit dem Christentum befaßte, seine Gebeine in der Wüste verstreut und sein Fleisch von Leoparden gefressen.

Dame, drei weiße Leoparden, unterm Wacholderbaum gesessen,
In der Kühle des Tags, hatten sich satt gefressen,
An meinen Gliedern, meinem Herzen, meiner Leber und dem,
das eh
Beschlossen lag in hohler Wölbung meines Haupts.[94]

Seine verstreuten Gebeine bieten, gelinde gesagt, ein Bild der Zerbrochenheit, das einen Zustand der Auflösung der Persönlichkeit bezeichnet – die Ruinen des zerstümmerten Selbst. Doch wie die beschwörenden Gesänge des Schwarzfußmädchens über dem Wirbelknochen ihres Vaters, wie das Weissagen Ezechiels über einer ganzen Ebene von Gebeinen und wie das Tanzen und Singen des Büffeltanzes durch den gesamten Schwarzfußstamm bringt das WORT Eliot ein neues Zentrum und neues Leben.

Daß Eliots *The Waste Land* kurz nach dem Ersten Weltkrieg erschien, ist von größter Bedeutung. Denn die Gebrochenheit, von der er in diesem Gedicht schrieb, war nicht nur seine eigene, sondern die der ganzen Gesellschaft. Die Lieder, die Eliot später sang, gleichen denen, die die Schwarzfuß-Indianer gelernt hatten. Sie konnten die Seele eines Einzelnen oder einer ganzen Gesellschaft auferstehen lassen.

Und zu jener Zeit statt, nachdem die Völker sinnlos ihre Kräfte gegeneinander ins Feld geführt und die Schlachtfelder mit Gebeinen übersät hatten, erstand eine gemeinsame Vision. Denn aus den verstreuten Überresten der Völkerfamilie ging ein neues Zentrum hervor. Die großen westlichen Weisen kamen aus ihren Einsiedeleien, um die Kraft der Symbole zu verkünden und vor allem ihre Kraft, die Wiedereinswerdung individueller Persönlichkeiten und ganzer Gesellschaften zu bewirken. Von seiner Einsiedelei in den Schweizer Alpen aus sprach der Psychologe C. G. Jung von dem Symbol des Mandalas und seinem Grundmotiv:

... die Ahnung eines Persönlichkeitszentrums, sozusagen einer zentralen Stelle im Inneren der Seele, auf die alles bezogen, durch die alles geordnet ist, und die zugleich eine Energiequelle darstellt. ... Dieses Zentrum ist nicht gefühlt oder gedacht als das Ich, sondern, wenn man so sagen darf, als das Selbst. Obschon das Zentrum einerseits einen innersten Punkt darstellt, so gehört zu ihm andererseits auch eine Peripherie oder ein Umkreis, der alles in sich enthält, was zum Selbst gehört, nämlich die Gegensatzpaare, welche das Ganze der Persönlichkeit ausmachen. Dazu gehört das Bewußtsein in erster Linie, sodann das sogenannte persönliche Unbewußte, und schließlich noch ein unbestimmt großer Ausschnitt des kollektiven Unbewußten, dessen Archetypen allgemeinmenschlich sind.[95]

T. S. Eliot verfaßte *The Waste Land* ebenfalls weitgehend in der Schweiz, während eines Kuraufenthaltes in Lausanne im Jahre 1921, zu einer Zeit, als der Dichter von dem »wüsten Land« des Nachkriegseuropa tief betroffen war. Das Gedicht selbst ist ein unzusammenhängender Strom gebrochener Bilder, ausgesät wie verstreute Gebeine, um den Effekt psychischer und gesellschaftlicher Auflösung zu erzeugen.

Und doch gibt es gegen Ende des Gedichtes ein helles Aufleuchten, eine Ankündigung, ein vages Gestaltwerden. Für einen kurzen Moment öffnet sich der Himmel, und wir hören die Stimme des Herrn aller Geschöpfe eine einzige einfache Silbe donnern, DA. Sie ist ein einziger Befehl, ein ruhender Punkt, um den, wie wir gesehen haben, die ichüberwindenden Tätigkeiten des Gebens, Mitleidhabens und Sichbezähmens kreisen. Zwischen den verstreuten Gebeinen – den zerfallenen Ruinen einer Persönlichkeit und des Nachkriegseuropa – bildet sich ein neues Zentrum heraus; der ruhende Punkt in Form des WORTES donnert – und ist verschwunden.

Für Eliot ist es das Ziel des Lebens, auf dieses Zentrum zuzugehen und irgendwie zur bleibenden Vereinigung mit ihm zu gelangen.

> Wir müssen still sein und dennoch vorangehen,
> Mit vertiefter Empfindung
> Zu neuer Vermählung, tieferer Vereinigung.[96]

Doch diese Vision der Ekstase und Erleuchtung, der ruhende Punkt, ist zu intensiv, als daß der Mensch sie ertragen könnte. Das stille Lichtherz leuchtet nur blitzartig auf. Nur Heilige kennen den ruhenden Punkt wirklich.

> Die meisten von uns kennen nur den einzelnen
> absichtslosen
> Augenblick, den Augenblick in und außer der Zeit,
> Den Wachtraum, verloren im Sonnenstrahl,
> Den ungesehenen Thymian, das Wetterleuchten im Winter,
> Den Wasserfall oder Musik, die so innig gehört wird,
> Daß du sie nicht mehr hörst, weil du selbst die Musik bist,
> Solange sie forttönt. Das sind nur Winke und Ahnungen,
> Winke, denen Ahnungen folgen.[97]

Wir haben nur Fingerzeige, Winke, Wachträume, Andeutungen des unbewegten Zentrums innerer Freiheit:

> Innere Freiheit vom Verlangen nach sinnvollem Tun,
> Vom Handeln wie vom Dulden, Erlösung vom innern
> Wie auch vom äußern Zwang, doch rings umgeben
> Von körperlicher Gnade, weißem Licht still und bewegt.[98]

Dieses leuchtende WORT im Zentrum der Welt ist der Brennpunkt eines Mandalas oder Yantras, das in den *Four*

Quartets, dem monumentalen Werk des Dichters, zur Vollendung gelangt. Wie wir wissen, enthält das Mandala meistens drei Elemente: den Mittelpunkt, den Kreis und den Gedanken der Vierheit. Schon im Titel *Vier Quartette* finden wir das Motiv der Vierheit zweimal vor, und im ersten dieser Quartette erscheint inmitten eines kreisrunden Teichs in einem quadratischen Garten eine Vision. Es ist ein verlassener Garten, und der Teich ist leer – so hat es jedenfalls den Anschein.

> Ausgetrocknet der Teich, braun gerändert der trockene Zement,
> Und Wasser aus Sonnenlicht füllte den Teich
> Und sacht, sacht erhob sich die Lotosblume,
> Die Wasserfläche funkelte aus dem Lichtherz
> Und sie standen hinter uns, gespiegelt im Teich.
> Da zog eine Wolke vorbei und der Teich war leer.[99]

In einem Augenblick der Vision füllt sich der entwässerte Teich mit leuchtendem Wasser, und das Zentrum entfaltet sich sacht. Doch abermals ist es nur ein kurzes Aufleuchten. Eine Stimme tönt aus den Bäumen.

> Geh, geh, geh, sprach der Vogel; die Menschen
> Ertragen nicht sehr viel Wirklichkeit.[100]

Das Wort offenbart sich – und ist verschwunden. Doch durch das Hören auf die Sprache vermag der Dichter, uns zu dem ruhenden Punkt zu führen.

> Worte, nachdem sie gesprochen, reichen
> In das Schweigen hinein. Nur im Gefüge, der Form
> Können Wort und Musik
> Die Stille erreichen – wie eine chinesische Vase
> Regungslos und dennoch in sich unendlich bewegt ist.
> Nicht das Schweigen der Geige, solange der Ton noch schwingt,
> Nicht dies nur, sondern vielmehr ihr Zugleich-Sein,
> Und, sagen wir, daß das Ende dem Anfang vorangeht.[101]

Allein durch ihr Gefüge offenbaren Worte, Musik und die chinesische Vase den ruhenden Punkt. So webt Eliot verschlungene Figuren mit Worten, die für das reine, stille Grundmuster, das Mandala das sie offenbar machen, nur zweitrangig sind. Das Mandala ist vor, während und nach den Worten da. Es ist ewig. Die Worte offenbaren es nur. Genau wie das Zentrum des Mandalas der Gipfel des Bewußtseins ist, so definiert Eliot die Dichtung eines Volkes als »den höchsten Stand seines Bewußtseins, seine größte Kraft und seine zarteste Empfindung«.[102]

T. S. Eliot war Christ, und für ihn war Christus, das göttliche WORT, der ruhende Punkt. Um dieses Zentrum zu berühren, müssen wir durch die Figuren der Worte zum WORT hinstreben. Das ist ein dichterischer, sprachlicher Vorgang. Es ist auch ein Gebetsvorgang. Um die Zeit zu erlösen, müssen wir die Sprache erlösen, unser Offenbarungsmittel. Anstatt uns die gebrochene, zertrümmerte Sprache von *The Waste Land* vorzusetzen, wird Eliot sich in seiner späteren Dichtung der beschwörenden, liturgischen Kraft der Worte bewußt. Seine Gedichte sind Gebete, und in diesen Gebeten finden sich Figuren und Muster, die das tiefste Zentrum unseres Seins ansprechen, die das WORT auf geheimnisvolle Weise anrufen.

> Wenn das verlorene Wort verloren, das verbrauchte
> Wort verbraucht ist,
> Wenn das unvernommen ungesagte
> Wort ungesagt ist, unvernommen,
> Ist noch das ungesagte Wort, das WORT, das unvernommene,
> Das WORT ohn Wort, das WORT inmitten
> Der Welt und für die Welt:
> Und das Licht schien in der Finsternis: und
> Gegen das WORT rollt noch rastlose Welt
> Um die Mitte des WORTS, das schweigt.[103]

Eliot gibt das ungesagte, unvernommene Wort, das WORT ohne Wort, ohne Stimme. Unvernommen ist das Wort, weil es so innerlich ist, so *still*. Doch trotz der Unaufmerksamkeit der Welt sagt es still weiter.

Woher diese Unaufmerksamkeit? Obgleich Gebet und Dichtung uns zu dem ruhenden Punkt führen können, können wir dort niemals wirklich verweilen. Deshalb betet Eliot:

> Selige Schwester, heilige Mutter, Geist der Quelle, Geist des Gartens,
> Laß uns nicht Selbstbetrug treiben mit Falsch
> Lehre uns hinschaun und wegschaun
> Lehre uns stillsitzen[104]

Warum können wir nicht stillsitzen? Vielleicht deshalb, weil wir unauflöslich mit der Sprache, mit Gedanken, mit Worten verknüpft sind, und Worte sitzen nicht still. Sie

> Reißen oder brechen unter der Last
> Durch die Anspannung, verrutschen, gleiten aus, sterben aus,
> In Fehlbenennung verwesend, bleiben nicht an ihrem Ort
> Und wollen nicht still sein.[105]

Und das ist genau das Problem in der praktizierten Religiosität des Westens. Wir haben ganz einfach nicht den Sprachcharakter unseres Betens begriffen. In der vedischen Tradition haben wir gesehen, daß Worte *tatsächlich* still stehen. Der Dhruva ist genau das fest am höchsten Himmel verankerte WORT, aus dem die Essenz aller Wesen strömt. Die Kunst der Meditation durch die Sprache ist in Indien so hoch entwickelt, daß sie gewissermaßen eine Wissenschaft ist. Bei rechter Vorbereitung sind sämtliche Erfahrungen, die wir in der Literatur des Ostens beschrieben finden, so gut wiederholbar wie jedes wissenschaftliche Experiment. Im Westen jedoch ist unsere Aufmerksamkeit auf andere Dinge konzentriert gewesen. Folglich haben wir gegenüber der Meditation eine eher passive und negative Einstellung. Wir finden hier keine knappen, präzisen sprachlichen Formeln wie Mantras, Koans und Sutras.

Außerdem wird uns, wenn wir bei den größten abendländischen Betern nachlesen, das Gebet nicht so nahegebracht, daß es für viele attraktiv wäre. Von Anfang an wird uns erklärt, wir müßten allem entsagen und auf einem Weg der »Dunkelheit« fortschreiten. Eliot z. B. sagt uns, der Weg sei

> Dunkel inwendig, enteignet
> Mit Entblößung von jeglichem Besitztum:
> Aufzehrung der Welt der Sinne,
> Ausleerung der Welt der Phantasie,
> Ausschaltung der Welt des Geistes.[106]

Oder an anderer Stelle:

> Soll ich es nochmals sagen? Um dahin zu gelangen,
> Wo du schon bist, und fortzukommen von dort, wo du nicht bist,
>   Mußt du einen Weg gehen, der keine Verzückung kennt.
> Um das zu erreichen, was du nicht weißt,
>   Mußt du den Weg der Unwissenheit gehen.
> Um das zu besitzen, was du nicht besitzest,
>   Mußt du den Weg der Entäußerung gehen.
> Um das zu werden, was du nicht bist,
>   Mußt du den Weg gehen, auf dem du nicht bist.
> Was du nicht weißt, ist das einzige, was du weißt,
> Was dir gehört, ist was dir nicht gehört,
> Und wo du bist, ist wo du nicht bist.[107]

Das ist eine asketische Sprache, wie sie etwa der hl. Johannes vom Kreuz führte, der spanische Mystiker aus dem späten sechzehnten Jahrhundert, der einer der asketischsten Kontemplativen in der abendländischen Tradition war; er schrieb:

Willst du dahin gelangen, alles zu kosten, suche in nichts Genuß.
Willst du dahin gelangen, alles zu wissen, verlange in nichts etwas zu wissen.
Willst du dahin gelangen, alles zu besitzen, verlange in nichts etwas zu besitzen.
Willst du dahin gelangen, alles zu sein, verlange in nichts etwas zu sein.
Willst du erlangen, was du nicht genießest, mußt du hingehen, wo du nichts genießest.

Willst du gelangen zu dem, was du nicht weißt, mußt du hingehen, wo du nichts weißt.

Willst du gelangen zu dem, was du nicht besitzest, mußt du hingehen, wo du nichts besitzest.

Willst du erlangen, was du nicht bist, mußt du hingehen, wo du nichts bist.

Sobald du dein Genügen suchest im Kleinsten, hörst du auf, dich hinzugeben ins Ganze.

Sofern du willst gelangen vom Ganzen zum Ganzen, mußt du dich entäußern von allem in allem.

Sobald du es dahin bringst, alles zu haben, mußt du es haben, ohne etwas zu verlangen.

Denn so du haben willst etwas im Ganzen, hast du nicht rein in Gott deinen Schatz.[108]

> In dieser Nacktheit findet der Geist
> seine Ruhe und seinen Frieden.
> Denn da er nichts begehrt,
> drückt ihn auch nichts nieder,
> weil er im Zentrum seiner Demut weilt.
> Wenn er etwas begehrt,
> ermattet er in eben diesem Verlangen.[109]

Dies mag vielleicht für ein paar Einsiedler ansprechend sein, ist aber kaum eine Sprache, die das Gebet für viele Menschen interessant machen könnte. Und das ist noch nicht alles. Johannes vom Kreuz, vielleicht die größte Autorität des Abendlandes in Fragen des Gebetes, teilt uns mit, daß wir die Bindung an alles – Freunde, Sinne und sogar geistige Erscheinungen wie etwa Visionen – aufgeben müssen, wenn wir mit dem Üben auch nur beginnen wollen.

Wir würden sehr falsch liegen, wenn wir annehmen wollten, daß dies auf eine Armut in geistlichen Dingen bei diesem Mann zurückzuführen sei. Es rührte einfach daher, daß er ein Mönch war und daß er sein Wissen vom Gebet in die Wendungen strengster Askese kleidete. Er war ein ungemein begnadeter Kontemplativer. Nicht nur war die Tiefe seiner Gotteserfahrung unergründlich und nicht nur feierte er sie in Versen, von denen manche gewiß zu den schönsten der Welt zu zählen sind, sondern in seinen Kommentaren hinterließ er die maßgeblichen Ausführungen über das Beten, wenigstens in der katholischen Tradition. Doch seine Dichtung mit ihrem vollen Ton und ihren abgründig quälenden Bildern bleibt unvernommen. Das folgende Gedicht trägt den Titel »Gesang der Seele, die sich an der Erkenntnis Gottes durch den Glauben erfreut«.

Wohl kenn' den Urquell ich, der quillt und fließet,
  Obgleich's bei Nacht ist.

Der ewige Quell, der im Verborg'nen fließet,
Wohl weiß ich, wo er seine Flut ergießet,
  Obgleich's bei Nacht ist.

Im Dunkel dieses Lebens sonder Helle
Zeigt mir der Glaube jene frische Quelle,
  Obgleich's bei Nacht ist.

Ich weiß, daß nie er einen Anfang hat genommen,
Und weiß auch, daß der Dinge alle von ihm kommen,
  Obgleich's bei Nacht ist.

Ich weiß, daß nichts an Schön' ihm gleich zu denken,
Und daß aus ihm sich Erd' und Himmel tränken,
  Obgleich's bei Nacht ist.

Wohl weiß ich, daß er nicht ist zu ergründen
Und daß sich selbst verliert, wer Grund will finden,
  Obgleich's bei Nacht ist.

In ew'ger Klarheit rinnen seine Wellen,
Ich weiß, daß alles Licht aus ihm muß quellen,
  Obgleich's bei Nacht ist.

Ich weiß, daß seine Flut so mächtig fließet,
Daß Höllen, Himmel, Völker sie begießet,
  Obgleich's bei Nacht ist.

Weiß, daß er einen Strom aus sich gebäret,
Der sich ihm gleich an Füll' und Macht bewähret,
  Obgleich's bei Nacht ist.

Weiß, daß der Strom, der beiden gleich entquillet,
Nicht minder reich als jene beiden schwillet,
    Obgleich's bei Nacht ist.

Drei sind's, die dieser Lebensquell umschließet,
Und ein Gewässer aus dem andern fließet,
    Obgleich's bei Nacht ist.

Und dieser ew'ge Quell, uns zu beleben,
Hat sich im Lebensbrote uns gegeben.
    Obgleich's bei Nacht ist.

Hier quillt er ladend alle Wesen,
Daß sie an ihm sich laben und genesen,
    Obgleich's bei Nacht ist.

Ja, ich erblick ihn hier in diesem Brote,
Und sehne mich und schmacht' nach ihm zu Tode,
    Weil es bei Nacht ist.[110]

Die Dunkelheit der Nacht ist das beherrschende Bild in den
Werken des Heiligen. Es gibt die Dunkelheit des Abschieds
von den Freuden der Freundschaft, der Sinne und des
Verstandes. Eine zweite Dunkelheit ist die Dunkelheit des
Glaubens, denn nur der reine Glaube, der sich auf nichts
anderes stützt, ist ein wahrer Führer. Eine weitere Dunkelheit ist die Dunkelheit der Entsagung von geistlichen Begriffen und Visionen. Die Versenkung in die dunkle Betrachtung des Göttlichen geht so weit über den Bereich von
Sinnen, Gedanken, Gefühlen, Einbildungskraft, Vorstellung oder Vision hinaus, daß man ihnen allen entsagen muß.
Es besteht äußerste Klarheit darüber, daß Begriffe und
Gedanken über Gott nur *über* ihn sind. Sie sind nicht Gott.

Doch wie vermagst du, Leben, standzuhalten,
Da du nicht lebst, woher du Leben nimmst,
Nachdem an sich schon tödlich sind
Die Pfeile, die dein Inn'res treffen
Von dem, was vom Geliebten du empfängst?[111]

Es gibt demnach keinen Führer, keinen Weg der Annähe-
rung außer der Dunkelheit über allem, was wir zuvor

gekannt haben. Der Weg verlangt gänzliche Entsagung, Gläubigkeit und letztlich Liebe.

Es war in dunkler Nacht,
Ich brannt' von Liebeswehen, –
O Glück, das selig macht! –
Entwich ich ungesehen
Und ließ mein Haus in Ruhe stehen.

Gehüllt in dunkle Nacht,
Vermummt mußt ich entsteigen.
O Glück, das selig macht! –
In heimlich, dunklem Schweigen
Lag still das Haus, das mir zu eigen.

In jener Nacht voll Glück,
Da sich kein Aug' mir wandte,
Der Augen blöder Blick
Kein weisend Licht erkannte,
Als das, so mir im Herzen brannte.

Mit ihm fand sich'rer ich
Als in des Mittags Schimmer
Ihn, der geharrt auf mich,
Den ich geliebt schon immer.
Ein ander Gut traf ich dort nimmer.

Du warst mir Führer, Nacht;
Nacht süßer als der Morgen,
Hast Herz zu Herz gebracht,
Hast uns in Lieb geborgen,
Mich im Geliebten, ihn in mir verborgen.

An meiner sel'gen Brust,
Die ihm allein zu eigen,
Ruht er in süßer Lust.
Und ich: mich liebend zu ihm neigen,
Ihm Kühlung weh'n mit Zedernzweigen.

Als schon der Morgenwind
Begann sein Haar zu spreiten,
Um meinen Nacken lind

Ließ er die Rechte gleiten;
Mir schmolz das Herz in Seligkeiten.

Ich gab, ergab mich ganz,
Das Haupt am Lieb geborgen.
Es schwand der Dinge Glanz,
Vergessen war mein Sorgen,
Da ich in Lilienduft geborgen.[112]

Es ist kein Zufall, daß der hl. Johannes vom Kreuz (Juan de la Cruz) seine Lehren in den Bildern der Dunkelheit und Verborgenheit darbot, denn sein eigener Weg im Leben führte ihn durch ungeheures Leid. Er wurde 1542 im spanischen Fontiveros, etwa 30 km nordwestlich von Ávila, als Juan de Yepes y Álvarez geboren. Sein Vater, Gonzalo de Yepes, stammte aus einer wohlhabenden Familie von Seidenhändlern, wurde aber enterbt, weil er sich in eine arme und niedrig stehende Weberin namens Catalina Álvarez verliebte und sie heiratete. Kurz nach Juans Geburt starb sein Vater, und die Familie lebte von da an in äußerster Armut. Aber es gelang Juan dennoch, eine Erziehung bei den Jesuiten zu erhalten. Im Alter von zwanzig Jahren trat er im Kloster Santa Ana in Medina del Campo den Karmelitern bei. Dort studierte er Kunst und Theologie und empfing bald die Priesterweihe. Da geschah es, als Juan seine erste Messe in Medina del Campo sang, daß er der Mutter Teresa von Ávila begegnete, die sich aktiv für die Reformation des klösterlichen Lebens einsetzte, so daß mehr Zeit für Gebet und Kontemplation bliebe. Sie traf mit Juan zusammen und nahm seine Dienste an, da er eifrig darauf bedacht war, ein andächtigeres Leben zu führen. Zu der Zeit jedoch führte die Kirche, als Reaktion auf die protestantische Reformation, den Gegenschlag. Die Protestanten hatten den Gedanken aufgebracht, daß ein Christ keinen Mittler brauche, um zu Gott zu gelangen, und erachteten die autoritäre Ordnung und das Ritual der katholischen Kirche zum großen Teil für sinnlos und verderbt. Sie betonten statt dessen die direkte innere Gotteserfahrung durch das Gebet. Um ihre Autorität zu behaupten, betonte die katholische Kirche nun ihrerseits das Ritual und schöpfte gegen jeden Verdacht, der sich dem Gebet zuwandte. So wurde Mutter Teresas Reformbewegung plötzlich unterdrückt, und Juan wurde in einen zwei Meter breiten und drei Meter langen fensterlosen Kerker geworfen. Im Winter war es darin schrecklich kalt und im Sommer zum Ersticken heiß. Die Mahlzeiten bestanden aus Brot, Wasser und ab und an einer Sardine. Dreimal die Woche holten ihn die Mönche abends aus seiner Zelle und peitschten ihn aus. Seine Wunden wollten jahrelang nicht heilen.

In der Dunkelheit dieses Gefängnisses jedoch erlebte er eine tiefe Vereinigung mit Gott und schrieb Gedichte. Schließlich entkam er nach Südspanien. Anstatt ihn zynisch und bitter zu machen, hatten Gefangenschaft und Verfolgung ihm großes Mitleid verliehen und ihn erleuchtet. Die Entbehrungen, die er erlitten hatte, prägten allerdings seine Einstellung zum inneren Leben. Die Dunkelheit dieser Gefängniszelle hat sich in der Bildhaftigkeit seiner Dichtung und Prosawerke niedergeschlagen. Es ist bedauerlich, daß die Schriften dieses sanften, mitleidvollen geistlichen Leiters in so strengem Ton abgefaßt sind, denn sie enthalten mit das klarste Wissen über die Psychologie des Gebetes in der christlichen Tradition und haben vielen Lehren, die aus ihnen Inspiration gezogen haben, ihren Ton vermacht. Beispielsweise war der Trappistenmönch Thomas Merton, der 1968 gestorben ist, tief vom hl. Johannes vom Kreuz beeinflußt und erweist sich in seinen ganzen Schriften als größter zeitgenössischer Vertreter des christlichen kontemplativen Gebetes. Wir finden bei Merton Ausführungen wie:

Das Klima, in dem das klösterliche Gebet erblüht, ist das der Wüste, wo dem Menschen die Bequemlichkeiten abgehen, wo die sichere Routine des Stadtlebens keine Hilfestellung bietet und wo das Gebet in der Reinheit des Glaubens von Gott gestärkt werden muß. Auch wenn er in einer Gemeinschaft lebt, muß der Mönch die innere Wüste seines eigenen Wesens als Einzelgänger erkunden. Das Wort Gottes, das sein Trost ist, ist auch seine Not. Die Liturgie, die seine Freude ist und die ihm die Herrlichkeit Gottes offenbar macht, kann ein Herz, das nicht zuvor vom Grauen gedemütigt und entleert worden ist, nicht erfüllen. *Alleluia* ist das Lied der Wüste.[113]

Eine solche Sprache macht den Reichtum des inneren Lebens für viele unattraktiv und steht in krassem Gegensatz zu den geistigen Lehren des Ostens, wo wir zwar auch Askese finden, aber wo einige der größten Heiligen verheiratet waren. Kabir z. B. war Familienvater und Weber, einer der Seher der Upanishaden hatte zwölf Frauen, und die Inkarnation Gottes selbst, Krishna, tändelte mit Tausenden von Kuhmägden herum. Alltagsleben und geistige Bewußtheit können Hand in Hand gehen. Im Zen ist das normale Tun, ergänzt von einer Zeit der Meditation, schon das geistige Leben.

Der Osten hat die Kunst der Meditation in einem solchen Maße ausgebildet, daß sie zu einer Art Wissenschaft geworden ist. Anstatt die Entfaltung der geistigen Dimension dem Zufall zu überlassen, hat der Osten Methoden entwickelt, die inzwischen bewährt sind. Zwar hat uns die westliche Tradition ein reiches Vermächtnis geistiger Lehren hinterlassen, aber wir finden in ihnen weder das Bewußtsein vom zentralen Stellenwert der Sprache für die Religion noch eine Herausarbeitung bestimmter Techniken, um die Behexung durch die Worte zu überwinden. Es ist kein Wunder, daß T. S. Eliot bittet: »Lehre uns stillsitzen«, und daß viele westliche Kontemplative nach Mertons Beispiel den Blick auf die sprachlich subtilen Anschauungen des Zen und des Hinduismus richten, um dieses Stillsein zu vertiefen. Sowohl die Yogis als auch die Zen-Meister erkannten schon vor langer Zeit, daß Dämonisches und Göttliches in der Sprache wohnen – daß die Sprache das Hindernis ist, das den Suchenden von der Gottheit abschirmt, wie auch die Form, in der sich die Gottheit offenbart.

Als ein tief dem Gebet lebender Trappistenmönch war sich Merton der christlichen Abhängigkeit von Symbolen und Sprache klar bewußt. Ein christlicher Kontemplativer ist schließlich ein Glied der Kirche und muß versuchen, seine innersten Erfahrungen in irgendeiner theologischen Form mit christlicher Sprache und christlichen Symbolen mitzuteilen, so daß sie für seine Mitchristen theologisch gültig und verständlich sind. Er muß seine Erfahrung kommunizierbar machen, und viele Mystiker, die sich dem Kanon nicht unterworfen haben, mußten mit ihrem Leben bezahlen. Merton war vom Zen beeindruckt, weil es sich aller leichten Kommunizierbarkeit absolut verweigert und statt dessen darauf abzielt, unser bequemes symbolisches Kommunikationsnetz wegzufegen und so die einfache Kommunion in ihrer unverhohlenen Nacktheit aufzudecken. Während die christliche Erfahrung nur in dem Maße gültig ist, wie sie hergebrachten Symbolen und theologisch abgesegneten Formen nahekommt, unternimmt es Zen, ohne Theologie und Symbole auszukommen und nur die Einzigartigkeit jedes lebendigen Augenblicks gelten zu lassen. Der alte Ausspruch: »Zen lehrt nichts«, stimmt auch in dem Sinne, daß es *Nichts* lehrt. Und Merton, ein Zeitgenosse Wittgensteins, war sich über die Behexung durch die Sprache durchaus im klaren wie auch über die Fähigkeit des Zen, ihren Zauberbann ebenso sicher zu brechen, wie der Kuß einer Prinzessin einen Frosch in einen Prinzen verwandelt.

Merton erkannte:

Die vom Zen benutzte Sprache ist daher in gewissem Sinne eine Anti-Sprache und die »Logik« des Zen ist eine radikale Umkehr der philosophischen Logik. Das menschliche Kommunikations-Dilemma besteht darin, daß wir normalerweise ohne Worte und Zeichen keine Mitteilungen machen können; aber unsere Sprach- und Rationalisierungsgewohnheiten führen dazu, sogar eine gewöhnliche Erfahrung zu verfälschen. Die üblichen Sprachwerkzeuge befähigen uns, im voraus zu entscheiden, was wir glauben, daß die Dinge bedeuten, und bringen uns leicht in die Versuchung, die Dinge nur so zu sehen, wie sie in unsere logischen Vorurteile und unsere Wortformeln hineinpassen. Statt die *Dinge* und *Tatsachen* zu sehen, wie sie sind, sehen wir sie als Reflexe und Bestätigungen von Urteilen, die wir vorher im Geiste gefällt haben. Wir vergessen schnell, die Dinge einfach zu sehen, und ersetzen diese selbst durch unsere Worte und unsere Formeln, manipulieren die Tatsachen, so daß wir nur das sehen, was sich unseren Vorurteilen anpaßt. Zen jedoch gebraucht die Worte gegen sich selbst, um diese Vorurteile zu vernichten und die trügerische »Wirklichkeit« in unserem Geist zu zerstören, so daß wir *unmittelbar sehen* können. Zen sagt, was Wittgenstein meinte: »Denke nicht: Schau!«[114]

Die Aussagen in der Anti-Sprache des Zen sind eigentlich überhaupt keine Aussagen. Sie gleichen, wie Merton erkannte, eher dem Läuten eines Weckers. Manche Menschen sind so tief in ihren Träumen versunken, daß sie nicht einmal das Läuten hören. Andere hören es, drehen es ab und legen sich wieder schlafen. Als er nach seiner Erleuchtung durch den Wald ging, wurde der Buddha von einem Holzfäller gefragt, ob er ein Gott sei. »Nein«, erwiderte er, »ich bin einfach wach.«

Bei all seiner Bewunderung für das, was viele seiner Mitchristen als heidnische und falsche Überlieferungen ansehen würden, war Thomas Merton ein wahrhaft frommer Christ. Sein persönliches Beispiel und seine Schriften haben das Gebetsleben von Tausenden inspiriert und vertieft und es ihnen gestattet, die religiöse Erfahrung der ganzen Menschheit verstehen zu lernen. Er war sich darüber im klaren, daß Paulus im ersten Brief an die Korinther sorgfältig unterschied zwischen der Weisheit der Worte und der Weisheit des WORTES. Wahre Geistigkeit kann solange nicht wachwerden, wie diese letztere Weisheit, die jenseits bloßer Worte ist, sich nicht offenbart.

Obwohl das Christentum erst in neuerer Zeit durch Autoren wie Merton den zentralen Stellenwert der Sprache für das geistige Leben erkannt hat, besitzt es eine lange Tradition zur Kürze tendierender Sprache, vergleichbar den östlichen Sprachwerkzeugen wie Mantras, Sutras und Koans, die ihre Wirkkraft zum Teil ihrer Knappheit verdanken. Namen sind in der Bibel besonders wichtig. Sowohl Juden als auch Christen rufen Gott »in seinem Namen« an. »Im Anfang war das Wort, und das Wort war bei Gott, und Gott war das Wort«, beginnt das Evangelium des Johannes. Da die Gegenwart Jesu und seines Vaters eine Gegenwart im Wort ist, überrascht es nicht, daß es unter den frühen christlichen Mönchen des ersten Jahrhunderts in den Wüsten Ägyptens und Syriens nur die allerersten Ansätze einer Liturgie und philosophischen Auseinandersetzung gab. Den größten Teil ihrer Zeit verbrachten sie im Gebet. Dieses Gebet bestand im Anrufen des Namens Jesu Christi im allergeheimsten Winkel der Seele.

In der Einfachheit ihrer Gebete hatten die Wüstenväter viel mit den Sehern Indiens gemeinsam, die das göttliche WORT zum zentralen Meditationsgegenstand erhoben. Auf seinen tiefsten Ebenen erfordert ein solches Beten mehr ein Hören als ein Sprechen. Aber können wir in Wahrheit sagen, daß wir hören, wenn wir in diesem tiefen WORT, das alle Worte übersteigt, nur die enge Theologie unserer jeweiligen Kirche vernehmen? Wenden wir uns für einen Moment einem Mann zu, der sein ganzes Leben der Frage nach jenem echten Hören widmete, dem es darum zu tun ist, den vollen Umfang des WORTES zu vernehmen.

Einer der größten Männer Indiens, ein berühmter Dichter, Philosoph und Sprachforscher, hieß Bhartrihari. Er lebte im goldenen Zeitalter der indischen Kultur, als Philosophie, Literatur und Musik blühten, Verbrechen nahezu unbekannt waren und die international hochgelobten Universitäten von Valabhi und Nalanda Gelehrte von weither anzogen. In diesem Klima also fand Bhartrihari heraus, daß wir, wenn wir wahrhaftig sprechen und tief hören, an der Erfahrung der Seher einen gewissen Anteil haben. Sogar im normalen Gespräch nehmen wir in höherem oder geringerem Maße am Leben des WORTES teil.

Wir alle haben – im Gespräch mit einem Freund oder beim Schreiben eines Briefes, eines Aufsatzes, eines Gedichtes oder eines Musikstücks – schon die Erfahrung gemacht, daß wir eine vage empfundene Idee intuitiv in den Blick bekommen, eine abstrakte Gestalt, die ganz knapp außerhalb unseres geistigen Zugriffs zu schweben scheint. Dieses obskure Etwas, das sich noch nicht in Form zusammenhängender Gedanken oder Worte kundgetan hat, erleben wir als einen intensiven Wunsch nach Ausdruck, eine anschwellende Unabwendbarkeit. Die Dichterin Diane Wakosi spricht davon als dem »anschwellenden Gefühl, das der Dichter hat, wenn er weiß, daß ein Gedicht in ihm zum Ausbruch kommen will, und noch nicht seine genaue Gestalt oder seine vollkommene Entfaltung kennt«.[115] Wir wollen in Rede oder Gesang ausbrechen, gänzlich mit dem, was wir fühlen, mitschwingend sagen oder singen. Doch nachdem wir einen Ausdruck versucht haben, und selbst nach zahlreichen Überarbeitungen, werden wir immer noch von diesem schlüpfrigen Etwas geplagt, das es irgendwie stets fertigbringt, sich uns zu entziehen. Aufreizend bleibt es ganz knapp außerhalb unserer Reichweite, schlangengleich zusammengerollt und bereit, jeden Augenblick zuzuschlagen. Bhartrihari nennt dieses Etwas den *sphoṭa*, »das, woraus der Sinn hervorbricht oder -platzt«. Er ist jenes Etwas, das Wakosi ein Gedicht nennt, das in einem »zum Ausbruch kommen will«. Sphota ist der Sinn eines Satzes oder Wortes und ist ewig im Geist des Sprechers und des Zuhörers gegenwärtig.

Was geschieht während des Sprechvorgangs? Der Sprecher muß versuchen, im Zuhörer denselben ewigen Sinn zu wecken, dasselbe WORT, das in ihm nach Ausdruck strebt. Dieses WORT wird durch seine eigene innere Energie in die

Symbole und Begriffe und Sprache des Sprechers verwandelt. Der ewige, schweigende, ungeteilte Sinn eines Satzes oder Wortes bricht im Geist des Sprechers hervor. Der Geist des Sprechers erfaßt dann dieses WORT und zerlegt es in eine hörbare Abfolge von zeitlich existierenden Lauten. Es ist dann die Aufgabe des Zuhörers, diese Laute zu vernehmen und sie zu einem Ganzen zusammenzusetzen, so daß derselbe einheitliche und ewige Sphota, das WORT, in seinem eigenen Geist hervorbricht.

Eine Analogie, die uns helfen kann, Bhartriharis Begriff vom ewigen Sinn eines endlichen Satzes, der plötzlich im Geist hervorbricht, voll zu verstehen, läßt sich der Mathematik entnehmen. In der Tat gebraucht Wittgenstein dieses Beispiel, um zu demonstrieren, wie eine endliche Reihe blitzartig eine unendliche Menge an Informationen geben kann. Wenn wir die endliche Reihe 1, 2, 3, 4 ... erblicken, erkennen wir auf einmal, daß sie eine unendliche Menge bedeutet – alle natürlichen Zahlen. Ähnlich bedeutet die endliche Reihe 1, 3, 5, 7 ... alle ungeraden Zahlen. Wir denken über die Reihe 3, 9, 27, 81 ... nach und erkennen plötzlich, daß sie die Potenzen von 3 bedeutet. Das Erkennen des unendlichen, ewigen Sinnes hinter den endlichen Reihen geschieht schlagartig, in einem Geistesblitz. Es ist eine blitzartige geistige Wahrnehmung, die den Sphota, den ewigen Sinn eines Wortes oder Satzes, aufdeckt und von der Äußerung einer endlichen Reihe von Lauten geweckt wird. Da alle Sätze in ihrem Wesen ewig sind, birgt auch das beiläufigste Gespräch in seiner Tiefe alle Eigenschaften und Kräfte der innigsten Kommunion. Wenn wir gesammelt zuhören, können wir das WORT vernehmen.

In der Einleitung erklärten wir, Mensch sein hieße, im Gespräch, im Dialog zu sein – ob in unserem eigenen unaufhörlichen inneren Dialog oder im Gespräch mit Freunden. Doch der Dialog bricht ab, und verbale Gemeinheiten eskalieren zu körperlichen Gemeinheiten. In den einfachen Silben und Worten, aus denen alle unsere streitenden Theorien, Philosophien und Glaubenssysteme gebaut sind, wohnt die ungeheure, unendliche Kraft des WOR-TES. Nur unter denen, die das WORT jenseits der Worte nicht sehen, gibt es Streit und Leid. Die Harmonie unter den Menschen hängt von der Tiefe unseres Zuhörens, unserer Beziehung zum WORT ab.

Bhartriharis Einblicke in Sprechen und Hören haben gerade in der heutigen Welt intensiver interkultureller Begegnungen ihre Bedeutung. Um die allgemeine Anwendbarkeit von Bhartriharis Befunden zu demonstrieren, wollen wir sie auf die Erfahrung eines hypothetischen christlichen Eremiten in Griechenland beziehen. Wir werden ihn Vater Dionysios nennen. Er sitzt morgens auf einer kühlen Strohmatte in seiner einfachen Hütte am Fuße eines Berges. Es ist kurz vor Tagesanbruch, und jenseits der steilen Klippen erstreckt sich das Meer in die Dunkelheit. Vater Dionysios betet allein, genau wie Jesus häufig allein war, wenn er betete. Er betet, wie Einsiedler auf diesem Berg seit Jahrhunderten gebetet haben, nämlich einfach: »Kyrie elei-son« (Herr, erbarme dich). Würde er diese Worte laut aussprechen, so hätten sie jedesmal einen etwas anderen Klang oder Tonfall. Er würde sie sicher mit einem anderen Akzent als manche seiner Eremitenbrüder aus anderen Teilen Griechenlands aussprechen. Bhartrihari würde sagen, daß dies daher kommt, weil der Laut auf dieser mündlichen Ebene Veränderungen und Verzerrungen unterworfen ist. Jedesmal, wenn ein Wort ausgesprochen wird, kommt es ein ganz kleines bißchen anders heraus. Bhartrihari würde diese Ebene *vaikharī*, die geäußerte Rede, nennen.

Vater Dionysios sagt also das Gebet nicht hörbar auf, sondern pflegt still im Geiste seine Andacht. Nach einiger Zeit, wenn sich im Morgenlicht der Dunst über dem Wasser hebt, macht das leise Klingen des Gebetes in Vater Diony-sios eine Veränderung durch. Es scheint, als ob er nicht mehr selbst dächte, als ob die Stimme des Gebetes, das WORT, in seinem Herzen aufwallte und sich aufs süßeste und stillste hörbar und spürbar machte. Der Klang des Gebetes wird hier von jedem individuellen Aussprache-merkmal befreit und geläutert. Seine Versenkung in die Meditation ist so groß, daß die Zeit für Augenblicke von einem Gefühl der Zeitlosigkeit überschattet zu sein scheint. Bhartrihari würde diese tiefe geistige Versunkenheit *mad-hyama*, die mittlere Rede, nennen, weil sie in der Mitte zwischen der geäußerten Rede und der gänzlichen Stille der tiefsten Ebene des WORTES liegt.

Plötzlich hat Vater Dionysios vielleicht eine Art Vision, in der ihm der Name des Herrn, das WORT, aufleuchtet und auftönt. Die Zeit und alle anderen Gedanken sind aufgelöst. Aufgrund ihrer Leuchtkraft und der Unmittel-barkeit der Erfahrung des WORTES würde Bhartrihari dies *paśyanti*, die sehende Rede, nennen.

Schließlich kann es sein, daß der Eremit im innersten Wesenskern seines Gebetes in eine geheimnisvolle, gren-zenlose Stille einzugehen scheint, die jenseits aller Gedan-ken und Worte ist. Bhartrihari würde dies *śabda-brahman*, die äußerste Rede, das WORT in seinem höchsten Wert, nennen.

Die geistlichen Väter der griechisch-orthodoxen und der russisch-orthodoxen Tradition meinen, daß ein solches Ge-bet an Jesus, das einfache Aufsagen seines Namens, alle Wahrheiten der Bibel in einer verkürzten, kondensierten Form enthält, denn es versetzt den Geist in jene Stille, die kein Mangel ist, sondern eine Fülle, eine Konzentration der Erkenntnis und der Liebe. So wird das WORT von einem Wort offenbar gemacht. Die Stille Gottes, die reine Gegen-wart des Unaussprechlichen, ist erkannt.

Wie der hl. Johannes vom Kreuz schrieb:

Ein Wort ward gesprochen vom Vater:
Dies ist sein Sohn.
Er spricht dieses Wort immerdar in ewiger Stille,
Und still vernehme es die Seele.[116]

Abb. 42

Der Stein, der Stern und die Eiche

Aber obschon das WORT gemeinsam ist, leben die Vielen, als hätten sie eine eigene Einsicht.

HERAKLIT[117]

Ich kann mir ganz gut eine Religion denken, in der es keine Lehrsätze gibt, in der also nicht gesprochen wird.

WITTGENSTEIN[118]

Eichen sind beständig. Doch einerlei, wie fest sie verwurzelt sind, sie sind diejenigen Bäume, die am häufigsten vom Blitz getroffen werden. In dieser Hinsicht stehen sie mit der tief dichterischen, andächtigen Haltung, die für jähe Erleuchtungsblitze so empfänglich ist, auf gemeinsamen Boden. Im europäischen Altertum war die Eiche von allen Dingen das heiligste. In ihr vernahm man die Stimmen der Götter, und sie wurde von den alten Barden als Schenkerin von Visionen gepriesen. Ein solcher Barde stand irgendwo zwischen dem Dichter, dem Seher und dem Priester.

Visionen jedoch schwinden so plötzlich wie ein Blitz, der wieder vom schwarzen Bauch einer Wolke verschluckt wird. Und wenn die Visionen verschwanden, überdauerten nur die Eiche und die priesterlichen Funktionen der früheren Seher, so daß im Schatten einer verflossenen Epoche der Intuition nur eine versteinerte Institution zurückblieb. Die Eiche selbst wurde anstelle der Vision, die sie brachte, zum Allerheiligsten. Sich von einem heiligen Ast einen Zweig zu brechen, galt als Sünde, und sollte ein Unglücklicher die Rinde vom Stamm des heiligen Baumes abschälen, mußte der Missetäter mit seinem Leben bezahlen; sein Nabel wurde mit einem Messer herausgeschnitten und auf die verwundete Stelle der Eiche genagelt. Die Unversehrtheit des priesterlichen Symbols wird wichtiger als die Unversehrtheit des lebendigen Menschen.

Anders als Eichen verändern sich unsere Gedanken und Gefühle fortwährend. In ihrem Entstehen, flüchtigen Leben und Dahinsterben erahnen wir unsere eigene Unbeständigkeit. Gedanken stehen nicht still wie Steine, Berge oder Moscheen. Sie sind nicht beständig wie ein Gott auf seinem Lotusthron, wie die unverrückbaren Worte in einem heiligen Buch oder wie ein Prinz und eine Prinzessin im Märchen, die allezeit herrlich und in Freuden leben.

Als der Seher, der er war, verkündete William Blake, daß das visionäre Feuer der Intuition und Einbildungskraft im schöpferischen Auge des Geistes ständig neue dichterische Formen schmiedet. Sobald die Vision sich jedoch institutionell verfestigt, klappt das Auge zu. Die Vision verliert ihr leuchtendes Leben im schwingenden Reich der Dichtung und verwandelt sich in Stein, das versteinerte Besitztum des Priesters. Es war der Priester, nicht der Dichter, der die menschliche Brust aufschlitzte und am Fuße der Eiche das Blut darbrachte. Für Blake waren diese druidischen Riten der Beweis dafür, was geschieht, wenn wir dichterisch absterben und zu Opfern unserer eigenen Symbole werden.

Auch Gebete sind beständig. Und Gebete sind Kühe. Aber um das zu verstehen, bedarf es der Einbildungskraft eines Nomaden vor viertausend Jahren in Indien. Wenn er in der schwarzen Stille vor dem Morgengrauen zum uralten Geschäft des Melkens erwacht, Tag für Tag, Jahr für Jahr, ist es immer das gleiche – die warme Milch dampft in der kalten Luft, während sie in die Ledersäcke zischt. Gebete sind Kühe. Sie können nur dann gemolken werden, wenn sie fest, ruhig und zufrieden stehen. Wenn die Kuh, oder das Gebet, unruhig ist, fällt das Melken nicht leicht und taugt die Milch ohnehin nicht viel. Die Seher dieses Nomadenstammes wissen das, und ihre Aufgabe ist ein Melken anderer Art. In der dunklen Stille ihrer Herzen *sehen* sie dichterische Gebete, heilige Worte, die wie Euter anschwellen und leuch-

Abb. 43

tenden Sinn ergießen, bis das tief versunkene Herz sich in einer innersten Helligkeit sammelt.

»Denken«, sagte Heidegger, »ist die Einschränkung auf einen Gedanken, der einst wie ein Stern am Himmel der Welt stehen bleibt.« Das Geschäft des Sehers vor viertausend Jahren in Indien war genau das – die Helligkeit des WORTES zu melken, während es wie eine Kuh am Himmel des Geistes stehenblieb und den Geist mit tausend visionären Strömen überflutete. Und viertausend Jahre später sind die Kühe immer noch heilig. Und wir können erst anfangen zu verstehen, wie heilig sie sind, wenn wir erfahren, daß unter den Myriaden von Stellungen im *Ananga Ranga,* einer altindischen Enzyklopädie sexueller Positionen, nur eine ist, die große geistige Verdienste verleihen soll. Sie heißt die »Kuhstellung«. Die Frau stellt sich auf Hände und Füße (*nicht* Knie und Ellbogen), und der Mann »genießt sie wie ein Stier«. Die Einzelheiten dieses himmelsgewinnenden Aktes bleiben der fruchtbaren Phantasie einer Bevölkerung überlassen, die auch heute noch überwiegend ländlichen Charakter hat. Und so kommt es, daß Indien heute ein ganzer Subkontinent von heiligen Kühen ist, die wie ein riesiges Euter vom Bauch des unterernährten Asien hängen.

Direkt über diesem heiligen Subkontinent, so heißt es, steht so still wie eine heilige Kuh der Polarstern. Unmittelbar darunter erhebt sich der Meru, der Himmelsberg der Götter. Von seinen Händen fließt die heilige Göttin Ganga herab, der an Einsiedlerklausen und Tempeln überreiche Ganges mit seinem blütensüßen Wasser. Blaue Lotusblumen sind ihre Augen und rote Lotusblumen ihr Mund. Die neckischen Schädelkuppeln badender Elefanten sind ihre Brüste, ihre Schenkel sind breite Bänke aus dunklem Sand, und ihr Nabel ist ein tiefer Strudel. Das gesamte Universum, so erfahren wir, wirbelt um eine zentrale Achse, die wie ein heiliger Feigenbaum vom Polarstern bis hinab zum heiligen Subkontinent reicht, wodurch Indien zum Nabel der Schöpfung wird.

Wenn wir uns in das Italien der Renaissancezeit, in die Stadt Florenz, um genau zu sein, begeben und dort irgendeinen Passanten auf der Straße nach der Form des Kosmos befragen könnten, würden wir feststellen, daß seine Auffassung davon in ihren Grundzügen mit dem indischen Modell übereinstimmte. Wir würden auch hier den Segen einer Art Göttin vorfinden, der sich auf die Einwohner dieser kleinen Gemeinde am Arno ergießt, wenn wir auch diese Göttin und ihren Segen freilich kaum nach indischer Art und Weise beschrieben bekämen.

Das Universum ist, dem gebildeten Renaissance-Menschen zufolge, völlig symmetrisch. Die Erde ist eine Kugel in der Mitte, von einer Reihe konzentrischer Sphären umschlossen. Sie alle drehen sich um eine zentrale Achse. Regiert werden sie alle natürlich von Gottvater, der über der äußersten Sphäre still wie der Polarstern auf seinem heiligen Thron sitzt.[119] Wenn wir etwa einen Zweifel daran anmelden wollten, daß die Dinge sich wirklich so verhielten, würde unser Informant mit flinker Hand einen Plan von Florenz hervorholen, eine Ansicht von oben, um zu demonstrieren, daß die Stadt selbst nach dem Muster des Universums angelegt ist, in dem die Erdsphäre in einer Art pythagoreischen Harmonie von der Weise des Schöpfers widerhallt.

Im Zentrum der Stadtansicht, und in ihrer Größe stark übertrieben, ragt die Kuppel des Doms Santa Maria del Fiore empor. Um diesen beherrschenden Angelpunkt sind die Straßen der Stadt in einer Reihe von konzentrischen Ringen angelegt. Außerhalb der Stadtmauer zur Rechten liegt der Pratello della Giustizia, die »Kleine Justizwiese«, wo Verbrecher öffentlich gehängt wurden. Der Dom und die darumliegende Stadt bilden das Muster des Renaissancekosmos nach, genau wie das typische Renaissancegemälde des Jüngsten Gerichts.

Wie der zentrale Dom erscheint Christus auf solchen Darstellungen des schicksalhaften Tages als zentrale, erhöhte und vergrößerte Figur. Alle überragend, sitzt er wie ein Richter auf seinem Thron. Gleich unter ihm, in der Mitte des Bildes, befinden sich seine Apostel. Die Mutter Gottes sitzt zur Rechten. Zu seinen Füßen ruft ein Engel mit einer Trompete alle Seelen zusammen. Gleichfalls zu seiner Rechten befinden sich all jene guten Seelen, die schon gerichtet sind und ins Paradies einziehen werden. Zu seiner Linken, in der gleichen Position wie die Kleine Justizwiese (von Jesus aus gesehen, wenn er der Dom in der Mitte wäre), stehen all jene, die zu ewigem Feuer verdammt werden.

Florentiner Künstler wie Botticelli waren geheißen, die Wände öffentlicher Gebäude nicht mit Darstellungen der Venus zu bemalen, sondern mit Bildern der Heiligen Jung-

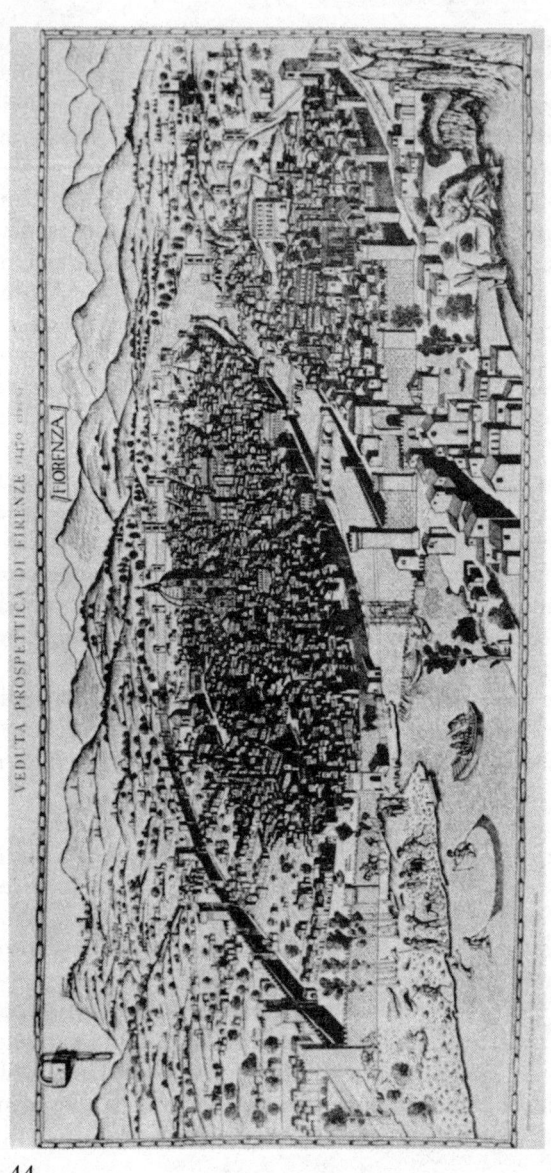

VEDUTA PROSPETTICA DI FIRENZE 1470 circa

FLORENZA

Abb. 44

frau und des Jüngsten Gerichts, damit in der Einwohner-
schaft dieser kleinen Gemeinde am Arno ja kein Zweifel
daran aufkäme, daß weltliche Obrigkeit und göttlicher Segen direkt von oben flossen. Jedes Kunstwerk, jedes Gemälde, jede Skulptur und jedes Bauwerk, bekräftigten so die
Botschaft.

Im Heiligen Römischen Reich war es nichts Ungewöhnli-
ches, Darstellungen des Jüngsten Gerichts in einem Ge-
richtshof an der Wand hinter dem Richtersitz augenfällig
hängen zu sehen. Geistliche Symbolik diente den Zwecken
politischer Obrigkeit und Propaganda.

Nun begab es sich in der Nacht des 20. Juli 1501, daß ein
gewisser Antonio di Giuseppe Rinaldeschi, ein junger Mann
aus einer adeligen Florentiner Familie, nach einem mit
Kartenspiel verbrachten Abend auf dem Heimweg war. Er
hatte offenbar getrunken und ärgerte sich, weil er verloren
hatte, als er an einer kleinen Kirche vorbeikam, über deren
Eingangsportal ein Bild der Verkündigung zu sehen war. In
seinem Groll und Rausch hob er einen Pferdeapfel auf,
schleuderte ihn zielsicher auf das Bild und landete einen
Volltreffer. Wäre das Bild eine Statue des Buddha und der
junge Antonio ein Zen-Mönch gewesen, so hätte der Vorfall
als ein Akt von Zen-Frömmigkeit in die Zen-Geschichte
eingehen können. Zum Unglück Antonios jedoch hatte die
katholische Obrigkeit die Zen-Tradition, sich über sich
selbst lustig zu machen, nicht übernommen. Die Blasphemie entging der Aufmerksamkeit eines Kindes nicht, das
den Vorfall meldete. Antonios Schicksal ist in die Geschichte der Stadt Florenz eingegangen. Am nächsten Tag
wurde er verhaftet, vor Gericht gestellt und zu Mitternacht
desselben Tages verurteilt. Genau um sieben Uhr abends am
Feiertag der heiligen Maria Magdalena (22. Juli) des Jahres
1501 wurde Antonio di Giuseppe Rinaldeschi, der Gottesläs-
terer, öffentlich gehängt. Das letzte, was sein sterblicher
Leib erblickte, war ein Gemälde, das ihm ein frommer
Mönch vors Gesicht hielt, damit das Opfer mit seinem

letzten Atemzug das Bild der heiligen Kreuzigung küssen konnte.

Die Bürger von Florenz schliefen gut in jener Nacht, sicher in ihrem Wissen, daß ihr Symbolsystem, die heilige Achse ihres Universums, ungebrochen war, die Heilige Jungfrau besänftigt worden war und daß ihr Segen weiterhin auf die Stadt herabfließen würde.

Wie die Florentiner Bürger der Renaissance versuchen die Mitglieder archaischer Stammesverbände sorgsam ihre zentralen Symbole zu bewahren. Die Arunta, ein Aborigines-Stamm in Zentralaustralien, führten einst ein Leben der Wanderschaft. In alter Zeit, so erzählten ihnen ihre Ältesten, stand im Mittelpunkt der Welt ein heiliger Pfahl. Der Schöpfer, Numbakula, hieb diesen Pfahl aus dem Eukalyptusbaum, erklomm ihn sodann und verschwand für immer in der Himmelswelt. Aus diesem Grunde begann der Klan vor langer Zeit, einen Eukalyptuspfahl auf den Schultern mit sich zu tragen, und wanderte in die Richtung, in die dieser zu deuten schien. Einmal, so erfahren wir von einem Ethnologenteam, brach der Pfahl. Die Klanmitglieder wanderten eine Zeitlang richtungslos herum und legten sich dann zum Sterben hin. Ihre Achse war gebrochen, und eine Kommunikation mit der oberen Welt war nicht mehr möglich. Das Leben war einfach nicht mehr lebenswert. Wenn du deinen Buddha nicht tötest, tötet er dich. In Indien lautet das Wort für Leiden *duḥka*. Wörtlich heißt es, daß man eine schlechte Achse hat. Die Achse kann zwar einer Gesellschaft das Gefühl geben, ein Zentrum zu haben, aber sie kann auch als Gefängnis oder gar als Grab wirken. Das Florenz der Renaissance war, wie die Stadtansicht deutlich macht, von einer Kette mit Schloß umgeben.

Jedes Symbolsystem, das nicht zu seiner Überwindung anhält, wird zum Gefängnis. »Die Kunst der freien Gesellschaft«, sagte Alfred North Whitehead, »besteht erstens in der Aufrechterhaltung des symbolischen Codes und zweitens in der Furchtlosigkeit, ihn zu revidieren, um sicherzu-

stellen, daß der Code den Zwecken dient, die einer aufge-
klärten Vernunft genügen.

Gesellschaften, die die Ehrfurcht vor ihren Symbolen
nicht mit der Freiheit der Revision verbinden können,
müssen letztlich zugrunde gehen – entweder an Anarchie
oder am langsamen Verkümmern eines durch nutzlose
Schatten erstickten Lebens.«[120]

Durch Ehrfurcht kommt es ganz von selbst zu einer Re-
Vision. In der tiefsten Verehrung wird das Symbol eine
visionäre Gegenwart und wird, wenn erforderlich, durch
das stille Leuchten, in dem es sich badet, revidiert. Eine
solche Re-Vision hätte es den Arunta gestattet, jenes Ruhende zu sehen, das das wahre Zentrum aller bewegten
Dinge ist, und sich vielleicht einen anderen Pfahl zu schlagen.

Aber letzten Endes war das Symbol stärker, und der
Baum wurde wichtiger als der Stamm.

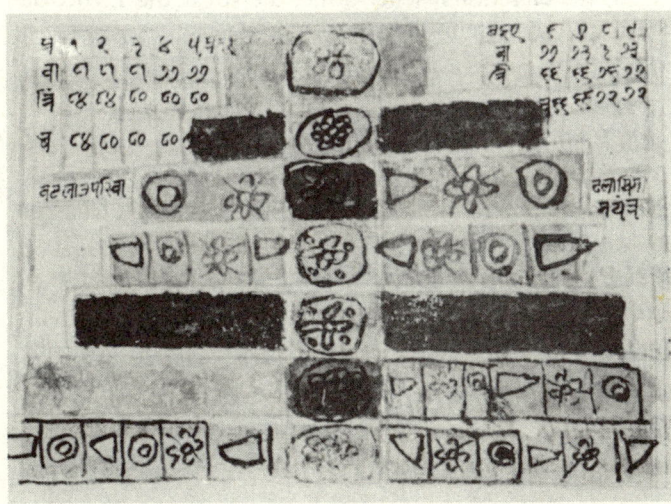

Abb. 45

So steht es mit dem symbolbildenden Tier überhaupt. Wir werden so leicht die Schachfiguren und Gefangenen unserer eigenen Symbole, tragen sie wie Kreuze oder Eukalyptuspfähle. Wir spielen unsere Sprachspiele, aber verlieren irgendwie das Gefühl, zu spielen. Im Osten jedoch finden wir eine Weisheit der Ehrfurcht. Denn die Hindus, Taoisten und Buddhisten vergessen in ihrem bewußten Umgang mit der Zauberin Sprache niemals dieses Element des Spiels in der Verehrung. Für sie ist die Welt die liebende Umarmung der Göttin Sprache; sie ist die Musik aus Krishnas Flöte, die eine Million Galaxien strukturiert; sie ist *līlā*, »göttliches Spiel«. Und der Zen-Meister, der »Halt den Mund!« donnert, wenn er von einem besonders tiefsinnigen Schüler nach dem Sinn von Zen gefragt wird, legt die gleiche spielerische Haltung an den Tag. Er gibt nicht nur zu verstehen, daß Sprache und Leben in ihrem Wesen Spiel sind, sondern demonstriert auch die Sinnlosigkeit allen Geredes in solchen gewichtigen Dingen. Statt dessen deutet er auf die Beredtheit jener Stille, die sogar die Eiche, den Stern und den Stein übersteigt.

Anmerkungen

1 *Koran* 24,35, Teilübers. Friedrich Rückert. J. D. Sauerländer, Frankfurt/M. 1888. S. 244.

2 *Koran* 96,1–5, Übers. Rudi Paret. W. Kohlhammer, Stuttgart u. a. 1962. S. 513.

3 Robinson Jeffers: »Roan Stallion«, in *Roan Stallion, Tamar, and Other Poems.* Horace Liveright, New York 1925, S. 24.

4 Annie Dillard: »Teaching a Stone to Talk«. *Atlantic,* Februar 1981.

5 Harold Stewart (Übers.): *A Chime of Windbells.* Charles E. Tuttle Co., Rutland, Vermont, 1970. S. 57.

6 Albert Einstein: *Mein Weltbild.* Ullstein, Frankfurt/M. 1955. S. 144.

7 Hugh Kenner: *The Pound Era.* University of California Press, Los Angeles 1971. S. 123.

8 Ebd., S. 97.

9 Robert Bly (Hrsg.): *The Kabir Book: Forty-Four of the Ecstatic Poems of Kabir.* Beacon Press, Boston 1977. S. 35.

10 Über vedische Dichtung siehe Jan Gonda: *Vedic Literature.* Otto Harrassowitz, Wiesbaden 1975.

11 Ludwig Wittgenstein: *Zettel,* Par. 160, in *Schriften* 5. Suhrkamp, Frankfurt/M. 1970. S. 320.

12 Rigveda 1.164.29, Übers. Karl Friedrich Geldner: *Der Rig-Veda,* I. Teil. Harvard University Press, Cambridge, Mass., 1951. S. 233.

13 Robert Jungk: *Heller als tausend Sonnen.* Rowohlt, Reinbek 1986. S. 186 (Zitat der *Bhagavadgita* nach der Übersetzung von Leopold von Schroeder, Eugen Diederichs, Köln 1978).

14 Siehe z. B. Rigveda 1.25.16, 1.114.9, 10.127.8, 1.173.3, 9.94.2, 3.57.1, 10.71.3, 4.41.5, 8.100.11, 2.2.9.

15 Raimundo Panikkar: *The Vedic Experience. Mantramañjarī.* University of California Press, Los Angeles 1971. S. 101.

16 Bly: a.a.O., S. 52.

17 Ebd., S. 21.

18 Hare Hongi: »A Maori Cosmogony«. *Journal of the Polynesian Society* 16: 113–114 (1907).

19 Ebd., S. 114.

20 Rigveda 1.164.41–42, Übers. Geldner: a.a.O., S. 235.

21 Chandogya-Upanishad 1,1, Übers. Paul Deussen: *Sechzig Upanishad's des Veda.* F. A. Brockhaus, Leipzig 1897. S. 68.

22 William Blake, *Annotations to Reynolds* und *Milton* 32,36–38, in *Complete Writings.* Hrsg. Geoffrey Keynes. Oxford University Press, Oxford – New York 1985. S. 459 u. 522.

23 Rigveda 10.31.7, Übers. Geldner: a.a.O., III. Teil, S. 178.

24 Patañjali: *Die Wurzeln des Yoga.* Übers. Bettina Bäumer. O. W. Barth – Scherz, Bern u. a. 1976. S. 154.

25 Martin Heidegger: *Aus der Erfahrung des Denkens,* in *Gesamtausgabe,* Bd. 13., Klostermann, Frankfurt 1983. S. 76.

26 Jonathan Shear: »Maharishi, Plato and the TM-Siddhi Program on Innate Structures of Consciousness«. *Metaphilosophy* 12,1 (1981), S. 73. Siehe auch Shears »Plato, Piaget, and Maharishi on Cognitive Development«, vorgetragen auf der 86. Jahresversammlung der American Psychological Association in Toronto, August 1978, und veröffentlicht in *Scientific Research on the Transcendental Meditation Program: Collected Papers,* Band II. MERU Press, erscheint demnächst.

27 Shear: »Maharishi, Plato . . .«, a.a.O., S. 74.

28 Rigveda 1.164.10, nach der englischen Übersetzung des Autors.

29 Czeslaw Milosz: »Tidings«, in *Bells in Winter.* Ecco Press, New York 1978. S. 5.

30 Hugh Kenner: a.a.O., S. 171.

31 Percy Bysshe Shelley: »Mutability / Unbestand der Dinge« (Übers. Roland Erb), in *Ausgewählte Werke.* Hrsg. Horst Höhne. Müller & Kiepenheuer, Hanau 1985. S. 73.

32 *Legenden und Erzählungen von Schamanen bei Jakuten, Burjaten und Tungusen.* Gesammelt von G. V. Ksenofontov, in Adolf Friedrich und Georg Buddruss (Hrsg.): *Schamanengeschichten aus Sibirien.* O. W. Barth, München–Planegg 1955. S. 213.

33 Aus der Einleitung von John Brzotoski zu *Tantra: From the Collection of Blanche Manso.* Santa Barbara Museum of Art, Santa Barbara, Cal., 1970. S. 9–10.

34 Schwarzer Hirsch: *Ich rufe mein Volk (Black Elk Speaks).* Aufgez. von John Neihardt, Übers. Siegfried Lang. Walter, Olten – Freiburg 1955. S. 50–51 (256).

35 Czeslaw Milosz: »Notes«, in a.a.O., S. 34.
36 Swami Nikhilananda (Übers.): *The Gospel of Sri Rama-krishna*. Ramakrishna-Vivekananda Center, New York 1942. S. 778–779.
37 Ebd., S. 396 (vgl. auch die auszugsweise Übersetzung in Ramakrishna: *Das Vermächtnis*. O. W. Barth – Scherz, Bern u. a. 1981. S. 199).
38 Die gesamte Fallgeschichte der Frau ist enthalten in Gerhard Adler: *Das lebendige Symbol. Darstellung eines analytischen Individuationsprozesses (The Living Symbol)*. Urban & Schwarzenberg, München u. a. 1968.
39 Wallace Stevens: »A Primitive Like an Orb«, in *The Palm at the End of the Mind: Selected Poems and a Play*. Hrsg. Holly Stevens. Vintage Books, New York 1972. S. 317–320.
40 Heraklit, Fragm. 32, in Hermann Diels: *Die Fragmente der Vorsokratiker*. Rowohlt, Hamburg 1957. S. 26.
41 Heraklit, Fragm. 123, in ebd., S. 30.
42 William Meredith: »Ideogram«, in *The Cheer*. Alfred A. Knopf, New York 1980. S. 35.
43 Richard Wilhelm (Hrsg.): *I Ging. Das Buch der Wandlungen*. Eugen Diederichs, Köln 1986. S. 193.
44 Dschuang Dsi [Chuang Tzu]: *Das wahre Buch vom südlichen Blütenland* XVIII,10. Übers. Richard Wilhelm. Eugen Diederichs, Köln 1986. S. 190–191 (Schreibweise der chinesischen Namen geändert nach der Wade-Giles-Umschrift).
45 Ebd. IV,4. S. 67–69.
46 Ebd. IV,8. S. 71.
47 Chuang Tzu I,5, in Arthur Waley: *Lebensweisheit im alten China*. Übers. Franziska Meister-Weidner. Suhrkamp, Frankfurt/M. 1974. S. 16–17.
48 Chuang Tzu XXII,5, in Lin Yutang (Hrsg.): *Die Weisheit des Laotse*. Übers. Gerolf Coudenhove. Fischer, Frankfurt/M. 1988. S. 137 (Schreibweise der chinesischen Namen geändert nach der Wade-Giles-Umschrift).
49 Chuang Tzu II,6 und 7, Übers. Wilhelm: a.a.O., S. 46–47.
50 Gary Zukav: *Die tanzenden Wu Li Meister*. Übers. Fritz Lahmann. Rowohlt, Reinbek 1987. S. 141.
51 Chuang Tzu XXII,1, Übers. Wilhelm: a.a.O., S. 226–227 (der Zusatz in eckigen Klammern fehlt in dieser Übersetzung).

52 Herbert L. Samuel: *Essay in Physics*. Harcourt, Brace and Co., New York 1952, S. 50 ff.

53 Lao Tzu: *Tao-te ching* 1, nach der englischen Übersetzung des Autors.

54 Chuang Tzu XXVI,10, Übers. Wilhelm: a.a.O., S. 283.

55 Ludwig Wittgenstein: »Lecture on Ethics«. *Philosophical Review* 74: 1 (1965). S. 13–16.

56 Ebd., S. 11–12.

57 Wittgenstein: *Philosophische Untersuchungen,* Par. 111, in *Schriften* 1. Suhrkamp, Frankfurt/M. 1969. S. 343.

58 Philip Kapleau: *Die drei Pfeiler des Zen.* Übers. Brigitte D'Ortschy. O. W. Barth – Scherz, Bern u. a. ⁷1987. S. 195.

59 Katsuki Sekida: *Zen Training: Methods and Philosophy.* Weatherhill, New York–Tokyo 1975. S. 99.

60 Mumonkan 6, in Paul Reps (Hrsg.): *Ohne Worte – ohne Schweigen.* Übers. Ulli Olvedi. O. W. Barth – Scherz, Bern u. a. ⁶1987. S. 124.

61 Sodo, nach der englischen Übersetzung des Autors.

62 Cor van den Heuvel (Hrsg.): *The Haiku Anthology: English Language Haiku by Contemporary American and Canadian Poets.* Anchor Books, Garden City, N. Y., 1974. S. 163.

63 Issa, nach der englischen Übersetzung des Autors.

64 Dieses Gedicht wie auch die vorhergehenden von Buson und Basho nach der englischen Übersetzung des Autors.

65 Ryota, nach der englischen Übersetzung des Autors.

66 Paul Reps (Hrsg.): a.a.O., S. 168–187 (die deutsche Übersetzung wurde stellenweise leicht abgeändert).

67 William Blake: »Epigrams, Verses, and Fragments from the Note-Book« (1808–1811), in a.a.O., S. 556.

68 Eine vergnügliche Ansicht der neuen Physik bietet Edwin A. Abbott in dem Buch: *Flächenland. Ein mehrdimensionaler Roman, verfaßt von einem Quadrat.* Klett-Cotta, Stuttgart 1982.

69 Blake: *Jerusalem* 15,8–9, in a.a.O., S. 635.

70 Ebd. 55,42–46, in a.a.O., S. 687.

71 Blake: *Milton* 28,44–59, in a.a.O., S. 516.

72 Blake: *The First Book of Urizen* 3,8–10, in a.a.O., S. 222.

73 Blake: *Milton* 32,16–23, in a.a.O., S. 521.

74 Robert F. Gleckner: »Most Holy Forms of Thought: Some

Observations on Blake and Language«. *English Literary History* 41: 555–577 (1974).

75 Blake: *Jerusalem* 88,3–5, in a.a.O., S. 733.

76 Ebd. 98,24–43, in a.a.O., S. 745–746.

77 Ebd. 86,1–10, in a.a.O., S. 730–731.

78 Ebd. 86,29–30, in a.a.O., S. 731.

79 Blake: »Poems and Fragments from the Note-Book« (1800–1803), in a.a.O., S. 418 (»Mock on, Mock on Voltaire, Rousseau«).

80 Blake: *Die Hochzeit von Himmel und Hölle*, in *Werke*. Übers. Walter Wilhelm. Aufbau, Berlin 1958. S. 275.

81 Blake: *Milton* 28,62–29,3, in a.a.O., S. 516.

82 Blake: *The First Book of Urizen* 3,18–23, in a.a.O., S. 223.

83 Blake: *Jerusalem* 5,17–20, in a.a.O., S. 623.

84 Blake: »A Vision of the Last Judgement. From the Note-Book«, in a.a.O., S. 611.

85 Mundaka-Upanishad 2,2,4, in Paul Deussen (Hrsg.): *Sechzig Upanishad's des Veda*. Brockhaus, Leipzig 1897. S. 553.

86 Blake: Brief an Thomas Butts, 22. November 1802, in a.a.O., S. 818.

87 Blake: Brief an Thomas Butts, 2. Oktober 1800, in a.a.O., S. 805.

88 Blake: »Der Tiger« (Übers. Siegfried Schmitz), in Siegfried Schmitz (Hrsg.): *Lyrik der englischen Romantik*. Winkler, München 1967. S. 14.

89 Frank Waters: *Das Buch der Hopi*. Übers. Sylvia Dorn. Eugen Diederichs, Köln ⁵1986. S. 22–23.

90 Benjamin Lee Whorf: *Sprache, Denken, Wirklichkeit*. Übers. Peter Krausser. Rowohlt, Reinbek 1963. S. 91.

91 Waters: a.a.O., S. 19–38.

92 Nach George Bird Grinnell: *Blackfoot Lodge Tales*. Charles Scribner's Sons, New York 1892. S. 104–107.

93 Ezechiel 37,1–8 (Zürcher Bibel); vgl. auch Mircea Eliade: *Schamanismus und archaische Ekstasetechnik*. Rascher, Zürich–Stuttgart 1957. S. 163.

94 T. S. Eliot: »Aschermittwoch« (Übers. Rudolf Alexander Schröder), in *Werke* 4: *Gesammelte Gedichte 1909–1962*. Hrsg. Eva Hesse. Suhrkamp, Frankfurt/M. 1972. S. 143.

95 C. G. Jung: »Über Mandalasymbolik«, in *Gesammelte Werke*

9/I: *Die Archetypen und das kollektive Unbewußte.* Walter, Olten–Freiburg 1976. S. 377.

96 T. S. Eliot: »East Coker«, *Vier Quartette* (Übers. Nora Wydenbruck), in a.a.O., S. 303.

97 T. S. Eliot: »Die Dry Salvages«, *Vier Quartette,* in a.a.O., S. 317.

98 T. S. Eliot: »Burnt Norton«, *Vier Quartette,* in a.a.O., S. 283.

99 Ebd., S. 281.

100 Ebd.

101 Ebd., S. 287.

102 T. S. Eliot: »Der Nutzen der Dichtung und der Nutzen der Kritik« (Übers. Ulrich Keller), in *Werke 2: Essays* I. Suhrkamp, Frankfurt/M. 1967. S. 383.

103 T. S. Eliot: »Aschermittwoch«, in a.a.O., S. 151.

104 Ebd., S. 154 (die dort auf S. 155 gegebene Übersetzung wurde in dem Fall nicht übernommen).

105 T. S. Eliot: »Burnt Norton«, *Vier Quartette,* in a.a.O., S. 289.

106 Ebd., S. 285, 287.

107 T. S. Eliot: »East Coker«, *Vier Quartette,* in a.a.O., S. 299.

108 Johannes vom Kreuz: »Kurze Abhandlung über die dunkle, bejahende und verneinende Erkenntnis Gottes sowie über die Art der Liebesvereinigung der Seele mit Gott«, in *Sämtliche Werke,* Band V: *Kleinere Schriften.* Übers. Aloysius ab Immac. Conceptione. Kösel, München 1956 (1925). S. 370–371.

109 Johannes vom Kreuz, nach der englischen Übersetzung des Autors.

110 Johannes vom Kreuz: »Gesang der Seele, die sich an der Erkenntnis Gottes durch den Glauben freut« (Übers. Melchior Frh. von Diepenbrock), in a.a.O., S. 202–203.

111 Johannes vom Kreuz: *Geistlicher Gesang. Sämtliche Werke,* Band IV. Übers. Aloysius ab Immac. Conceptione. Kösel, München ⁴1967. S. 70.

112 Johannes vom Kreuz: »Gesang der Seele«, in *Sämtliche Werke,* Band II: *Dunkle Nacht.* Übers. Aloysius ab Immac. Conceptione. Kösel, München 1970 (1929). S. 2, 4.

113 Thomas Merton: *Contemplative Prayer.* Image Books, Garden City, N. Y., 1971. S. 27.

114 Thomas Merton: *Weisheit der Stille (Zen and the Birds of*

Appetite). Übers. Margret Meilwes. O. W. Barth – Scherz, Bern u. a. 1975. S. 56.

115 Diane Wakosi: »Variations on a Theme (An Essay on Revision)«. *Sparrow,* Nr. 50, November 1976.

116 Johannes vom Kreuz, nach der englischen Übersetzung des Autors.

117 Heraklit, Fragm. 2, abgeändert zitiert nach Hermann Diels: *Die Fragmente der Vorsokratiker.* Rowohlt, Hamburg 1957. S. 23.

118 Ludwig Wittgenstein: *Schriften 3: Wittgenstein und der Wiener Kreis.* Aufgez. von Friedrich Waismann. Suhrkamp, Frankfurt/M. 1967. S. 117.

119 Zur Vorstellung vom Kosmos in der florentinischen Kunst und der folgenden Geschichte des Antonio di Giuseppe Rinaldeschi siehe Samuel Y. Edgerton jr.: »Icons of Justice«. *Past and Present* 89: 23–38 (1980).

120 Alfred North Whitehead: *Symbolism: Its Meaning and Effect.* Macmillan, New York 1927. S. 88.

Zu den Abbildungen

1 Der «Baum der Zeitalter«. Rajasthan, 18. Jahrhundert. Sammlung Ajit Mookerjee, Neu-Delhi. Aus Philip Rawson: *Tantra. Der indische Kult der Ekstase.* Droemer Knaur, München/ Zürich 1974. Abb. 59, S. 113.

2 Stonehenge. British Tourist Authority, New York.

3 Das sogenannte »Einhorn« aus Lascaux.

4 Der Zauberer von Les Trois Frères.

5 Krishna auf dem geöffneten Lotus, vor Gopis und Kühen auf der Flöte spielend. Rajput Pahari, Jamu, 17. Jahrhundert. Sammlung Ross Coomaraswamy. Museum of Fine Arts, Boston.

6 Stilisierte Form der Silbe Om und der in ihr wohnenden Gottheiten. Rajasthan, 18. Jahrhundert. Aus: Rawson, a.a.O., Abb. 116, S. 127.

7 Vak-Devı, die Göttin der Sprache. Die Göttin vergegenwärtigt das feinstoffliche Wort, durch das das All in Erscheinung tritt; in ihr wohnen alle Götter. Rajasthan, 17. Jahrhundert. Aus Ajit Mookerjee und Madhu Khanna: *Die Welt des Tantra in Bild und Deutung.* O. W. Barth/Scherz, Bern u. a. 1978. S. 8.

8 Die geistige Region der Erleuchtung über dem Scheitelpunkt des Kopfes, einschließlich Polarstern, Sonne, Mond und kosmischer Achse in Form einer Fahnenstange auf dem kosmischen Berg. Die Kuppeln indischer Bauwerke richten sich nach der Struktur dieser Region aus. Rajasthan, 18. Jahrhundert. Sammlung Ajit Mookerjee, Neu-Delhi. Aus: Rawson, a.a.O., Abb. 81, S. 118.

9 Das Shri-Yantra.

10 Skizzen zu Erfahrungen, gewonnen durch die Meditation über das Polarstern-Sutra. Nach Jonathan Shear: »Maharishi, Plato and the TM-Siddhi Program on Innate Structures of Consciousness«. *Metaphilosophy* 12: 1, Januar 1981.

11 Die Struktur des Kosmos nach der Beschreibung im Mythos von Er in Platons *Staat.* Nach Shear: a.a.O. *Der Staat* zitiert nach der Übertragung von Rudolf Rufener in *Sämtliche Werke,* Band IV. Artemis, Zürich/München 1974. S. 513.

12 Herabhängende Fahne und Vögel. Indische Tantra-Malerei, 18. Jahrhundert. Sammlung Blanche Manso.

13 Der Baum der Schwingungszentren im menschlichen Körper. Der transzendente Lotus, das Scheitel-Chakra, öffnet sich oberhalb des Kopfes. Rajasthan, 18. Jahrhundert. Aus: Rawson, a.a.O., Tafel 59.

14 Zeichnung auf einer Schamanentrommel mit dem in die Himmelswelt aufragenden kosmischen Baum. Der Kreis oben ist das Rauchloch und der Polarstern. Nachgezeichnet von Rosanna W. Lenorak aus Roger Cook: *The Tree of Life.* Thames and Hudson, London 1974.

15 Tantrische Malerei aus Indien, 18. Jahrhundert. Sammlung Blanche Manso. Aus: *Tantra: From the Collection of Blanche Manso.* Santa Barbara Museum of Art, Santa Barbara, Cal., 1970.

16 Die Schwingungszentren im menschlichen Körper. Aus Mookerjee und Khanna: a.a.O., S. 18.

17 Grundriß und Querschnitt des Borobudur-Stupa, der auf dem Shri-Yantra basiert. Aus: Madhu Khanna: *Yantra.* S. 148.

18 Buddhahaupt (Rosanna W. Lenorak).

19 »Schwarzer Hirsch im Mittelpunkt der Erde. Aus: Schwarzer Hirsch, *Ich rufe mein Volk.* Walter, Olten/Freiburg 1955.

20 Die sich wandelnden sieben Jungfrauen. *Le Songe de Poliphile,* aus C. G. Jung: *Psychologie und Alchemie. Gesammelte Werke* 12. Walter, Olten – Freiburg 1972. Abb. 5, S. 59.

21 Der Metallring. Aus Gerhard Adler: *Das lebendige Symbol. Darstellung eines analytischen Individuationsprozesses.* Urban & Schwarzenberg, München u. a. 1968. Abb. 4, S. 80.

22 Juwel zwischen Mann und Frau. Aus: ebd., Abb. 5, S. 81.

23 Der Kampf mit dem Engel. Aus: ebd., Abb. 16, Tafelteil.

24 Das Nachthimmel-Mandala. Aus: ebd., Abb. 17, Tafelteil.

25 Der geflügelte Jüngling. Aus: ebd., Abb. 31, Tafelteil.

26 Sich aufklärender Herbsthimmel über Berg und Tal. Kuo Hsi zugeschrieben. Sung-Dynastie, 12. Jahrhundert. Freer Gallery of Art, Smithsonian Institution, Washington, D. C.

27 Die kreisförmige Anordnung der vierundsechzig Hexagramme des *I Ching.*

28 Die Schwingungszentren im menschlichen Körper nach chinesischer Auffassung.

29 Reiche der Unsterblichen. Sung-Dynastie, 13. Jahrhundert. Freer Gallery of Art, Smithsonian Institution, Washington, D. C.

30 Hsiang-yen und der Bambus. Kano Motonobu. Nationalmuseum Tokio.

31 Einsamer Angler. Mo Yuan zugeschrieben. Nationalmuseum Tokio.

32 Das Heimreiten auf dem Ochsen. Illustration von Tomikichiro Tokuriki zu »Zehn Bilder des Ochsen« von Kakuan. Aus: Paul Reps (Hrsg.): *Ohne Worte – ohne Schweigen*. O. W. Barth/ Scherz, Bern u. a. ⁶1987. S. 179.

33 Ein früher Zen-Patriarch zerreißt eine heilige Schriftrolle. Liang K'ai zugeschrieben. Sammlung Takanaru Mitsui.

34 Die »Zehn Bilder des Ochsen«, siehe 32. Eine andere Version der »Zehn Bilder des Ochsen« zeigt auf dem vorletzten Bild (34–9B) den Mond und das Sternbild des Kleinen Wagen in der Drehung um den Polarstern, den Stern am Ende der Deichsel.

35 Tyger. William Blake. Library of Congress, Washington, D. C.

36 Newton. William Blake. The Tate Gallery, London.

37 Ein Wulstring schneidet eine Ebene. Aus Fritjof Capra: *Das Tao der Physik*. O. W. Barth/Scherz, Bern u. a. ¹⁰1988. S. 149.

38 Das Weltenei. Rajasthan, 18. Jahrhundert. Aus: Mookerjee und Khanna: a.a.O., S. 115.

39 Durga. Indien, 18. Jahrhundert. Sammlung Blanche Manso. Aus *Tantra: From the Collection of Blanche Manso*, a.a.O.

40 Mutter-Erde-Symbole der Hopi. Aus: Frank Waters, *Das Buch der Hopi*. Eugen Diederichs, Köln 1980. Abb. 1, S. 39.

41 Christus am Kreuz. Dürer-Schule. Musée des Beaux Arts, Rennes.

42 Quadrat, Dreieck und Kreis. Sengai. Idemitsu Kunstmuseum, Tokio.

43 Alle Götter wohnen in der Silbe Om. Rajasthan, 18. Jahrhundert. Aus: Rawson: a.a.O., Tafel 6.

44 Stadtansicht von Florenz, von einer Kette umrandet. Ca. 1485. Istituto Geografico Militare, Florenz.

45 Ebenen des strahlenden kosmischen Baumes als Bild der Ordnung des Universums. Rajasthan, 18. Jahrhundert. Sammlung Ajit Mookerjee, Neu-Delhi. Aus: Rawson, a.a.O., Abb. 60, S. 113.